博雅英华

陈来著作集

古代思想文化的世界

春秋时代的宗教、伦理与社会思想

陈来 著

北京大学出版社
PEKING UNIVERSITY PRESS

图书在版编目(CIP)数据

古代思想文化的世界：春秋时代的宗教、伦理与社会思想/陈来著.—北京：北京大学出版社,2017.4
（博雅英华·陈来著作集）
ISBN 978-7-301-28014-0

Ⅰ.①古… Ⅱ.①陈… Ⅲ.①思想史–研究–中国–春秋时代②文化史–研究–中国–春秋时代 Ⅳ.① B220.5 ② K225.03

中国版本图书馆 CIP 数据核字(2017)第 022589 号

书　　名	古代思想文化的世界：春秋时代的宗教、伦理与社会思想 GUDAI SIXIANG WENHUA DE SHIJIE
著作责任者	陈　来　著
责任编辑	田　炜
标准书号	ISBN 978-7-301-28014-0
出版发行	北京大学出版社
地　　址	北京市海淀区成府路 205 号　100871
网　　址	http://www.pup.cn　　新浪微博：@北京大学出版社
电子信箱	zpup@pup.cn
电　　话	邮购部 62752015　发行部 62750672　编辑部 62750577
印 刷 者	北京中科印刷有限公司
经 销 者	新华书店
	880 毫米 ×1230 毫米　A5 开本　14.125 印张　291 千字 2017 年 4 月第 1 版　2022 年 7 月第 3 次印刷
定　　价	72.00 元

未经许可，不得以任何方式复制或抄袭本书之部分或全部内容。
版权所有，侵权必究
举报电话：010-62752024　电子信箱：fd@pup.pku.edu.cn
图书如有印装质量问题，请与出版部联系，电话：010-62756370

目 录

引 言 ·· 1
  一 文明起源与历史特性 ·· 2
  二 古代宗教 ·· 6
  三 人文思潮 ·· 12
  四 春秋的思想世界 ·· 16

第一章 占筮 ·· 23
  一 春秋的龟卜 ·· 24
  二 筮占的例子 ·· 29
  三 《周易》之用 ·· 32
  四 作为文本的卦爻辞 ·· 36
  五 "不烦卜筮" ·· 39
  六 筮与德 ·· 44

第二章	星象	50
一	天象之辨	51
二	占测的古代知识背景	55
三	春秋时期的星占	60
四	"天道远，人道迩"的解释	67
五	天与人的交感	74

第三章	天道	81
一	天道之义	83
二	宇宙法则	88
三	阴阳与气	93
四	史官的理性	100

第四章	鬼神	105
一	神鬼的信仰	105
二	妖灾精怪	114
三	"祀为贵神"	120
四	宗教想象	127
五	神话思维	134

第五章	祭祀	143
一	诛祝焚巫	143
二	"吉凶由人"	150
三	先民后神	155
四	"不朽"的观念	164
五	神谱的人化	170

目录

第六章　经典 ……………………………………… 177
　一　作为引证的"谚曰" ……………………… 180
　二　"古人有言" ……………………………… 183
　三　"前志有之" ……………………………… 185
　四　仲虺、周任、史佚之志 ………………… 189
　五　"闻之曰"的记述 ………………………… 194
　六　《诗》与《书》 ………………………… 207
　七　引《书》 ………………………………… 211
　八　引《诗》 ………………………………… 217
　九　经典与经典化 …………………………… 222

第七章　礼治 ……………………………………… 227
　一　歌舞 ……………………………………… 227
　二　赋诗 ……………………………………… 233
　三　"礼"与"仪" …………………………… 245
　四　封建的隐患 ……………………………… 249
　五　宗法政治的解体 ………………………… 255
　六　礼的政治化 ……………………………… 261
　七　礼治秩序与政治衰朽 …………………… 268
　八　从礼乐到礼政 …………………………… 276

第八章　德政 ……………………………………… 283
　一　务德 ……………………………………… 284
　二　安民 ……………………………………… 293
　三　宽政 ……………………………………… 297
　四　治道 ……………………………………… 305

五　规谏 ………………………………………… 309
　　六　伦理 ………………………………………… 313

第九章　德行 ………………………………………… 324
　　一　西周后期与春秋前期的德行观念 …………… 326
　　二　"仁"的观念与春秋时代的德目表 …………… 338
　　三　"忠""信"等德目 …………………………… 356
　　四　从"仪式伦理"到"德行伦理" ……………… 375
　　五　德行的类型 …………………………………… 380

第十章　君子 ………………………………………… 385
　　一　鲁大夫的儒者气象 …………………………… 387
　　二　晋大夫等的士君子之道 ……………………… 391
　　三　叔向之"义" ………………………………… 395
　　四　子产之"仁" ………………………………… 401
　　五　文化与道德的遗产 …………………………… 404
　　六　孔子的资源 …………………………………… 410

后　语 ………………………………………………… 416
后　记 ………………………………………………… 418
参考书目 ……………………………………………… 420
索　引 ………………………………………………… 426
跋 …………………………………………… 余敦康/439
"博雅英华·陈来著作集"后记 …………………… 442

引 言

本书的副标题指示出,春秋时代的思想观念研究为本书的主题;但须说明,这里关于春秋思想史的研究是限定在孔子以前,并以孔子和早期儒家以及其他早期思想学派的出现为其归结。另外,一般思想史研究以人物和历史发展为线索,而本书则依照问题为线索,这是因为,虽然春秋时代的思想相当活跃,但思想家的思想多属片段,少有系统,不便于以一般思想史的叙述方式来呈现。

本书也可以说是《古代宗教与伦理——儒家思想的根源》[①]的第二部。关于《古代宗教与伦理》,张光直先生曾认为我是"以哲学家的写法作古史的研究",本书在相当程度上仍是如此。不过,虽然作者出身哲学的训练,本书研究的时代又是哲学发

[①] 拙作《古代宗教与伦理——儒家思想的根源》,三联书店,1996年。

生的前夜，但我们在本书的着眼点并不像西方的前哲学研究，去专注于自然哲学的一些早期观念的发展；而是以中国固有的子学意识去观照这个时代的思想文化。

因此，本书并不是春秋文化的全面研究，而是从思想史家的立场，把孔子以前的春秋文化作为诸子学发生的思想史前史来研究。

在这种研究之中，我们一方面从文化哲学和思想文化史[①]的角度来看春秋时代的文化观念与西周文化的连续性，看它如何把西周的礼乐文化加以展开；一方面又把它作为诸子时代的背景和先导，看它怎样为诸子百家特别是儒家的出现准备了条件。

由于本书是《古代宗教与伦理》的第二部，所以《古代宗教与伦理》的导言仍然适用于本书，而这里则专就与本书相关的若干问题再略作申发。

一　文明起源与历史特性

20世纪晚期古代文明研究的理论与实践，已经将中国文明起源纳入和世界历史相关的框架中引出全新的认识。从这样的观点来看，中国文明的活动舞台，与其他文明相比，极为广阔；中国文化的连续性，与其他文化相比，最为久远。中国文明起

[①] 关于"思想文化史"学的提法，及其与"思想史""哲学史""心态史"的分别，可参见陈启云《钱穆师与思想文化史学》，《台北市立图书馆钱穆先生纪念馆馆刊》第四期，1996年。

引 言

源已成为人文社会科学共同关切的重要课题。在考古学、历史学的长足进展面前,思想文化研究的学者应当如何参与,并在吸收考古学和历史学的成果的同时做出自己的特殊贡献,这是我自 1990 年代初以来反复思考的问题。

考古学文化区域类型的建立,将中国考古学文化分为六大区系,又将六大系分为面向海洋的三大系和面向欧亚大陆的三大系。在这样的视野之下,中国的东西两半分别与世界的大陆文化和海洋文化相连接,中国在人文地理上的此种态势和格局,为在黄河、长江流域发展出古代世界四大文明之一的中国古文明提供了基本的环境和条件。[①] 20 世纪后半叶的世界考古学发展表明,东西方古代文明发展经历了相似的进程,在由氏族到国家的转变、彩陶的产生、从红陶彩陶为主到灰陶黑陶为主等文化变化方面,东西方的发展基本是同步的。然而,世界上没有一个像中国如此之大的文明体有始自百万年前而至今不断的文化发展大系,"从超百万年的文化根系,到万年前的文明起步,从五千年前后氏族国家到国家的发展,再到早期古国发展为多个方国,最终发展为多源一统的帝国"[②]。

无论是北方还是南方,中国早在距今七八千年前的新石器中期,已经形成了较为稳定的农业经济。七八千年前的中国黄河、长江流域的史前农业已经不是所谓刀耕火种的原始农业,由于黄土自肥的特点和作物耐旱的特性,在中原和北方,在主要使用石制农具、不依赖大河灌溉的情况下,已发展出集约化

---

① 苏秉琦:《中国文明起源新探》,商务印书馆(香港),1997 年,142 页。
② 同上书,148 页。

农业。因此，与美索不达米亚和埃及相比，中国早期文明虽然也发生在黄河和长江两大流域的中下游地区，但中国农业经济的特点决定了中国的早期文明不属于大河灌溉的文明，中国农业缓慢、稳步地积累的成长道路，也影响到它的文明的整个发展。

在世界上有过宗族性的血缘组织的民族不乏其例，但像中国早期文明社会中所见的宗族组织与政治权力同构的情形，却属罕见。古代中国文明中，宗庙所在地成为聚落的中心，政治身份的世袭和宗主身份的传递相合，成为商周文明社会国家的突出特点。尤其是西周，政治身份与宗法身份的合一，或政治身份依赖于宗法身份，发展出一种治家与治国融为一体的政治形态和传统。在文化上，礼乐文化成为这一时代的总体特征。

中国古代从西周到春秋的社会，其基本特点就是宗法性社会。这里所说的"宗法性社会"是一个描述性的概念，并无褒贬之义，乃是指以亲属关系为其结构、以亲属关系的原理和准则调节社会的一种社会类型。宗法社会是这样一种社会，在这个社会中，一切社会关系都家族化了，宗法关系即是政治关系，政治关系即是宗法关系。故政治关系以及其他社会关系，都依照宗法的亲属关系来规范和调节。这样一种社会，在性质上，近于梁漱溟所说的"伦理本位的社会"。伦理关系的特点是在伦理关系中有等差，有秩序，同时有情义，有情分。因此，在这种关系的社会中，主导的原则不是法律而是情义，重义务而不重权利。① 梁漱溟认为中国伦理本位的社会是脱胎于古宗法社会而来，是不错的。春秋后期以降，政治领域的宗法关系已经解体，但社会层面的宗法关系依然存在，宗法社会养育的文明气质和文化精神被复制下来。

与文明史和文化史研究不同，经典马克思主义对古代历史的研究，是注重于对私有制的起源、阶级国家的产生的说明。而近代西方以魏特弗格为代表的研究则注重于所谓中国专制主义之产生的解释。从文明和文化的长久发展来看，社会—政治组织比所有制更重要，一个民族的文化特性和历史特性并不一定能从它的生产和交往来获得解释。马克思在《资本论》第一卷中说："亚洲各国不断瓦解，不断重建和经常改朝换代。与此截然相反，亚洲的社会并没有变化，这种社会的基本统治要素的结构不为政治领域中的风暴所触动。"② 这只是在指16世纪以来的亚洲历史的意义上是正确的，如果追溯到西元前一千年以来的亚洲社会发展，历史的辩证法是不会对中国和亚洲另例看待的。亚洲当然经历了无数的社会变迁乃至革命的过程，更不用说一般意义上的变化了。同样重要的是亚洲分为中亚、南亚、东亚等不同文化，东亚中又有中国和日本、韩国的不同，要说明这些文明体及其文化的特殊性和特殊发展路向，就绝非一般地从私有制、专制政治这样的角度所能解释的，正如，无

---

① 梁漱溟的说法见其《中国文化要义》，台北里仁出版社，1982年，81页。又，滕尼斯（又译特尼厄斯）把社会类型分为"团体"与"社会"，团体的特征是"情感"，而社会的特征是"非情感"（参看埃利亚斯《文明的进程》第一卷，三联书店，1998年，7页）。

② 马克思：《资本论》，《马克思恩格斯全集》23卷，396页。

论是"亚细亚社会"或"亚细亚生产方式"都不能说明印度文化和中国文化的区别一样。因此，不仅东方与西方不同，东方之中埃及、印度、中国各自有着自己的文明起源方式，由此决定了各个文明区系的不同历史发展道路和文明特色。可见，文明起源方式形成的文化基因，不仅决定了各个国家的政治形式的不同，更决定了各个民族的文化面貌和思想传统。

事实上，晚年马克思自己已经看到，东方体现的是那种渐进性的文明发生类型，而西方则为一种突发性的文明发生类型。在东方，进入文明的状况完全是在社会组织自然扩大的进程中实现的，因此东方的变化是渐进的，不是突发的。但渐进性的文明仍各不相同，在自然地理、人文语言、亲属组织、原始信仰等方面都各个不同。而这一切所共同构成的进入文明门槛之前的既定约束，导致了人类各个文化各不相同地大放异彩。在这个意义上，文明的历史就是文化史。

二 古代宗教

亚里士多德在他的《政治学》中提出："城邦源始于家庭，而家庭的组成本于主奴、夫妇、父子三伦。"[①] 亚里士多德把主奴关系列为三伦之首，颇能体现古希腊奴隶制社会的构成特点，希腊各邦的奴隶人口约占总人口的五分之二，庞大的奴隶劳动使得具有自由天性的希腊贵族知识人的优美想象和高度抽象成

---

① 亚里士多德：《政治学》，商务印书馆，435页。

为可能。同时,即使在城邦生活的亚里士多德也同样强调君权、父权和夫权,他认为家务管理技术有三项要素,即作为家主的技术(对奴隶)、运用父权的技术、运用夫权的技术,"父权对于子女就类似王权对于臣民的性质,父亲和他的子女之间不仅由于慈孝而有尊卑,也因年龄的长幼而分高下,于是他在家庭中不期而成为严君了"。在城邦的君民关系中,"君主他应该和他的臣民同样出生于一个族类,而又自然地高出大众之上,这种情况同父子关系中长幼慈孝的体制完全相符"。① 也就是说,君民关系与父子关系是同构的,在这些地方,古代东西方的社会思想相近,因为古代希腊罗马的社会组织和信仰与春秋时代的中国社会相类似。②

古朗士指出,在古希腊罗马,家长的权在家中是无上的,"老嘉同说:'丈夫是妻子的法官,他的权无限制,他可随意。她若有错误,他惩戒她;她欲饮酒,他责罚她;她若私通外人,他杀戮她。'父对子权与之相同。"③ "罗马与雅典法皆准其亲卖其子","罗马女人不能出法庭,纵令作证人亦不见许","摩奴法说:'女人童年时从父,少年时从夫,夫死从子。无子则从其夫之最近亲属,妇人不能自己作主',希腊与罗马有同样的说法。"④ 此外,关于妇人娶后无子则出之的规定,印度古代条律

---

① 亚里士多德:《政治学》,商务印书馆,37页。
② 李宗侗说:"东西两方古代的信仰相同,思想略似,因而发生相类的组织。"(古朗士《希腊罗马古代社会史》译者序)
③ 古朗士:《希腊罗马古代社会史》,中华文化事业出版委员会,1955年,81页。
④ 同上书,75页。

及雅典、斯巴达法中亦曾有之。① 这种对妇女的态度也与中国古代相近。

但在宗教观念以及宗教观念在文化中的地位方面，春秋时代与世界其他同时代的文化已有不同。让我们放眼与西周春秋同时代的世界其他文明的脚步，特别是宗教观念的发展水平。

古代埃及宗教的突出特点之一是，信奉的神祇数目众多，这些神祇多具有动物、实物的形象，即使是埃及最尊贵的太阳神瑞和冥王奥西里斯，也都具有动物的形象，后来才逐渐发展为半人半兽形和人形。② 古代埃及宗教中人和神互相依赖，互相需要，神需要人为其修建庙宫住所，供奉衣饰食物。其结果是信神者把幻想中的神灵物质化为可感的偶像，为之提供生活起居和供人瞻拜的场所，这导致了神庙的大量兴建。

埃及宗教鼓动人们各自信仰各自的神，认为如果所有人都信奉同一个神，神就会疲于奔命。古代埃及人的神灵观念甚至认为，神会衰老，还会因此让位给他的儿子。③ 由于埃及宗教对巫术和宗教仪式极为重视，相比之下，对神灵的信仰显得并不重要，故宗教学者多把埃及宗教归类为典型的"仪式宗教"。④ 在古代中国很少有神庙的修建，巫术在古代国家宗教中已渐衰落，但对多神的信仰和祭祀相当普遍，与祭祀相关的各

---

① 古朗士：《希腊罗马古代社会史》，中华文化事业出版委员会，1955 年，42 页。
② 吕大吉：《宗教学通论》，中国社会科学出版社，1989 年，399 页。
③ 同上书，403 页。
④ 同上书，407 页。

引 言

种仪式相当发达。① 然而，西周以降，中国文化在整体上已不是祭祀文化，而是礼乐文化，周代的礼乐文化早已超出宗教礼仪的范围。祭祀文化虽然是礼乐文化的一部分，但祖先祭祀更为盛行，而且其社会功能的意义日益超过宗教意义。

巴比伦宗教情形与埃及亦类似，古代美索不达米亚自然异己力量在人们的思想中被人格化为神，但经常表现为非人类的形象。后来在苏美尔—巴比伦的宗教神话中，诸神形象有了明显变化，具有了人的形象。每一个神都有自己的神庙，神就生活在庙宇中。② 这种半人半兽的神的形象在《山海经》中比比皆是，说明古代中国宗教与近东的发展在民间信仰的层面上一致性较多。

古代印度在早期吠陀时代流行自然崇拜，《梨俱吠陀》是祭祀仪式上对诸神所唱的赞歌和祭祀祷文，其中所说的众多神灵都是日月星辰、风雨雷电、山川草木，而所有神灵可分为天空地三界。天神特尤斯的词根与宙斯同，此神为天父，在神话中有牡牛形。伐楼拉是天神中最有势力者，其词根象征天空，包含万有，应当是天空的神格化。③ 这与中国古代天神崇拜的情形亦相差不远。不过，在早期吠陀中，诸神与人的关系密切而亲近，与犹太教中神主人奴的关系全然不同。故当时印度人礼

---

① 这里所说的古代国家宗教，是指夏商周以国家为主体的制度化的祭祀体系，后来成为中国古代历代王朝的国家仪典。牟钟鉴称此为"宗法性传统宗教"，参见牟钟鉴、张践著《中国宗教通史》（上卷），第二章，中国社会科学出版社，2000年。
② 同上书，415—417页。
③ 吕大吉：《宗教学通论》，430、431页。

拜赞颂诸神,但没有神的偶像,也未给神造神庙。到婆罗门教时代,形成三大纲领:吠陀天启、祭祀万能、婆罗门至上。此下到公元前6世纪,进入奥义书时代,思想文化为之一变。在中国,天在周代虽然是至上神,但已经伦理化,并且和"民"建立紧密的关联,为人文思想的发展准备了空间。

再看同时代的犹太人,在先知时代后,以色列人产生了一神教信仰,成为世界文明史的一大亮点。另一方面,《旧约》五经最明显的特色是作为以色列人的民族宗教,上帝只是"亚伯拉罕、以撒、雅各的上帝",只是"以色列人的上帝",故犹太教天生具有强烈的民族性。《旧约》中总是强调耶和华是亚伯拉罕及其子孙的上帝,甚至亚伯拉罕仆人并不直接把耶和华认作是自己的上帝,而只是说"耶和华我主人亚伯拉罕的上帝"。耶和华也把自己说成是亚伯拉罕及其子孙的上帝,耶和华对亚伯拉罕之孙雅各说:"我是耶和华,你祖亚伯拉罕的上帝,亦是以撒的上帝。"[①] 上帝虽然为以色列人规定了许多戒律,但上帝福佑或惩戒所着眼的并不是人的善恶,而是人是否恒有对上帝的唯一信仰。《旧约》中的上帝指定自己为以色列民族的上帝,以色列人信仰他们祖先亚伯拉罕所信的这个上帝,以交换上帝对以色列民族生育、繁盛、强大的福佑。因此,《旧约》对其他民族和其他民族的神极为排斥。肯尼迪在指出犹太信仰的积极意义的同时,也指出:"犹太人的十诫并不是对所有人都有意义的,而仅仅是对上帝的选民才有意义,这一事实显示了十诫的

---

① 有关说明请看《宗教学通论》,466—467页。

贵族本质。"又说"上帝把亚伯拉罕的部族视为他自己的孩子，并且将所有其他的民族都置于被奴役的地位"。"因此希伯来人的使命就是毫无怜悯之心地剪除所有其他的民族，占领他们的土地与财产，而对他们施放高利贷。"① 这种讲法固然有其偏颇之处，但也揭示出希伯来信仰特点的限制。中国古代的宗教则融合了各个地方和部族的神灵，祭祀和享祀虽然以族属为条件，但很少有对其他民族的神的排斥。

根据古朗士的研究，与东周时代相对应的古代希腊罗马，其前哲学的时代，一以宗教为本，"上古宗教先建家族，然后建城邦，他先制定私法及演司政府，然后制定民法及邦政府。国家与宗教密切有关，国家出自宗教，与之合而为一。如此，最初的邦，政治制度皆是宗教制度，佳节即祭祀典礼，法律即神性祝语，王及官员即教士，亦因此不识个人自由，个人在精神上已不能脱离邦的无上大权。更因此国家只限于一城，永不能超越城邦神最初所画的城垣。"② 而在中国，以对天神祭祀权的独占和国家祭祀体系的建制为特色的古代国家宗教虽然显示出国家政权的合法性与神界的关系，但似不能说国家出自宗教。在宗教上，希腊罗马的宗教完全是家族的，每个神只为一家所崇祀，是为"家族宗教"。③ 祭祀甚为重要，后人永久奉祀，则死者是幸福而神圣的，若祭祀中绝，则死者将堕成厉鬼。所以

---

① 肯尼迪：《东方宗教与哲学》，浙江人民出版社，1988年，138页。
② 古朗士：《希腊罗马古代社会史》，中华文化事业出版委员会，1955年，323页。
③ 同上书，28页。

子孙的祭祀是最重要的，死后无人奉祀，是对此人及其祖先的一种惩罚。而魂的居处，并不在世界之外，仍在人间，常常居于地下，死者仍有各种需要，生者应予以满足。① 此类观念与中国古代的情形亦无不同，只是中国古代的家族祭祀以祖先为对象，只在这个意义上是具有家族宗教的性质，但在中国古代的信仰中，其他神灵特别是自然神是不会有家族的特异性的。在思想上，埃及的祭祀宗教的影响，希腊诸神的神话，埃留西斯教将自然力拟人化的思想，奥菲斯教崇拜神灵和灵魂净化的思想，都表现了希腊前哲学时期的宗教文化。古希腊真正的宗教状况与希腊神话有很大的距离。②

最重要的是，正如《礼记》概括周文化的特点是"事鬼敬神而远之"，与春秋时代同时期的其他文化相比，中国思想文化在春秋时代的特色却是神本观念的明显衰落和人本思潮的广泛兴起。

三　人文思潮

《古代宗教与伦理》已经指出，周代的文化与周公的思想在

---

① 古朗士：《希腊罗马古代社会史》，中华文化事业出版委员会，1955年，7—28页。

② 托卡列夫认为，像黑格尔那样把希腊宗教称为"美的宗教"的讲法只是把希腊人的宗教作了理想化的片面了解，仅靠荷马史诗将神话视为希腊宗教的代表，是大错特错的。事实上，前哲学时期的希腊宗教，既有图腾崇拜、狩猎崇拜的遗迹，也有祛病法术、冥事崇拜、火灶崇拜、祭祀仪式等。见其《世界各民族历史上的宗教》，中国社会科学出版社，1985年，第20章。

引 言

形塑中国文化的精神气质方面起了重要的作用,如果把西周政治文化概括为"崇德贵民",把西周的宗教文化在类型上归结为"天民合一",那么后来的中国文化历程中体现的道德人文主义的精神气质可以说就是在此基础上得以形成。① 在周代,虽然鬼神祭祀具有更加完备的系统,但在政治实践中已不具有中心的地位,政治实践领域的中心注意力已开始转向人事的安排和努力。② 西周的礼乐文化在本质上已不是神的他律,而是立足于人的组织结构的礼的他律。六礼都是围绕着人的生命过程而展开的,这使得礼乐文化本身已经具有了一种人文主义的基础。礼乐文化所代表的文化模式,相比于殷商而言,神的色彩趋于淡化,人文的色彩比较显著。这是从西周开始萌芽而到春秋更为发展的人文思潮所以兴起的重要基础。③ 由于周代文化不是从自然宗教走向一神教,而周礼是从氏族习俗演化出来,原生的氏族文化转变为再生的宗族文化,独特地发展为具有伦理宗教意义与功能的礼仪文化体系,在其内部,人文性发展得到了很大的空间。④

中国人文思想的起源是西周的礼乐文化,它在春秋的世界中进一步成长。虽然,春秋人文理性在形式和内容上的创新性和独特性并不突出,但西周以来文化内部原有的理性化、德性化的因素明显地在这个时期积累、成长起来,为诸子时代文化

---

① 《古代宗教与伦理》,196 页。
② 同上书,206 页。
③ 同上书,263 页。
④ 同上书,267 页。

思想的丰富和发展准备了充分条件。

因此，在这个距今如此遥远的文明时代中所发生的精神活动，其实又与我们并非遥远，它影响着后来成为我们出发点的传统。西周封建制及其礼乐文明的产生和解体，其后果远远超出了政治和社会历史的范围，通过由它所直接产生的诸子文化而直接影响了此后中国人的精神世界和心态。

从春秋时期思想文化的发展来看，有如下渐进的发展：承继着西周文化的发展趋向，充满实证精神的、理性的、世俗的对世界的解释越来越重要，而逐渐忽视宗教的信仰、各种神力及传统的神圣叙事。宗教性和非宗教性的仪典形式逐步让位于德性精神的强调，礼仪文化渐渐转化，形式化的仪典文明渐渐转变为理性的政治思考和道德思考。

由现在掌握的资料来看，春秋后期社会、文化转型的根源，可能并非这一时段技术、人口方面的变化所引起，也不像是新的土地占有方式和农业方式等经济方面所导致，换言之，技术性的、经济结构的革命似乎尚未发生，即使发生了也不足以说明社会文化转型的发生学根源。春秋时期中国的社会与文化变化，其根本原因是，宗法政治秩序的内在矛盾在春秋近 300 年历史中不断发展而最终走向自身的否定。因此，与迈锡尼王宫文明走向希腊城邦世界不同，春秋中后期以后的社会变化，与其说是起因于新的社会政治形式（在希腊是城邦）的出现，不如说根源于旧的宗法政治秩序的解体，这种解体带来了一系列政治与文化的变化，这些变化强化了西周以来的实践理性的发展，促使礼乐文化向新的精神世界（政治的、道德的、宇宙的）

转变。

春秋中期以后的历史时代，是一个危机和内乱并生，充满混乱的时代，在宗法秩序解体的过程中，一些伦理思想和政治思考在社会动乱中产生了，一批前诸子时代的智者在春秋时代出现了，他们思考和探究的重点不是自然宇宙，而是人类社会，是如何协调社会秩序，如何累积个人德性。在社会文化上，春秋时期，以前对所有人都具有约束力的总体规范"礼"现在已经不再具有那种力量，社会关系的动摇促进了人们关于伦理和政治的深入思考。孔子以前的政治家和智者们痛感社会的失范，这当然是站在贵族的宗法秩序立场之上的，他们对这种政治混乱和文化失序痛心疾首，要求按传统礼乐秩序重组社会生活。春秋后期社会充斥的暴力、混乱、失范、篡逆和不公正，激发了这一时代贵族有识之士的革新意识和忧患意识。

忧患意识的后果是政治改革的出现和强化政治秩序的努力，这强化了西周以来人文思想成长的趋向，最终导致了一种现世性质的政治伦理思考的产生，这种思考倾向于以人的方式而非神的方式来看待人类社会的秩序。在春秋后期，与以前崇尚名誉、欣赏仪典、注重雅致生活和风度举止相比，现在人们崇尚的是务实的实践、道德的理想。春秋世界中贵族的理想逐渐转变为一般的文化理念，诸子时代受到了这种文化观念的深刻影响。

从西周到春秋发展起来的理性化的思潮，其特点是，这一理性不是体现为注重技术文明或科学知识的用以改造自然世界的理性，而是一种政治的理性、道德的思考、实践的智慧。因此，与希腊的米利都学派突出对自然的观察不同，春秋时期所突出的是政治理性主义与人的道德感和德行。与此同时，人们渐渐意识到，神的世界并不能干涉人的现世生活，虽然在一般信仰层面并未否弃"神"，但不少开明之士明确排斥神秘因素对政治和社会的影响，是这一时代引人注目的现象。

无疑，春秋与西周一样，封建社会的士以上的贵族是文明的重心，而其中政治家、祝史官则为重要的代言人。不过贵族的精神世界并不是单一的，而是充满着内在的紧张的。就春秋思想世界的总体来说，在相当程度上是贵族的精神世界的多面的体现，这与后来诸子时代有所不同。贵族知识人与政治家是这一时代文化的承载者。

春秋时代，传统的生活世界发生了深刻的变动，思想也发生着变化。这个时代由《左传》所传述的各种叙述来看，与诸子时代有一个不同，即不仅这个时期还没有体系性的个人著作，而且许多开明之士的言论与贵族社会的一般信仰（common religion）相接近，从而体现了该时代贵族人口的一般信仰，和他们作为精英集团成员的共同的知识框架。同时，可以看出，他们在与一般信仰调和的同时，逐渐形成了全新的伦理政治思考形式和道德思考形式。

四 春秋的思想世界

正如一般以"神话"和"理性"的对立为早期希腊的思想发展的线索一样，虽然春秋思想的发展线索有似于早期希腊

引 言

"神话"和"理性"的对立,但只有把"神话思维"像卡西尔所理解的那样,不仅仅狭义地指神话,而且包含各种神灵信仰;"理性"不仅仅指面对自然世界的科学理性,而且是指有关政治社会和道德德性的人文理性,才是可以成立的。就中国的春秋时代而言,"神灵信仰"的没落和"实践理性"的成长,才更准确地揭示了它的发展线索。在这里,人类社会的秩序被当作自足自为的概念来思考,摆脱祝史的神话思维成为时代精神的趋向,而礼越来越成为一种内在于世界、外在于宗教的组织法则。世俗人文主义强调理智的教导,指引实际事务的实用主义成分,唤起了对政治和道德问题的更深思考。

这样一种线索,用中国古代文化的表达,也可以概括为"天官传统"与"地官意识"的紧张与对立。我在这里所说的"地官意识",是指世俗的政治理性和道德理性。"天官传统"即指类似卡西尔所说的神秘的神话思维,其中心是以神灵祭祀为核心的宗教意识。春秋的思想发展,可以说就是地官意识与天官思维相抗衡并逐渐压倒天官思维的历史过程。①

由于这一过程是一个复杂的缓慢的过程,所以我们不能从一种纯粹的角度来设想西周到春秋"神本信仰"和"人本理性"的紧张,事实上,春秋思想大多尚未彻底摆脱神话思维的框架,而是在此框架内发展起人本的因素,体现着人文精神的跃动。

---

① 这里所说的"地官意识"的地官,是基于《周礼》的用法。而这里的"天官传统"中的"天官"的用法,则近于《史记》天官书的用法,并包含了周礼的主掌礼神之事的"春官",而非《周礼》中的天官的用法。但是,这种语词的借用,并不表示我转而赞成那种把某种思想的根源仅仅和某类职官相联系的王官说,而是希望以一些中国固有的观念呈现春秋时代的思想分歧。

但是无论如何，我们在这一时代思想文化的各个方面都可以看到人文精神和道德精神的活跃萌动和蓬勃生长。

古人对于卜筮活动与卜筮结果有一种神秘的信仰，而此种神秘信仰在春秋时代渐渐衰落。而《周易》的卦爻辞也在春秋时代逐渐变成独立于筮占行为的文本体系，并在脱离占筮行为的意义上经历了文本的经典化过程。春秋时代出现了不少神祇预言家和卜筮活动受到抵制或轻忽的事例，同时"筮"与"德"何者优先的问题也突出起来，占卜在实际事务决策中的重要性逐步下降，理性和道德的因素在事务中占据上风。

春秋的天学星占亦遭到子产等代表的地官传统的拒绝和抵制，即使在天学星占的领域，自然主义的解释也越来越多，而且春秋时代的天象星占以政事和人生为主，这与以往以神事祭祀为主的时代亦大不相同。在这个领域中，史官文化自身也在"去神秘化"，这表现在把"阴阳"与"吉凶"分化开来，用独立的眼光看待自然、解释自然。同时，透过星象学，思维铺陈了一种整体的宇宙感和秩序感，产生了不依赖神祇的永恒的规则性的领域。

除了占卜外，鬼神观念在祭祀文化中也在发生变化。春秋时代鬼神观念和文化中不断渗入道德因素，把崇德和事神联结在一起，成了春秋贤大夫们的共同信念。春秋后期，人们对神灵和神灵祭祀的信仰已经衰落，知识人对祭祀不再从宗教信仰来肯定其必要性，而是从祭祀的社会功能来予以肯定，表现出对现实社会及政治的关注远压过对神界的关注。地官意识与天官思维的抗衡成为这个时代的突出现象。祀典的构成和重点也

引 言

显示出文化的人文性开展。神谱中占首要和主导地位的，不再是自然神，而是历史人物被神灵化后的诸神，礼乐文化中的人文主义气质在春秋时代更加发展起来。① 需要特别指出的是，这个时代人文思潮所主要针对的是神灵信仰，而不是巫术，用孔子后来所说的"巫—史—儒"的说法，这个时代人文思想所针对的不是巫术代表的原始宗教，而是史官（事神之官祝史的史）代表的神灵信仰。

与之相应，祝史地位日益下降，政治理性化和文化理性化带来了事神之官的失落，事神之业不再像以前那样在实质的意义上被看重，虽然晏婴等人并未摆脱神话思维，但认为神的作为决定于民和德，反对由祭祀行为来决定一切，神本思想在此不能不让位于人本理性，务实的地官意识在这里逐渐压倒了神秘的天官传统。有识之士不信占卜、不重祭祀，崇德贵民，注重自己的行为和德性，人的眼光更多转向人本身，这是当时的重要变化。而史官内部也发展着神本思想和人本思想的分化与紧张。在有关祭祀和政事的话语中，民成为神所依赖的主体，获得了与神并立的地位，这也是地官政事优先的意识和史官中注重历史经验的理性的影响。祭祀文化中新的因素的出现，使得祭祀活动更多发展了纪念的意义，强调合族的社会功能，以文化英雄和英雄神话的祀谱把人的力量突出起来。

这一时期文字的使用已经超出王室档案和铭文的范围以及

---

① 塔斯那指出，古希腊的诗人和悲剧作家有着明显的日益增长的人文主义，然后在米利都智者那里发展了自然主义和理性主义的理解世界的方法。参看其所著《西方心灵的激情》，正中书局，1997年，22页。

口传的叙述，《诗》《书》最先在实践中被经典化，尽管在开始的时候，《诗》《书》的权威是出于仪典的需要，但慢慢地，《诗》《书》作为规范资源的意义突出起来，经典在这个意义上生成了。[①] 春秋礼文化注重礼仪或仪典的节度等外在形式性规范的取向是"仪式伦理"，但在礼乐文化中也发展起德性体系。在伦理的层面，仪式伦理主导渐渐变成以德行伦理为主导。从诸多的德目表来看，春秋时代可以说已近于所谓"德行的时代"。而德性从仪式性德目到道德伦理德性，表明德越来越内在化了。外在化的德目与礼仪文化相适应，内在化的德目则与礼治秩序的解体相伴而生。

与希腊的理性不同的是，春秋时代的理性更多的是政治的、道德的、价值的理性。春秋时代，人对礼的关注从形式性转到合理性，形式性的仪典体系仍然要保存，但贤大夫们更为关心的是礼作为合理性原则的实践体现。贤大夫们都视礼的政治、行政的意义重于礼的礼宾、仪式意义，这使得礼文化的重点由"礼乐"而向"礼政"转变。而这一切，都是在春秋后期的政治衰朽、危机中所产生的。礼的意义的这种变化极为重要，从此，礼不再主要被作为制度、仪式的文化总体，被突出出来的是礼作为政治秩序的核心原则、作为伦理规范的原则的意义。宗法政治的日趋瓦解是春秋思想史的主要背景。政治理性化表现在礼的政治化，表明象征控制渐渐让位于理性的政治管理。

在政治理性化发展的同时，政治文化中的道德因素也不断

[①] 本书中所述及的诗、书皆加书名号，但这不表示作者认为在所论及的春秋时代已有编辑成册、近于今本的《诗》《书》。

发展，重视德政和统治者个人德性的思想比《尚书》时代更加发展了。而安民、宽民、利民成了德政的中心观念。务德安民成了政治文化的共识，与西周敬德思想一脉相承，奠定了中国古代政治文化和价值观念的基础。

尤为鲜明而突出的是，"士君子"的人格在这一时代获得了具体生动的表达，在他们身上带有后人所熟悉的儒家气质，这种人格的呈现是春秋以前的记载所缺乏的。臧文仲、叔向、子产都是主张明礼崇德、重民尚贤的人，早期儒家所继承的思想文化，不仅是西周的敬德保民思想，更有春秋时代仁人志士所体现的道德精神和人格理想为其基础。在春秋历史中涌现的道德人格也构成了儒家思想的重要资源。

总之，春秋时代是宗法封建秩序从成熟走向衰朽的历史，春秋时代神—人关系的发展，决定了孔子及诸子时代不是以"超越的突破"为趋向，而是以人文的转向为依归，批判和反思的思想不是到孔子以后才出现，而是在这一过程当中不断发展着对神性的怀疑和对现实的批判反思。因此，如果把中国的轴心时代定在孔子以后，那么很显然，这个时代的精神发展并不是与它之前的时代相断裂，而是与它之前的时代的思想文化有着密切的关联。

更重要的是，在这个历史过程中，不仅已经开始出现针对神话思维的批判意识和反思精神，而且出现了人本思潮和实践理性自身的长足成长，为诸子时代的浮出准备了充分的文化基础，成为儒家等思想文化发展的根源。

最后要说明的是，本来，1995年写完《古代宗教与伦理》后，由于资料早已大体准备完毕，我有计划尽快开始写作此书。只是因为到日本和美国教书，以及中间种种事项，一直未能动笔。直到1999年秋到香港独居，教书之余，才有时间集中写作此书。同时，因为此书的研究在1998年已列入教育部跨世纪人才研究计划专案，这也促使我早日抓紧完成，以免于催促之苦。这样看来，申请研究计划虽然往往是件无奈的苦事，但对本来要做的工作，也未尝没有促进的功能。

第一章　占筮

> 数而不达于德，则其为之史。
> ——帛书《要》述孔子语

殷商时代龟卜盛行，龟卜为当时主导的问占方式。对此，我们在《古代宗教与伦理》一书中已经作了整体的描述和说明。《周易》所代表的蓍筮方法，比起龟卜来，产生了一种与"数"相关联的新的占卜体系，使带有若干巫术性质的占卜文化有可能转化为一种理性化的发展。当然，正如我们在前书中指出的，这种理性化乃是限制在古代占卜文化之内的一种进程。

从《洪范》的说明来看，殷商末期应当已有筮法的存在。但至少在王室的占卜活动中，筮法的地位不高，推想其用占也不多。但西周以后，筮法的重要性明显增加。后人将《周易》推演之功归于文王，至少说明周人是更重视筮法的。当然，周文化本来就包含有很多对商文化的继承方面，像箕子在《洪范》中所提供的占筮比例和决断方法，应当在西周前期是占支配地位的。然而，从西周后期到春秋时代，我们在筮占文化本身中，可以明显看到新的有意义的变化。这些变化的意义，不在于问占技术的调整，而在于，它体现了春秋思想文化本身的变化和发展。

一　春秋的龟卜

西周所传留的筮占例子极少，其实，即使是作为考古遗存的殷商甲骨记录，在占卜方面也只是为我们提供了简单的"问题"和"答案"，还不能为我们演现出整个的操演过程，更不能完全显现占问的历史情境。春秋时代就大不一样，《左传》及《国语》保留了许多文字记载，通过这些记载，我们不仅可以生动地了解当时的发问过程，也可以由这些解释活动而了解当时人们的文化与思想观念。

我们先来看龟甲占卜的材料，《左传》中最早的占例是桓公时：

> 初，懿氏卜妻敬仲。其妻占之，曰："吉，是谓'凤皇于飞，和鸣锵锵。有妫之后，将育于姜。五世其昌，并于正卿。八世之后，莫之与京'。"（庄公二十二年，杨注221—222页，以下引《左传》皆据此书页码，不再注明）

杨伯峻云："疑'凤皇于飞，和鸣锵锵'两句是卜书之辞，'有

第一章 占筮

妙之后'以下数句,则为占者之辞。"① 不管哪几句是卜书之辞,"是谓"表明,此例的断占依据了"卜书之辞",是没有疑义的。此种卜书之辞,亦称为"繇"。如下例:

> (卫)孙文子卜追之,献兆于定姜。姜氏问繇。曰:"兆如山陵,有夫出征,而丧其雄。"姜氏曰:"征者丧雄,御寇之利也。大夫图之!"(襄公十年,978—979页)

孔注:"繇,兆辞。"正如易筮有爻辞,甲占亦有兆辞,称为繇。孙文子为追寇事而行卜,他把卜后所得的龟甲裂兆呈给定姜,并说兆状若山陵之象。姜氏询问与此兆相应的繇辞为何,回答说繇辞是"有夫出征,而丧其雄"。按道理说,此繇辞所说的征而丧其雄,并未说是指对方;而姜氏断定说,这是指敌方丧雄,显示出占者明确以解释活动参与断占的自觉意识。

《左传》又载:

> 狐偃言于晋侯曰:"求诸侯,莫如勤王。诸侯信之,且大义也……"使卜偃卜之,曰:"吉,遇黄帝战于阪泉之兆。"公曰:"吾不堪也。"对曰:"周礼未改,今之王,古之帝也。"公曰:"筮之。"筮之,遇大有☰之睽☱,曰:"吉。遇'公用享于天子'之卦。战克而王飨,吉孰大焉?且是卦也,天为泽以当日,天子降心以逆公,不亦可乎?

---

① 杨伯峻:《春秋左传注》一,中华书局,1990年,222页。

大有去睽而复,亦其所也。"(僖公二十五年,431—432页)

这个例子与《洪范》中箕子所说的方法相近,卜而不决,再行筮占,而与《周礼》所说"先筮而后卜"的说法不同。在我们前面所引的一个占例中,孙文子占得兆后,见兆象如山陵,然后对比繇辞,以作出判断,并没有把兆象本身直接定义为具体意义。与孙文子之卜不同的是,卜偃是专职卜者,但他的占卜不用繇辞,而是用兆象直接来断占,故其甲占不引繇辞,而直言"遇黄帝战于阪泉之兆"。但龟卜未能使晋侯作出决断,故又行筮占。筮得"大有之睽",说明"大有"的九三为变爻,大有九三爻辞曰"公用享于天子小人弗克",所以卜偃说遇"公用享于天子"之卦。"大有"卦为离上乾下,九三变为阴,下卦由乾变为兑,即成"睽"卦离上兑下,所以卜偃说日在上,天变为泽,而以天子降心解释。

从《周易》发展史来看,僖公(公元前659—前627年)时代已经有"大有""睽"诸卦,也已经有了"之卦"的用法。卜偃断占时,引九三爻辞,以说明大有之睽;并且根据此爻辞解释说,受到天子宴享,一定是战而得胜;而受到王的嘉享,所以为吉。这个筮例比较单一,没有复杂的解释活动参与其中。

《国语》也有占例,如晋国:

献公卜伐骊戎,史苏占之,曰:"胜而不吉。"公曰:"何谓也?"对曰:"遇兆,挟以衔骨,齿牙为猾,戎、夏交

第一章 占筮

捽。交捽,是交胜也,臣故云。"(卷七晋语一,252—253页,所引《国语》页码皆据上海古籍出版社1978年本,下不注明)

晋献公欲伐戎,命史苏占卜,史苏为史官,而其职司包括卜筮。其行占得兆后,断为不吉。此例中"挟以衔骨,齿牙为猾"一句,应该与前例的"有夫出征,而丧其雄"一样,属于繇辞,史苏根据繇辞进行解释和判断,认为齿牙交错表示敌我交胜,所以判断为胜而不吉。

《左传》里较晚的一条材料是:

> 卫侯梦于北宫,见人登昆吾之观,被发北面而噪曰:"登此昆吾之墟,绵绵生之瓜。余为浑良夫,叫天无辜。"公亲筮之,胥弥赦占之,曰:"不害。"与之邑,寘之而逃,奔宋。卫侯贞卜,其繇曰:"如鱼窥尾,衡流而方羊。裔焉大国,灭之,将亡。阖门塞窦,乃自后逾。"(哀公十七年,1709—1710页)

此处的卫侯即庄公。"公亲筮之,胥弥赦占之",但《左传》没有记载这些占问的过程,只记载了最后的"卫侯贞卜"。在这次的贞卜中,称引了繇辞,这个繇辞与前例中的定姜问繇的繇辞应属一类。这个故事说浑良夫死后为鬼致梦,将有以影响人事。卜人占之,已知其凶,但"卫侯无道,卜人不敢以实对,惧难而逃也"(杜注)。① 卜人不把占卜的真实结果告诉卫侯,这件事情一方面固然是出于卜人的惧怕;另一方面,筮问活动被政治关系所扭曲,显示出卜人对占卜的神圣性的信仰已大大降低,而这在殷商时代大概是很难想象的。《礼记》中多次说到"不违卜筮",《尚书》的《盘庚》更早就说过"吊由灵各,非敢违卜",显示出古人对于卜筮结果与卜筮活动皆有一种神圣性的信仰,而这种信仰在春秋时代渐渐衰落。

关于《左传》中所记载的龟卜之例,据学者统计,至少有55例。由占问事体的不同,可见其数量分布的情形:征伐(20例)、命官(7例)、立储(4例)、营建(4例)、生育(3例)、疾病(4例)、婚姻(3例)、郊祭(8例)、雨(1例)、梦(1例)。这些被记载的占筮活动,按其国别分布:鲁(19例)、晋(18例)、楚(9例)、卫(7例)、郑(6例),其余各国皆为2例或1例而已。② 表明春秋时代各国用卜的情况很不相同。

这些统计表明,春秋时代龟卜之用,以鲁国、晋国、楚国、卫国和郑国为多,而鲁国与晋国为最多。龟卜之行用于征伐、政事、祭祀、男仕女嫁、生老病死,其中征伐最多,占20例;政事(合命官、立储、营建)次之,占15例。值得注意的是,卜祭共8例,而且皆为鲁国事。如果把征伐和政事都视为"政",则"政"大大多于"祀"。如果再考虑到卜祭都是鲁国事,那么,我们就可以说,春秋时代的"卜"占活动中,人事

---

① 参看杨伯峻《春秋左传注》四,1709页。
② 参看刘玉建《中国古代龟卜文化》,广西师范大学出版社,1992年,358—381页。

的重要性已远远超过神事。

二 筮占的例子

春秋时期,在龟卜之外,筮占相当流行。筮占的断占一般较龟卜来得复杂,所以我们需要用较多的筮例来加以分析。

首先,春秋时期,特别是春秋前期,筮占多不用《周易》,如:

> 初,毕万筮仕于晋,遇屯☷之比☷。辛廖占之,曰:"吉。屯固、比入,吉孰大焉?其必蕃昌。震为土,车从马,足居之,兄长之,母覆之,众归之,六体不易,合而能固,安而能杀,公侯之卦也。公侯之子孙,必复其始。"(闵公元年,259—260页)

毕万筮得的结果,是后代蕃盛,且其后代将为诸侯。此例中的筮占所用的卦名"屯""比"亦见于《周易》,但辛廖的断占之辞,如屯固比入之说,不见于《周易》。不过其说与《周易》相近。屯之比,按《周易》,变爻在屯之初九,《周易》屯初九爻辞有"利见侯",辛廖云"公侯之卦",与之相近。

> 成季之将生也,桓公使卜楚丘之父卜之。曰:"男也,其名曰友,在公之右,问于两社,为公室辅。季氏亡,则鲁不昌。"又筮之,遇大有☷之乾☷。曰:"同复于父,敬

如君所。"及生,有文在其手曰"友",遂以命之。(闵公二年,263—264页)

大有之乾,变爻在六五,《周易》大有六五爻辞为"六五,厥孚交如,威如,吉"。而卜楚丘之父筮占之后,并没有说到与《周易》爻辞相关的东西,他所说的"同复于父,敬如君所"也不见于《周易》。这说明,卜者所用筮,不一定是《周易》。

晋饥,秦输之粟。秦饥,晋闭之籴,故秦伯伐晋。卜徒父筮之,吉:"涉河,侯车败。"诘之。对曰:"乃大吉也。三败,必获晋君。其卦遇蛊䷑。曰:'千乘三去,三去之余,获其雄狐。'夫狐蛊,必其君也。蛊之贞,风也;其悔,山也。岁云秋矣,我落其实,而取其材,所以克也。实落、材亡,不败,何待?"(僖公十五年,352—354页)

《周易》蛊卦山上风下,卜徒父所称"千乘三去,三去之余,获其雄狐"必为爻辞无疑,但此句不见于《周易》,可见他所用者并非《周易》,故爻辞与《周易》不同。

六月,晋、楚遇于鄢陵。……苗贲皇言于晋侯曰:"楚之良,在其中军王族而已。请分良以击其左右,而三军萃于王卒,必大败之。"公筮之。史曰:"吉。其卦遇复䷗,曰:'南国蹙,射其元王,中厥目。'国蹙、王伤,不败何待?"(成公十六年,882—885页)

第一章 占筮

这里史官筮得复卦,他所称引的复卦之辞"南国蹙,射其元王,中厥目",也不见于《周易》的复卦卦爻辞,显然不是《周易》。这提示出,春秋前期的各种筮占体系,其卦象卦名已基本统一,但卦爻辞体系不同,《周易》实际上是在卦爻辞体系上与其他易法相区别的。

这种区别又可见于另一例:

> 公子亲筮之,曰:"尚有晋国。"得贞屯、悔豫,皆八也。筮史占之,皆曰:"不吉。闭而不通,爻无为也。"司空季子曰:"吉。是在《周易》,皆利建侯。不有晋国,以辅王室,安能建侯?我命筮曰'尚有晋国',筮告我曰'利建侯',得国之务也,吉孰大焉!震,车也。坎,水也。坤,土也。屯,厚也。豫,乐也。……震,雷也,车也。坎,劳也,水也,众也。主雷与车,而尚水与众。车有震,武也。众而顺,文也。文武具,厚之至也。故曰屯。其繇曰:'元亨利贞,勿用有攸往,利建侯。'主震雷,长也,故曰元。众而顺,嘉也,故曰亨。内有震雷,故曰利贞;车上水下,必伯。小事不济,壅也。故曰勿用有攸往,一夫之行也。众顺而有武威,故曰'利建侯'。坤,母也。震,长男也。母老子彊,故曰豫。其繇曰:'利建侯行师。'居乐、出威之谓也。是二者,得国之卦也。"(《国语》卷十晋语四,362 页)

公子亲筮,命筮曰"尚有晋国",即还能保有晋国。筮得屯卦吉，豫卦不吉。筮史之官认为总的结果不吉。但司空季子不同意筮史的意见，他认为所得二卦，如果按照《周易》之辞，两卦都是"利建侯"，都是吉的。这从反面证明筮史断占所据者，不是《周易》。按照《周易》，屯卦震下坎上，卦辞为"元亨利贞，勿用有攸往，利建侯"。豫卦坤下震上，卦辞"利建侯，行师"。

另一例与此相似：

> 齐棠公之妻，东郭偃之姊也。东郭偃臣崔武子。棠公死，偃御武子以吊焉。见棠姜而美之，使偃取之。偃曰："男女辨姓，今君出自丁，臣出自桓，不可。"武子筮之，遇困䷮之大过䷛。史皆曰"吉"。示陈文子，文子曰："夫从风，风陨妻，不可娶也。且其繇曰：'困于石，据于蒺藜，入于其宫，不见其妻，凶。'困于石，往不济也，据于蒺藜，所恃伤也；入于其宫，不见其妻，凶，无所归也。"
> （襄公二十五年，1095—1096页）

困之大过，在《周易》为凶，但史官曰吉，可能史官皆用其他易书，而陈文子与司空季子一样，以在《周易》者断之。东郭偃的反对是诉诸"礼"的原则，所以强调同姓不婚，而陈文子则用困卦六三爻辞来分析说明。

三　《周易》之用

所以，《周易》的解释力在春秋时代可以说越来越强，故

第一章　占筮

《左传》中记载的春秋筮例中，《周易》之用居于多数。周王朝史官以《周易》筮占，对各诸侯国不断发生影响，请看下例：

> 陈厉公，蔡出也，故蔡人杀五父而立之。生敬仲。其少也，周史有以《周易》见陈侯者，陈侯使筮之，遇观☷☴之否☷☰。曰："是谓'观国之光，利用宾于王'。此其代陈有国乎？不在此，其在异国；非此其身，在其子孙。光，远而自他有耀也。坤，土也；巽，风也；乾，天也。风为天，于土上，山也。有山之材，而照之以天光，于是乎居土上，故曰'观国之光，利用宾于王'。庭实旅百，奉之以玉帛，天地之美具焉，故曰'利用宾于王'。犹有观焉，故曰其在后乎！风行而著于土，故曰其在异国乎！若在异国，必姜姓也。姜，大岳之后也。山岳则配天。物莫能两大。陈衰，此其昌乎！"（庄公二十二年，222—224页）

《周易》观卦六四爻辞"观国之光，利用宾于王"。陈厉公之子为敬仲，厉公被杀后，敬仲奔齐，改田姓，后来田氏代齐。周史即预言敬仲的后代在异国昌盛，而有国。这个例子说明，当时陈侯对《周易》所知甚少，故令周史为少年敬仲预测前途。周史的说法后来应验了，这一类故事的流传可能是《周易》在春秋时代越来越流行和普遍的重要原因。

毫无疑问，鲁国用《周易》较多，如：

> 初，穆子之生也，庄叔以《周易》筮之，遇明夷☷☲之

谦䷗,以示卜楚丘。楚丘曰:"是将行,而归为子祀。以谗人入,其名曰牛,卒以馁死。明夷,日也。日之数十,故有十时,亦当十位。自王已下,其二为公,其三为卿。日上其中,食日为二,旦日为三。明夷之谦,明而未融,其当旦乎,故曰'为子祀'。日之谦,当鸟,故曰'明夷于飞'。明而未融,故曰'垂其翼'。象日之动,故曰'君子于行'。当三在旦,故曰'三日不食'。离,火也;艮,山也。离为火,火焚山,山败。于人为言,败言为谗。故曰'有攸往。主人有言'。言必谗也。纯离为牛,世乱谗胜,胜将适离,故曰'其名曰牛'。谦不足,飞不翔;垂不峻,翼不广,故曰'其为子后乎'。吾子,亚卿也;抑少不终。"(昭公五年,1263—1265 页)

《周易》明夷卦为离下坤上,初九为变爻,故之谦。明夷初九爻辞为"明夷于飞,垂其翼,君子于行,三日不食,有攸往,主人有言"。以理推之,穆子出生,其父庄叔以《周易》为之筮,和前例中的敬仲少年时周史用《周易》为之筮,在历史上应当实有其事;但《左传》中记述的周史、庄叔关于未来的详细预测,与后来的事实发展丝丝入扣,这必然不是他二人当时所说,而是后人的加工和发挥所成。

卫襄公夫人姜氏无子,嬖人婤姶生孟絷。孔成子梦康叔谓己:"立元……"(杜注:元,孟絷弟,梦时元未生)……婤姶生子,名之曰元。孟絷之足不良能行。孔成

第一章　占筮

> 子以《周易》筮之，曰："元尚享卫国，主其社稷。"遇屯䷂。又曰："余尚立縶，尚克嘉之。"遇屯䷂之比䷇。以示史朝，史朝曰："'元亨'，又何疑焉？"成子曰："非长之谓乎？"对曰："康叔名之，可谓长矣。孟非人也，将不列于宗，不可谓长。且其繇曰：'利建侯。'嗣吉，何建？建非嗣也。二卦皆云，子其建之！康叔命之，二卦告之，筮袭于梦，武王所用也，弗从何为？弱足者居。侯主社稷，临祭祀，奉民人，事鬼神，从会朝，又焉得居？各以所利，不亦可乎？"（昭公七年，1297—1298页）

这也是以《周易》筮占的例子。屯卦卦辞"元亨利贞，利有攸往，利建侯"。屯之比，屯之初九为变爻，其初九爻辞"磐桓，利居贞，利建侯"。史朝认为元之筮得屯，亨通而利于建侯，即立嗣而主社稷；孟縶得屯之比，利于居，故虽年长而不应立嗣。縶利居，元利侯，故说是"各以所利"。

前面提到的"成季之将生"，桓公使人卜筮，是一个卜筮并用的例子，在《左传》中有不少卜筮并用之例。一般的，在卜筮并用时，以卜为主；不过，在哀公时已有变化：

> 宋公伐郑……晋赵鞅卜救郑，遇水适火，占诸史赵、史墨、史龟。史龟曰："'是谓沈阳，可以兴兵。利以伐姜，不利子商。'伐齐则可，敌宋不吉。"史墨曰："盈，水名也，子，水位也。名位敌，不可干也。炎帝为火师，姜姓其后也。水胜火，伐姜则可。"……阳虎以《周易》筮之，

遇泰☷☰之需☵☰，曰："宋方吉，不可与也。微子启，帝乙之元子也。宋、郑，甥舅也。祉，禄也。若帝乙之元子归妹而有吉禄，我安得吉焉？"乃止。（哀公九年，1652—1654页）

赵鞅行卜，得兆象"水适火"，其法已不得而知。大概其兆有贞有悔，故史龟说利于伐齐，不利于伐宋救郑。但史墨与史赵又各有自己的说法。所以阳虎用《周易》筮之，结果与卜占相同，起了决定的作用。

四　作为文本的卦爻辞

更值得注意的是，人们对《周易》的利用，在春秋时代，已经渐渐超出了筮问活动的范围，而是把《周易》的卦爻辞与其占问分开，使卦爻辞体系成为独立的文本体系，而加以称引，以说明、证明某种哲理或法则。

> 郑公子曼满与王子伯廖语，欲为卿，伯廖告人曰："无德而贪，其在《周易》丰☳☲之离☲☲，弗过之矣。"间一岁，郑人杀之。（宣公六年，689—690页）

郑国的公子曼满要求作卿，伯廖指出这是无德而贪，这种人的情形，正如《周易》的丰之离所说的道理。按《周易》丰之离，当丰之上六爻"丰其屋，蔀其家，阒其户，闃其无人，三岁不

第一章 占筮

覿，凶"，杜注"义取无德而大其屋，不过三岁，必灭亡"，意谓无德而贪求地位财富，必无善果。《周易本义》亦云"言障蔽之深，其凶甚矣"。在这个例子中，伯廖并未筮占，而是直接引用《周易》的爻辞来说明事理。

> 知庄子曰："此师殆哉。《周易》有之，在师☷☵之临☷☱，曰：'师出以律，否臧，凶。'执事顺成为臧，逆为否。众散为弱，川壅为泽。有律以如已也，故曰律。否臧，且律竭也。盈而以竭，夭且不整，所以凶也。不行之谓临，有帅而不从，临孰甚焉？此之谓矣。"（宣公十二年，726—727页）

此例与上例相同，也是不行占筮，而直接引述《周易》卦爻辞，以说明人事的哲理。在此例中，以《周易》师之临比拟其情形，按师之临，变爻为初六，其爻辞曰"师出以律，否臧凶"。既然未行筮占，为什么要用"师之临"这样的卦变说法，来引称丰卦的初六爻辞呢？刘大钧认为，当时人们尚未以九、六代表一卦的阴阳爻，故前例中伯廖就是用"丰之离"的方式来说明他引用的是丰卦的上六爻辞。①

> 子大叔归，复命。告子展曰："楚子将死矣。不修其政德，而贪昧于诸侯，以逞其愿，欲久，得乎？《周易》有

---

① "在周易某之某"，即引卦爻辞的一种方式，刘大钧已指出此点，见其《周易概论》，齐鲁书社，1988年，110页。

之，在复䷗之颐䷚，曰'迷复，凶'。其楚子之谓乎！欲复其愿，而弃其本，复归无所，是谓迷复，能无凶乎？"（襄公二十八年，1143—1144 页）

复卦上六"迷复，凶"，子大叔并未卜筮，他也是把《周易》卦爻辞作为类似经典的文句一样，加以引用，以增强其论证的说服力。

最后来看昭公时的例子：

赵孟曰："何谓蛊？"对曰："淫溺惑乱之所生也。于文，皿虫为蛊。谷之飞亦为蛊。在《周易》，女惑男、风落山谓之蛊䷑。皆同物也。"（昭公元年，1223 页）

（史墨）对曰："物生有两……鲁君世从其失，季氏世修其勤，民忘君矣。虽死于外，其谁矜之？社稷无常奉，君臣无常位，自古以然。故诗曰：'高岸为谷，深谷为陵。'三后之姓于今为庶，主所知也。在《易》卦，雷乘乾曰大壮䷡，天之道也。"（昭公三十二年，1519—1520 页）

赵简子问史墨，鲁国国君死于外，人民不闻不问；季氏把国君赶走，人民却都服从，这是何原因？史墨的回答中，把《周易》的卦爻辞和《诗经》的诗句都当作经典来引证。这些都表示，《周易》的卦爻辞在春秋时代已经逐渐变成独立于筮占行为的文本体系。这就使得，易筮的活动固然仍然不断向下延续，而《周易》的文本本身，也在独立的意义上（脱离筮占的行为）经

第一章 占筮

历了文本的经典化过程。而卜士也开始离开卦爻辞,独立地扮演智者的角色,智者文化由此得到发展。

五 "不烦卜筮"

现在我们就要论及本章的关键之处了。如前所说,本章的目的不是从易学史的角度去了解春秋时代的占筮活动或易占体系(如春秋时代的筮法是否都用《周易》,春秋时代所用《周易》的卦爻辞与今传本同异如何,春秋时代用《易》之方是以象为主抑或以数为主,等等),而是着重于与春秋以前的时代相比,了解卜筮活动在春秋有何不同于以前的特点,而这些特点可能与整个春秋时代的文化变迁相关联。

在春秋时代的占卜文化以及与卜筮有关的活动中,出现了许多值得注意的新的发展。除了前边提到过的,《周易》卦爻辞脱离筮占行为而被文本化和经典化,我们还看到两个方面,一个方面是春秋时代开始有不少卜筮活动受到抵制和轻忽;另一个方面是,"筮"与"德"何者为优先的问题突出起来。这两方面都可以看作是筮占文化中不断发展着的内在紧张。

先看龟卜,早在桓公十一年(公元前701年),楚国准备攻袭郧国:

……莫敖曰:"盍请济师于王?"(斗廉)对曰:"师克在和,不在众。商、周之不敌,君之所闻也。成军以出,又何济焉?"莫敖曰:"卜之?"对曰:"卜以决疑。不疑,

何卜?"遂败郧师于蒲骚,卒盟而还。(桓公十一年,131页)

斗廉态度坚决,莫敖比较犹豫,楚军内部在是否用兵和是否要求增兵的问题上,意见不一致。于是莫敖要求卜占来决定,斗廉不同意,他说"卜以决疑。不疑,何卜?"他拒绝占卜,最后取得了胜利。我们知道,西周以来,用兵先卜,乃是常例,另外楚军内部意见不一,也不能说没有疑问,但斗廉坚持自己的意见,反对用卜。这表示出一种态度,在实际政务的决策中,人们越来越不依赖占卜的判断,而依赖人自己对形势的分析和判断。

僖公十九年(公元前641年):

秋,卫人伐邢,以报菟圃之役。于是卫大旱,卜有事于山川,不吉。宁庄子曰:"昔周饥,克殷而年丰。今邢方无道,诸侯无伯,天其或者欲使卫讨邢乎?"从之。师兴而雨。(僖公十九年,383页)

卫人准备伐邢,未出兵而逢大旱,于是卫行占卜,卜的结果是"不吉"。宁庄子举历史上周饥而克殷的例子,说明有旱灾不一定不利于兴兵。卫君听从了他的主张,结果很顺利。这里也没有听从占卜的结果,而是依据形势的需要,借助历史事例的说明,来促成理性的决断。

《左传》载昭公时楚国事:

第一章　占筮

> 初，灵王卜曰："余尚得天下！"不吉。投龟，诟天而呼曰："是区区者而不余畀，余必自取之。"（昭公十三年，1350 页）

这是说，楚灵王卜问，要取夺天下，但龟卜不吉。于是他就投龟怨天，说老天连这个要求也不肯满足他，他要自己来实现其目标。灵王后来虽然失败，但这种"投龟诟天"的行为并不是楚灵王的性格所独有的，而是和春秋以来卜筮和神明权威的失落关联着的。

昭公时楚吴交战：

> 吴伐楚，阳匄为令尹，卜战，不吉。司马子鱼曰："我得上流，何故不吉？且楚故，司马令龟，我请改卜。"令曰："鲂也以其属死之，楚师继之，尚大克之！"吉。战于长岸，子鱼先死，楚师继之，大败吴师。（昭公十七年，1391—1392 页）

这又是一则怀疑占卜而更多依靠人的现实判断的例子。司马子鱼竟在卜战不吉的情况下，要求"改卜"，而且根据形势进行判断"我得上流，何故不吉"，最后直到卜吉而定。其实，即使再卜不吉，楚师也会决战。

再来看哀公时的例子：

> 夏，赵鞅帅师伐齐，大夫请卜之。赵孟曰："吾卜于此

起兵，事不再令，卜不袭吉。行也！"于是乎取犁及辕，毁高唐之郭，侵及赖而还。（哀公十年，1656页）

赵鞅率兵去伐齐国，大夫请求卜占，赵孟说以前已经卜过了，于是不再卜，最后发兵得胜而还。关于赵孟所说"吾卜于此起兵"，杜注："谓往岁卜伐宋不吉，利以伐姜，故今兴兵。"如果杜注是正确的，那么，这是指前一年（哀公九年）"晋赵鞅卜救郑……，史龟曰：是谓沈阳，可以兴兵，利以伐姜，不利子商"的事。然而，前一年是卜救郑，与本年伐齐分明是两件事，在道理上是不能用去年的占卜代替今年的占卜的。所以，实际上，赵孟还是根据自己的需要作决断，而不想让卜问影响他已经做出的决断。这也可见占卜在实际政治事务的决策中已逐步下降，实用理性逐渐在各种事务中占据上风。

类似的例子还可以举出两个，一个是：

> 巴人伐楚，围鄾。初，右司马子国之卜也，观瞻曰："如志。"故命之。及巴师至，将卜帅。王曰："宁如志，何卜焉？"使帅师而行……君子曰："惠王知志。《夏书》曰'官占唯能蔽志，昆命于元龟'，其是之谓乎！《志》曰'圣人不烦卜筮'，惠王其有焉。"（哀公十八年，1713页）

据杜注，子国未作令尹时，曾卜为右司马，卜得吉兆，卜人说将"如志"，即如其所愿。巴人来伐，楚国按例应当卜帅，即由占卜以决定由谁帅军出战，但楚惠王不卜，他说宁（子国名）

第一章　占筮

既然向来"如志",就由他帅师,不用卜问了。《左传》记载"君子"对此事的评论,主张遇事应当先以心志判断,而且主张"不烦卜筮",反对什么事都依靠卜筮,称赞惠王做得正确。这些都是与殷商的大烦卜筮相反的。

另一个是,哀公二十三年(公元前472年):

> 夏六月,晋荀瑶伐齐……将战,长武子请卜。知伯曰:"君告于天子,而卜之以守龟于宗祧,吉矣,吾又何卜焉?且齐人取我英丘,君命瑶,非敢耀武也,治英丘也。以辞伐罪足矣,何必卜?"(哀公二十三年,1721页)

这个例子与前面的例子相同,楚、晋本来都是卜筮活动较多的国家,而在征战等事务中,很明显的,实用理性压倒了"礼"的规定和神秘的方法。①

《国语》也有类似的事例,如晋语:

> 二十二年,公子重耳出亡,及柏谷,卜适齐、楚。狐偃曰:"无卜焉……"(卷八晋语二,293页)

人事判断,理性优先,春秋时代历史理性和经验的发达,已有

---

① 春秋时也有很多君子不废卜筮,但多出于从礼。《左传》记载晏子说:"谚曰:'非宅是卜,唯邻是卜。'二三子先卜邻矣。违卜不祥。君子不犯非礼,小人不犯不祥,古之制也。吾敢违诸乎?"(昭公三年,1238—1239页)君子重礼,小人求祥。晏子是君子,其不迁宅自然是基于"不犯非礼"。可以推知,君子的卜筮,亦是从礼,而非从祥。小人则不然,小人以卜筮求吉,不犯不祥。

足够的智慧判断形势的利弊吉凶,不需要借助占卜而决策。狐偃是典型的智者,当然不会依赖于卜筮。

六　筮与德

现在来看有关"德"的问题在春秋占筮文化中的不断凸显。《左传》载鲁僖公十五年事:

> 初,晋献公筮嫁伯姬于秦,遇归妹☱之睽☲。史苏占之,曰:"不吉。其繇曰:'士刲羊,亦无衁也,女承筐,亦无贶也。西邻责言,不可偿也。归妹之睽,犹无相也。'震之离,亦离之震。'为雷为火,为嬴败姬。车说其輹,火焚其旗,不利行师,败于宗丘。归妹睽孤,寇张之弧。侄其从姑,六年其逋,逃归其国,而弃其家,明年其死于高梁之虚。'"及惠公在秦,曰:"先君若从史苏之占,吾不及此夫!"韩简侍,曰:"龟,象也;筮,数也。物生而后有象,象而后有滋,滋而后有数。先君之败德,及可数乎?史苏是占,勿从何益?《诗》曰:'下民之孽,匪降自天。僔沓背憎,职竞由人。'"(僖公十五年,363—365页)

这是说,晋献公当年要嫁女儿给秦伯,嫁之前筮问吉凶,史苏筮后说不吉。但献公没有听从筮占的指示,仍然嫁伯姬于秦。后来献公的儿子惠公被秦所俘获,怨其父当初不听史苏的筮占,应验了凶兆。而韩简则认为,吉与凶的造成,都与人的"德"

第一章　占筮

有关，而德行的败坏不是易之"数"所能预测或把握的。如果败德不修，即使按照筮占的指示去做，也不会有益处。他又引用《诗经》，说明人的德行因素更为重要。这既是人本思想的体现，也是重德思想的体现。

> 穆姜薨于东宫。始往而筮之，遇艮之八䷳，史曰："是谓艮之随䷐，随，其出也。君必速出！"姜曰："亡！是于《周易》曰：'随，元、亨、利、贞，无咎。'元，体之长也；亨，嘉之会也，利，义之和也，贞，事之干也。体仁足以长人，嘉德足以合礼，利物足以和义，贞固足以干事。然，故不可诬也，是以虽随无咎。今我妇人，而与于乱，固在下位，而有不仁，不可谓元。不靖国家，不可谓亨。作而害身，不可谓利。弃位而姣，不可谓贞。有四德者，随而无咎。我皆无之，岂随也哉？我则取恶，能无咎乎？必死于此，弗得出矣。"（襄公九年，964—966页）

穆姜行不善者甚多，但她竟能通《周易》，亦堪称奇。她的这次筮问，大概在其晚年迁入东宫之时，筮得的结果，在《周易》为艮之随。随卦卦辞是"元亨利贞无咎"，吉而无凶；但穆姜认为这个结果并不适合她的情况。她认为只有具备仁礼义贞四德的人，才能吉而不凶；而她自己的行为不仁不义，缺乏四德，故必然不能无咎。由此可见，她已经了解，"德"与"福"有关，无德者必不能得福，福祸不决定于卜筮，而依赖于德行。

> 石臬言于子囊曰："先王卜征五年，而岁习其祥，祥习则行。不习，则增修德而改卜。"（襄公十三年，1002—1003 页）

这是说，楚国先王要行征伐，要在前五年开始占卜，而且每年都要得到吉兆。五年都得到吉兆，才可以征伐。如果五年之间遇到不吉，就要"修德而改卜"，即努力修德，重新起卜。这个例子虽然不废卜筮，但也认为吉与不吉与德行德政有关，所以遇到不吉，便需要以修德来求吉。

昭公时，楚国伐吴，吴国的国君派人犒劳楚师：

> 吴子使其弟蹶由犒师，楚人执之，将以衅鼓。王使问焉，曰："女卜来吉乎？"对曰："吉。寡君闻君将治兵于敝邑，卜之以守龟，曰：'余亟使人犒师，请行以观王怒之疾徐，而为之备，尚克知之！'龟兆告吉，曰：'克可知也。'君若骥焉好逆使臣，滋敝邑休怠，而忘其死，亡无日矣。今君奋焉震电冯怒，虐执使臣，将以衅鼓，则吴知所备矣。敝邑虽羸，若早修完，其可以息师。难易有备，可谓吉矣。且吴社稷是卜，岂为一人？使臣获衅军鼓，而敝邑知备，以御不虞，其为吉，孰大焉？国之守龟，其何事不卜？一臧一否，其谁能常之……"乃弗杀。（昭公五年，1271—1272 页）

无疑，蹶由的临危善辞，他的勇气和智慧给人以十分深刻的印

第一章 占筮

象。同时,在这里也可以看出,占卜的解释可以是相当灵活的。我们大可相信蹶由出发前曾经卜问而且得到吉兆,但"社稷是卜,岂为一人"的思想显然是一爱国(族)主义的超个人立场。同时他也指出,卜之结果,不一定应验在固定的一件事情上,而且"一臧一否,其谁能常之",没有人能够保证永远得吉,而应该做的事就要去做。这在某种意义上近乎取消了卜筮的实际预测意义。这个例子很能表现出当时人的态度,即卜问已不重要,重要的是个人对社稷所负担的责任;重要的不是一时一事的吉凶顺逆,而是国族的长治久安。

这样的理性主义态度,在古代希腊是以另一种方式表达的:"有一段文章充分地反映出希腊人所崇尚的理性的要义:赫克托耳在出发作战之前,按照建议,观察天空中飞翔的鸟群,预卜吉凶,他大声说道:'听从展开翅膀的鸟群,看它们飞向东还是西……不,最好的预兆只有一个,那就是:为我们的国家而战。'"①

最后再举一个例子:

> 南蒯之将叛也,……南蒯枚筮之,遇坤☷之比☷曰,"黄裳元吉",以为大吉也。示子服惠伯,曰:"即欲有事,何如?"惠伯曰:"吾尝学此矣,忠信之事则可,不然,必败。外强内温,忠也;和以率贞,信也,故曰'黄裳元吉'。黄,中之色也;裳,下之饰也;元,善之长也。中不

---

① 〔美〕伊迪丝·汉密尔顿:《希腊方式——通向西方文明的源流》,徐齐平译,浙江人民出版社,1988年,252页。

忠，不得其色；下不共，不得其饰；事不善，不得其极。外内倡和为忠，率事以信为共，供养三德为善，非此三者弗当。且夫《易》，不可以占险，将何事也？且可饰乎？中美能黄，上美为元，下美为裳，参成可筮。犹有阙也，筮虽吉，未也。"（昭公十二年，1336—1338页）

南蒯准备叛乱，筮之，得坤之比，是一个大吉之卦。但子服惠伯说：我学习易道已经很久了，用《易》之筮问，是有德行的要求的。忠信之人占问忠信之事，筮占的结果会与事实相合；非忠信之人占不忠不信之事，必定失败。"《易》，不可以占险"，即《易》是不能用来占问不忠不信之事，不能用来占问违德之事。问主如果德行有阙，筮占虽吉，也不会有好的结果。

春秋中期以前的卜筮文化和筮问活动，都没有对于德行的要求。而现在，筮问者本身的德行和筮问者将要从事的行为的性质，都成为筮问是否正确预知未来的前提条件。筮占的正确性，要求筮问者具备基本的德性，要求所问之事必须合乎常情常理。如果这些条件不能满足，无论筮占的结果如何，事实的发展和结果必败不吉。这样一来，"德"的因素成为卜筮活动自身所要求的一个重要原则。这是以前从未有过的。

如果与同时期的西方文化相比，古代希腊的"神谕"也许可以作为一个对照。希腊文化具有一种反差性，一方面希腊人创造了令人神往的神话和极其美妙的艺术；而另一方面，古代希腊神话所透露的神灵信仰与伦理关切，又相当肤浅。与神话

第一章 占筮

时代希腊人的信仰相关联的文化现象中，"神谕"似可值得注意。希腊各地的许多神殿都有神谕，在希腊人看来，宇宙充满了超自然的神的力量，人类生活中的重大事件，似乎全都受某种神的意志的操纵。而人们则可以借助敬神的仪式，在祭司的操作下取得诸神意志的宣示，预知命运。这种神谕也是神的一种重要启示。希腊最著名的神谕圣地是多多纳宙斯神庙的神谕，和德尔斐的阿波罗神庙的神谕。这两处神庙都以神谕、占卜、预言而著称于世。①

询问神谕是古代希腊人及其周边野蛮人的共同宗教习俗，一般由经过训练的女祭司，口嚼有麻醉性的月桂树叶，进入恍惚、错乱甚至痉挛的状态，以接收神的启示。然后通过她们的嘴将这些神的答话说将出来。男祭司则把这些话的意义解释给在场的目睹者。答语往往容许不同的甚至是相反的解释。这样，无论未来事件真相如何，这些作为预言的神谕答语，都可以说是灵验的。② 女祭司的表演活动有萨满的性格在其中，但神谕被刻录和记述，使神谕也可以由一次性的答案变成永久的格言和教训，这与《周易》的卦爻辞是一样的。

---

① 参看杜兰《希腊的兴起》，幼狮文化公司，1995年，283页。
② 参看杜兰《希腊的兴起》，及李天祜《古代希腊史》，兰州大学出版社，1991年，362页。

第二章　星象

> 天事恒象。
> ——《国语》内史过语

与西周初开始的"天"的神性慢慢递减的趋向相关联，此后，逐渐兴起了古代的观天星占之术。星占与殷商的天帝观念不同，星占不是一种集中的信仰，而是基于多神信仰的一种术数。占星术所着重的，不是宇宙和历史的某位最高的主宰，而是关注各个具体的星象变化所对应的具体的人事变动。星象学的基本假设是星辰分野说、星辰吉凶说和阴阳平衡说。天象之占除了星占而外，还有日食等异常天象的解释和预测，本章的讨论则以星占为中心。

第二章 星象

一 天象之辨

有学者认为中国古代的星占学主要为"军国星占学"（而非生辰星占学），不过，这种区分对我们在本章的讨论并不重要。因为军国星占学与生辰星占学都同样预设了星辰对社会人事的影响。分野理论的基本思想是，把天球划分为若干天区，使天区与地上的郡国州府分别对应；根据此种对应关系，某一天区出现某种天象，即表示或预示此天区所对应的地上区域之人事有所吉凶。①

《周礼》春官宗伯之保章氏，职掌天象之占：

> 掌天星以志星辰日月之变动，以观天下之迁，辨其吉凶，以星土辨九州之地所封，封域皆有分星，以观妖祥。以十有二岁之相观天下之妖祥，以五云之物辨吉凶水旱降丰荒之祲象，以十有二风察天地之和，命乖别之妖祥。

"皆有分星"，即二十八宿与地上郡国一一对应。

与占卜不同的是，春秋时代所记录的星占事迹，全部是王室的特权。王室垄断了有关星辰运行与政治变动的神秘关联的探求，故星占之官与王权有特别密切的关系，当然也受到王权的极大制约。中国占星术的起源至今仍不十分清楚，《尚书·尧

---

① 军国星占学和生辰星占学的区分，以及此处所说分野理论，皆参看江晓原《天学真原》，辽宁教育出版社，1992年，223页。

典》中"乃命羲和"所做的一切,虽然是所谓"天学事务",但集中在"历象日月星辰,敬授人时",基本上是依据历法而安排人事活动。直至战国后期,"十二纪"才明确形成,其基本思路是:在长期详细观察天象即日月星辰的运行与方位在一个自然年的运动变化之后,将其固定不变的运行轨迹描述出来;又将此一年中日月星辰运行的轨迹分为若干阶段;然后在神话上设定,日月运行于不同阶段时,即由不同的神主导之;又在政治上设定,对应于日月运行的某一阶段,人们必须相应地进行某种政治活动或经济活动(特别是农业生产活动)。如:

> 孟春之月,日在营室,昏参中,旦尾中,其日甲乙,其帝太皡,其神句芒,其虫鳞,其音角,律中太蔟,其数八。……是月也,以立春,先立春三日,太史谒之天子曰:某日立春,盛德在木,……乃命太史,守典奉法,司天日月星辰之行。宿离不忒,无失经纪,以初为常……(《吕氏春秋·孟春纪》)

总之,认为星辰日月的位置变动与地上人事的祸福相对应,这种看法成为王国君主与史官的共同信仰。

古代职掌天象的史官,历史记载不少,班固曾指出:

> 数术者,皆明堂羲和史卜之职也。史官之废久矣,其书既不能具,虽有其书而无其人。《易》曰:"苟非其人,道不虚行。"春秋时鲁有梓慎,郑有裨灶,晋有卜偃,宋有

第二章　星象

子韦……（《汉书》卷三十艺文志第十）

这个说法中值得注意的是，"史卜"一词中，史固可兼卜，卜则不能兼史，其中主要的分别是史可以兼羲和之官，但卜则专司卜筮。故所谓"史官"也者，羲和星辰之事为其主司之一。可以说，星象日月之辨是春秋时代史官文化的代表性体现。

《史记·天官书》：

> 昔之传天数者：高辛之前，重、黎；于唐、虞，羲、和。有夏，昆吾。殷商，巫咸。周室，史佚、苌弘；于宋，子韦；郑则裨灶；在齐，甘公；楚，唐昧；赵，尹皋；魏，石申。

由《礼记》的《祭法》可见，除天地之外，四时寒暑日月星辰及四方诸神都是祭祀的对象。《周礼》春官的三祀里面，中祀按照汉代的一种解释即是日月星辰之祀。《大宗伯》中也明确说明"以实柴祀日月星辰"。

从祭祀文化的角度说，祭祀日月星辰与祭祀其他天神如天、帝、风、雨一样，是以日月星辰之神所主，以祭祀的奉献来祈求这些神灵的眷顾。另一方面，大量的人类学特别是宗教人类学记述印尼、非洲、澳洲的著作，都未提到占星术。显然，占星术比一般所说的巫术与祭祀的文明程度为高，它要求有基本的对天象的分类、观测、记录，甚至要求以一定的数学知识为前提。中国古代的情形是，殷商虽有对日月星辰的祭祀，但属于一般的自然神的祭祀崇拜；而周代至春秋则已经有了较为发达的天学星占之术。据《周礼》春官所载，当时已有若干职官与日月天象有关：

> 占梦。掌其岁时，观天地之会，辨阴阳之气，以日月星辰占六梦之吉凶。
>
> 眡祲：掌十辉之法，以观妖祥，辨吉凶。一曰祲，二曰象，三曰镌，四曰监，五曰暗，六曰瞢，七曰弥，八曰叙，九曰隮，十曰想。
>
> 大史。……正岁年以序事，颁之于官府及都鄙，颁告朔于邦国……
>
> 冯相氏。掌十有二岁，十有二月，十有二辰，十日，二十有八星之位，辨其叙事，以会天位，冬夏致日；春秋致月，以辨四时之叙。
>
> 保章氏：掌天星以志星辰日月之变动，以观天下之迁，辨其吉凶。以星土辨九州之地所封，封域皆有分星，以观妖祥。以十有二岁之相观天下之妖祥，以五云之物辨吉凶水旱降丰荒之祲象，以十有二风察天地之和，命乖别之妖祥。

在《尚书·洪范》中，"明用稽疑"并未包括星占，这一方面固然是因为星占的占问有很大限制，不是任何时候有疑或任何疑问都可以通过星象占问；另一方面，似乎说明，周初的星占学还很不发达。

星象学的宗教特质，是属于多神论和泛神论，与希腊神话时代反映的信仰相近。（当然不是说中国古代星象信仰与古代希腊的文化精神和宗教精神相同，更不是说在艺术与宗教想象上相同。）如果把"交感"作为巫术的核心，不论是接触巫术还是顺势巫术，都与占星术不同。因为巫术是人的一种行为，这种行为力图通过远距离的作用来影响另一个对象，而不是两个自然物之间的交感或者某种神秘的相互联系。星象学所设定的星—地（天—人）的对应联系，并不是巫师施行的法术。

那么，能不能说，人对于巫术的信仰还同时包含着一种更加普遍的信仰，即不仅是巫师，一切物体都处在神秘的相互联系和相互作用之中，而星象学所认定的星—地关联便是其中之一呢？我想不能。巫术有其确定的范围，巫术和原始思维并不是一回事，巫术与普遍神秘联系的世界观也不是一回事。

然而，星占与其他占卜术数一样，分享着卜筮实践所预设的世界观，这种世界观用列维-布留尔的话来说，就是把世界看成普遍互渗联系的所谓"前逻辑思维"。"前逻辑思维"的讲法固然被后来人类学家所批评，但这种世界观在古代的确相当普遍。

二　占测的古代知识背景

我们先就中国古代星象占测之学的知识背景作一基本讨论。

在某种程度上可以这样说，中国古代的星象学在宗教信仰的类型上属于较低的形态，但占星术出现所需要的文明水平则要比祭祀文化的天神观念高出很多。占星术绝不是蒙昧人或野蛮人所能拥有的。

中国古人将五大行星金（太白）、木（岁星）、水（辰星）、火（荧惑）、土（镇星）和日、月，并称为"七政"。其中木星用以纪年，故称岁星。木星的运行，是十二年在天球上绕行一周；将木星在天球上的轨道分为十二段，称每段为"次"；则木星每行过一个"次"，便是一年。由此可知，岁星每年必在某一"次"之中，而十二次的每一个"次"，根据分野说，都与地面的郡国有对应关系。

古代以岁星为吉祥之星，故岁星每年所在的次，它所对应的地面区域便会国泰民安谷丰。岁星所在之国，其他国家不可以征伐，征伐则不利，如《左传》载晋史墨说"越得岁而吴伐之，必受其凶"（昭公三十二年，1516 页）。① 不过，武王伐纣时，岁星在商的分野，而武王不信此说，灭纣代殷，可知周的传统本来不重占星术，这也可能是当时周的文化发展水平较低使然。

与岁星相反，荧惑（火星）在古代星象学上被认为是不祥之星，以此星为司罚。《史记·天官书》说："以其舍命国。荧惑为勃乱，残贼、疾、丧、饥、兵。"《史记》之说虽在西汉，但其说法的原理却早出，"当天下无道时，它出现在某国上空的

---

① 参看丁绵孙《中国古代天文历法基础知识》，天津古籍出版社，1989 年，33 页。

第二章　星象

星次，就是宣布了该国将有灾祸降临"①。

二十八宿即行星舍止之处，实是古人将天球的黄道附近的星空，划分为二十八个星空区，每个区（宿）内都有一定的星座，作为固定的标志，借助这些恒星背景，可以观测七政在星座间的运行情况，测定季节天时，了解人事福祸。古人认为，天球上面除了几个行星在运行外，其他众星彼此间的位置是不变的。由于恒星在天球上的位置以及这些位置连接而成的星座图画是不变的，就可以作为观测七政（日月与五大行星）运行的坐标。二十八宿就是这样的坐标系统，古人将日月五星行经二十八宿的情形记录下来，以此预测农业的丰歉和政事的吉凶等等。②

古代虽然由于观测木星每年的舍止而创设"十二次"，但其应用，不仅以之观测木星的运动，同时也利用十二次观测日月五星的运行规律，特别是用以观测太阳在春夏秋冬各季所在的位置，以明确二十四节气的变换，如太阳在星纪，则大雪、冬至；太阳在玄枵，则小寒、大寒；太阳在娵訾，则立春、惊蛰等。

在中国古史上，传说时代的尧派阏伯到商丘去担任"火正"一职，祭祀大火，和以大火纪时节；后来相土承继了这个职务，相土是殷的先公。火正就是专门观测"大火"（心宿二）这一亮星的司官。每年当"大火"傍晚出现在东方时，就到了应该播

---

① 丁绵孙：《中国古代天文历法基础知识》，天津古籍出版社，1989年，37页。

② 同上书，54页。

种的季节，所谓"火纪时焉"应是指此。古书上说"火正黎司地"，司地是管理农业的司官，所以古代的天象纪时是直接根源于农业的需要。古人把心宿二称为"大火"，是因为此星色红而亮，荧荧如火，它是我国古人最早认识的恒星之一。《夏小正》中的"五月初昏，大火中"、《诗经》中的"七月流火"，都是指这颗星。①

大火又称为辰星，《左传》说：

> 迁阏伯于商丘，主辰。商人是因，故辰为商星。迁实沉于大夏，主参，唐人是因，以服事夏、商……及成王灭唐而封大叔焉，故参为晋星。（昭公元年，1218页）

公元前2100年为夏之初世，在"夏墟"即后来三晋地区亦今山西一带，在春分前后，开始农耕之时，此时太阳下山不久，参宿正在西方地平线上闪烁，故夏族选择观测参星为春耕生产来临的标志，十分适宜。

商的兴盛已在公元前1600年后，由于岁差的关系，在商丘一带平原观测，春分前后时，太阳下山不久，大火正在东方地平线上。而此时参宿已离地平线很高了，故商族改观测大火来定春播季节。② 所以观察参宿以定农时是夏族的传统，参宿是夏族主要祭祀的星。大火则是商族主要祭祀的星。"古之火正，或食于心，或食于咮"（襄公九年，963页），是指商代中期以

---

① 参看郑文光《中国天文学源流》，科学出版社，1979年，27页。
② 同上书，31页。

第二章 星象

后,春耕开始时,初昏仍看不到大火东升,而鹑火(柳、星、张三宿)正在南天,故此后"火正"的任务就改为观察鹑火的中天了。

《国语》有一段记载:

> 单子归,告王曰:"陈侯不有大咎,国必亡。"王曰:"何故?"对曰:"夫辰角见而雨毕,天根见而水涸,本见而草木节解,驷见而陨霜,火见而清风戒寒。"(卷二周语中,68页)

据郑文光的解释,角宿晨见,进入初秋,雨季过去了;亢宿(本)晨见,草木逐渐枯落;氐宿(天根)晨见,小河开始干涸;房宿(驷)晨见,开始降霜;心宿(火)晨见,天气就渐感凉了。古代天象学有不少术语,如:"见"是恒星刚升上来,在东方地平线上。"伏"是恒星在西方地平线上,快要落下去了。"昏中"是指初昏时某恒星在南方中天。"旦中"是指平旦时恒星在南方中天。[①]"出火"表示火始昏见,"内火"表示火伏即与太阳同没。《吕氏春秋》:"孟春之月,日在营室,昏参中,旦尾中。"是说初昏时可看到参宿在南中天,将旦时尾宿在南中天,由此而推知太阳在参宿与尾宿之间的室宿。

分野说是星占学的基础理论,江晓原认为:"分野之说对星占必不可少,其使用之法,则不过依据天象所在之宿,推占其

[①] 参看郑文光《中国天文学源流》,科学出版社,1979年,55、59页。

对应地区而已。其间虽有需要灵活运用之处，总的来说比较简单。"他认为，军国星占学的任务在预测战争胜负、年成丰歉、王朝安危，而所占天象可分为七类：一、太阳类，如日食；二、月亮类，如月食；三、行星类，如行星经过的星宿或其留伏等状况；四、恒星类，如恒星亮度；五、彗星类；六、瑞妖星；七、大气现象，云气雷风。①

三 春秋时期的星占

《国语》记晋文公未即位前事：

> 董因迎公于河，公问焉，曰："吾其济乎？"对曰："岁在大梁，将集天行。元年始受，实沉之星也。实沉之墟，晋人是居。所以兴也。今君当之，无不济矣。君之行也，岁在大火。大火，阏伯之星也，是谓大辰。辰以成善，后稷是相，唐叔以封。瞽史记曰：嗣续其祖，如榖之滋，必有晋国。臣筮之，得泰之八。曰：是谓天地配亨，小往大来。今及之矣，何不济之有？且以辰出而以参入，皆晋祥也。"（卷十晋语四，365页）

晋文公在鲁僖公二十三年出行。僖公二十三年与二十四年之交，岁在大梁，岁即木星。据董因说，僖公二十三年木星在大梁，

---

① 江晓原：《天学真原》，233—235页。

第二章　星象

大梁为十二次之一，对应于赵、冀州。僖公二十四年岁星在实沉，大梁和实沉之墟都是"晋人是居"之地，故此星象预示晋人当兴。又说重耳出行的途中岁在大火，是为大辰，辰可以成善，现在就是善的成就之时。易筮之得泰卦，小往大来，也是吉。这一套星象的说法是基于岁星论，即岁星在何分野，该分野的地面郡国便兴。

宋襄公九年，宋国有火灾，晋侯因此而问士弱：

> 晋侯问于士弱曰："吾闻之，宋灾于是乎知有天道，何故？"对曰："古之火正，或食于心，或食于咮，以出内火。是故咮为鹑火，心为大火。陶唐氏之火正阏伯居商丘，祀大火，而火纪时焉。相土因之，故商主大火。商人阅其祸败之衅，必始于火，是以日知其有天道也。"公曰："可必乎？"对曰："在道。国乱无象，不可知也。"（襄公九年，963—964页）

大火的分野在豫州，宋为商人之后。时人谓宋国遭火灾而知天道，晋侯闻此说，不明所以，故问于士弱。士弱的回答是，心宿为大火，柳宿为鹑火，陶唐氏的火正官阏伯居于商丘，主祀大火星，而且以大火星的移动轨迹来定时节。殷祖相土继承了阏伯，所以商朝以大火为主祀星。商人认为该族历史上的祸败灾乱都是始于火星变化引起的火灾，所以商人很注意大火星的变化，以由此了解天道。这里的关键是"必始于火"四字，我以为此中之"火"字并有二义，如果此"火"仅只是火灾，何以能知天道？必是火星运动引起的火灾，才可谓由火灾而知天道。也就是说，星辰的变动移留会引起地上的灾祸。值得注意的是，晋侯又问"可必乎"，灾祸一定都由天道决定而不可避免吗？回答是，关键还在治国之道。我们以后还会讨论这个问题。

> 二十八年春，无冰。梓慎曰："今兹宋、郑其饥乎！岁在星纪，而淫于玄枵。以有时灾，阴不堪阳，蛇乘龙，龙，郑、宋之星也。宋、郑必饥。玄枵，虚中也。枵，耗名也，土虚而民耗，不饥何为？"（襄公二十八年，1140—1141页）

襄公二十八年初天气反常，无冰。鲁国的大夫梓慎，盖为史官，①他预测说，今年郑宋恐怕要发生饥荒，因为岁即木星，按其推算，本年木星应当在十二次中的星纪，可是实际观测到的岁星却在玄枵。十二次的次序是：降娄、大梁、实沉、鹑首、鹑火、鹑尾、寿星、大火、析木、星纪、玄枵、娵訾。说明岁星超过了它应在的位置星纪，而到了玄枵。过度就是淫，是为天时不正常。无冰，说明阳盛阴弱，故说阴不堪阳。从分野上说，宋郑与龙相配，龙指岁星，故岁星不正常，应在宋郑。②现在岁星在玄枵，枵即虚耗，故推论宋郑必受饥荒之灾。

---

① 梓慎、裨灶皆鲁郑之臣，史书未说二人为史官，但观二人对天数的了解，应为史官。

② 《史记》天官书说："宋郑之疆，候在岁星。"又古人以岁星为木，木为青龙，故说"龙，宋、郑之星也"。

第二章　星象

　　夏四月甲辰朔，日有食之。晋侯问于士文伯曰："谁将当日食？"对曰："鲁、卫恶之。卫大，鲁小。"公曰："何故？"对曰："去卫地如鲁地，于是有灾，鲁实受之。其大咎其卫君乎！鲁将上卿。"公曰："《诗》所谓'彼日而食，于何不臧'者，何也？"对曰："不善政之谓也。国无政，不用善，则自取谪于日月之灾。故政不可不慎也，务三而已：一曰择人，二曰因民，三曰从时。"（昭公七年，1287—1288页）

古人以日食为灾象，认为天上出现日食，相应之地上必有灾祸出现。所以，当这一年日食出现时，晋侯便问哪一片地面将对应日食的变异。士文伯说，应该对应在鲁国和卫国，而鲁国的灾害小，卫国的灾害大。卫国的灾将应在卫国的国君身上，鲁国的灾害将应在上卿的身上。[①] 士文伯还指出，其实天象是人事变化的预兆，也是人事变化的结果；不善之政，必然引起灾祸，这叫作"自取谪于日月之灾"。天象则是灾前之兆，因此灾祸并不是天定必然的。这种天人感应论比起天象命定论，仍有积极意义。

　　十一月，季武子卒，晋侯谓伯瑕（士文伯）曰："吾所问日食，从矣。可常乎？"对曰："不可。六物不同，民心不壹，事序不类，官职不则，同始异终，胡可常也？《诗》

---

① 杜注："八月卫侯卒，十一月季孙宿卒。"亦见《春秋左传注》，1287页。

曰'或燕燕居息，或憔悴事国'，其异终也如是。"公曰："何谓六物？"对曰："岁、时、日、月、星、辰，是谓也。"公曰："多语寡人辰而莫同，何谓辰？"对曰："日月之会是谓辰，故以配日。"（昭公七年，1296—1297页）

杜注：一岁日月十二会，所会谓之辰。据《左传》这里所说，在上次谈话后七个月，士文伯关于天象变动的预测都应验了，所以晋侯问他，上次问的日食问题已经应验，可以经常用此法来预测吗？士文伯回答不可，因为事物差别很大，很多事物在开始时相同，可是最终的结果却大不一样。他的意思似乎是说，同样的征兆，但结果不一定相同，其中还是有人的主观努力的作用，正如他前次所说的慎于善政。

夏四月，陈灾。郑裨灶曰："五年陈将复封，封五十二年而遂亡。"子产问其故，对曰："陈，水属也；火，水妃也。而楚所相也。今火出而火陈，逐楚而建陈也。妃以五成，故曰五年。岁五及鹑火，而后陈卒亡，楚克有之，天之道也，故曰五十二年。"（昭公九年，1310页）

昭公八年楚国灭陈，昭公九年陈地有火灾。"火出"之火是指心宿。郑国的裨灶是占星术家，他认为陈是属水的，楚是属火的，水火相配，故陈楚福祸相连。现在心宿出而陈地有火灾，预示陈人要逐走楚人而复建陈国（复封）。他又说水火相配以五为

第二章 星象

数,所以岁星五次过鹑火之后,陈就要亡了,楚国最终会灭陈。① 值得注意的是,这里对星象的解释,已经有阴阳配合之数的概念。

> 景王问于苌弘曰:"今兹诸侯何实吉?何实凶?"对曰:"蔡凶,此蔡侯般弑其君之岁也,岁在豕韦,弗过此矣。楚将有之,然壅也。岁及大梁,蔡复,楚凶,天之道也。"
> (昭公十一年,1322 页)

豕韦即营宿,为二十八宿之一,亦即室宿。据杜注,十三年前木星(岁)在豕韦,蔡世子弑君,今年岁又在豕韦,故主蔡凶。"楚将有之,然壅也",是预测楚国将占领蔡国,但终将不利于楚。等到岁在大梁之年,蔡将复国,楚国有祸。福祸周而复,这就是天道。

昭公十七年夏,发生日食:

> 夏六月甲戌朔,日有食之。祝史请所用币。昭子曰:"日有食之,天子不举,伐鼓于社;诸侯用币于社,伐鼓于朝,礼也。"平子御之,曰:"止也。唯正月朔,慝未作,日有食之,于是乎有伐鼓、用币,礼也。其余则否。"大史曰:"在此月也。日过分而未至,三辰有灾,于是乎百官降物,君不举,辟移时,乐奏鼓,祝用币,史用辞。故《夏

---

① 按杜注"陈,颛顼之后,故为水属","楚之先祝融为高辛氏火正,主治火事"。此处解释可参看杨伯峻《春秋左传注》。

书》曰：'辰不集于房，瞽奏鼓，啬夫驰，庶人走'，此月朔之谓也。当夏四月，是谓孟夏。"平子弗从。（昭公十七年，1384—1385 页）

六月日食，祝史请示如何祭祀祈禳，叔孙昭子主张伐鼓用币，认为这合乎礼制。季平子反对，认为只有正月发生日食时才伐鼓用币，其余诸月发生日食则不必伐鼓用币。大史说，六月即正月，日食在朔（是时日、月与地成一条直线），日光为月所蔽，应当伐鼓用币。

再举出几个例子：

> 于子蟜之卒也，将葬，公孙挥与裨灶晨会事焉。过伯有氏，其门上生莠。子羽曰："其莠犹在乎？"于是岁在降娄，降娄中而旦。裨灶指之，曰："犹可以终岁，岁不及此次也已。"及其亡也，岁在娵訾之口，其明年乃及降娄。（襄公三十年，1177—1178 页）

这件事是说，襄公十九年时，公孙蟜卒，那一年岁（木星）在降娄，下葬时降娄在中天，天初明而日将出。当时裨灶路过伯有家，指着娄宿三星说，伯有还可以活到岁星绕一周，但活不到岁星回到降娄的时候。襄公二十九年岁在娵訾，襄公三十年七月，岁星将过娵訾，而未及降娄，伯有死。

昭公十年：

第二章　星象

> 十年春王正月，有星出于婺女，郑裨灶言于子产曰："七月戊子，晋君将死。今兹岁在颛顼之虚，姜氏、任氏实守其地。居其维首，而有妖星焉，告邑姜也。邑姜，晋之妣也。天以七纪，戊子逢公以登，星斯于是乎出，吾是以讥之。"（昭公十年，1314—1315 页）

本年正月客星出现于女宿，郑国的裨灶对子产说，七月某日，晋君将死。其理由是，今年岁星在玄枵，玄枵是齐国（姜）和薛国（任）的分野，女宿为玄枵三宿（女、虚、危）之首，现在遇到客星，必将告于邑姜。（古人以婺女为已嫁女，齐太公女邑姜嫁于晋，为晋唐叔之母，故认为齐的分野有客星，就必然告于邑姜。）邑姜在晋，故此天象将应在晋君；从前有个名叫逢公的人在戊子日死，有客星出现，故晋君将死；而天以七纪，即二十八宿分布四方，每方七宿，由此推断晋君将死于七月戊子。这显然是一套牵强附会的讲法。

四　"天道远，人道迩"的解释

昭公十七年冬彗星出现，鲁国和郑国的史官预测次年将有火灾：

> 冬，有星孛于大辰，西及汉。申须曰："慧所以除旧布新也。天事恒象，今除于火，火出必布焉，诸侯其有火灾乎！"梓慎曰："往年吾见之，是其征也。火出而见，今兹

火而章，必火入而伏，其居火也久矣，其与不然乎？火出，于夏为三月，于商为四月，于周为五月。夏数得天，若火作，其四国当之，在宋、卫、陈、郑乎！宋，大辰之虚也；陈，大皞之虚也；郑，祝融之虚也，皆火房也。星孛及汉，汉，水祥也。卫，颛顼之虚也，故为帝丘，其星为大水。水，火之牡也。其以丙子若壬午作乎！水火所以合也。若火入而伏，必以壬午，不过其见之月。"

郑裨灶言于子产曰："宋、卫、陈、郑将同日火，若我用瓘斝玉瓒，郑必不火。"子产弗与。（昭公十七年，1390—1392页）

杨伯峻说："以上申须、梓慎之言，皆以天象关联人事迷信之语，早已不可解，且极不科学，亦不必解。杜注不得已而解之，亦未必确。"孛即彗星，大辰即心宿二，又称大火。汉即银河。按杜注，申须为鲁国大夫，他主张彗星是除旧布新的，彗星在大火除旧布新，但彗星过去，大火再出现时，地上必有火灾之祸。梓慎认为，彗星在大火出现已经很久，火灾肯定要发生，如果地上有火灾，必应在宋、卫、陈、郑四国。因为大火的分野为宋，其他三国也因各种不同的关联而与此次火灾有关。这次火灾将在次年秋天大火看不到的时候结束。郑国的裨灶请求子产用玉器进行祭祀祈禳，以防止郑国的火灾。这一建议遭到子产的拒绝。

果然，昭公十八年宋、卫等国发生火灾：

第二章　星象

> 夏五月，火始昏见，丙子，风。梓慎曰："是谓融风，火之始也；七日，其火作乎！"戊寅，风甚，壬午，大甚，宋、卫、陈、郑皆火。梓慎登大庭氏之库以望之，曰："宋、卫、陈、郑也。"数日皆来告火。裨灶曰："不用吾言，郑又将火。"郑人请用之，子产不可。子大叔曰："宝以保民也。若有火，国几亡。可以救亡，子何爱焉？"子产曰："天道远，人道迩，非所及也，何以知之？灶焉知天道，是亦多言矣，岂不或信？"遂不与。亦不复火。（昭公十八年，1394—1395 页）

夏五月火见，即心宿昏见，而后开始起风。梓慎断定这是宋、郑、陈、卫火灾的前兆，结果数日之后，四国都来通报遭受了火灾。郑国的裨灶对子产说，去年冬天我已经断言今年宋、卫、陈、郑同一天发生火灾，要求用玉器祭祀神灵以禳灾，不获同意，现在赶快按我的话做，否则郑国会再次发生火灾。子产不仅仍不同意，而且对天道人道的问题讲出了一番见解。而裨灶所预言的再火之灾也并未发生。[①]

昭公二十一年：

> 秋七月壬午朔，日有食之。公问于梓慎曰："是何物也？祸福何为？"对曰："二至二分，日有食之，不为灾。日月之行也，分，同道也；至，相过也。其他月则为灾，

[①] 不过，据《左传》，四国同时发生火灾时，子产在郑国一方面及时安排各种救灾措施，另一方面也使祝史在国北祭祀而祈禳之。

阳不克也，故常为水。"（昭公二十一年，1426—1427页）

这一年又发生日食，梓慎说，冬至、夏至、春分、秋分时天有日食，不会为灾。其他时候出现日食就有灾害，一般是水灾，因为日食表示阳不胜阴。这表示，当时人们已经不认为凡日食一定有灾，反而肯定在二分二至之月的日食无灾；即使是有灾之月的日食，对日食带来的灾害也完全给以阴阳相胜的自然解释。

又过几年，日食再次出现：

> 夏五月乙未朔，日有食之。梓慎曰："将水。"昭子曰："旱也。日过分而阳犹不克，克必甚，能无旱乎？"（昭公二十四年，1451页）

与前例一样，梓慎认为凡不在二分二至发生的日食，都预示有水灾。而昭子反对，他认为将有旱灾，其理由是，夏五月太阳已行过春分点，阳气应当正在旺盛之时，此时却犹不能胜过月阴，而有日食，则阳气必然积聚起来；阴阳相胜，待到阳气胜阴时，郁积的阳气一定发作得很厉害，所以将会有旱灾。"秋八月，大雩，旱也"（同上，1452页），杨伯峻谓："其年八月大雩，亦足证梓慎之说误。"（昭公二十一年，1427页）尽管二人讲法皆非科学，但都是诉诸自然主义的解释，较之神秘的、机械的星象说，有其进步的意义。

在日食与星辰之占外，尚有风云之占，如：

第二章 星象

是岁也，有云如众赤鸟，夹日以飞三日。楚子使问诸周大史，周大史曰："其当王身乎？若禜之，可移于令尹、司马。"王曰："除腹心之疾，而置诸股肱，何益？不穀不有大过，天其夭诸？有罪受罚，又焉移之？"遂弗禜。

初，昭王有疾，卜曰："河为祟。"王弗祭。大夫请祭诸郊，王曰："三代命祀，祭不越望。江、汉、睢、漳，楚之望也。祸福之至，不是过也。不穀虽不德，河非所获罪也。"遂弗祭。

孔子曰："楚昭王知大道矣。其不失国也，宜哉！"（哀公六年，1635—1636页）

汉代的所谓天人感应的灾异思想，正是来源于先秦的天象之术。如此例中，特殊色状的云在楚国的天空出现，引起国人的惊疑，周太史说，此一变异将应在楚昭王身上；如果以某种方法来祭祀，则可以将灾祸转移给楚国的令尹或司马。昭王谢绝说，如果这是上天给我的惩罚，我又怎么可以转给他人。按照这里的讲法，赤云的出现虽然不是楚昭王的政事所引起，但它是人事变化的征兆，故这种讲法当然包含了人—天的相互感应关系。昭王患病之初，卜人为之占卜，说是黄河的河神作祟，请求祭祀河神，昭王既不相信卜筮，也不越礼祭祀河神。正如我们在前章揭示的，春秋时代，以卜筮决定行为的传统已经逐步让位于理性和德性的态度，楚昭王的这件事也是一个例子。所以这件事也得到了孔子的称赞。

理性与德性优先的态度，也同样反映在天象星辰之术方面。如：

> 晋人闻有楚师，师旷曰："不害。吾骤歌北风，又歌南风，南风不竞，多死声。楚必无功。"董叔曰："天道多在西北。南师不时，必无功。"叔向曰："在其君之德也。"（襄公十九年，1043 页）

晋北楚南，故南师是指楚军。师旷歌风（曲），即《周礼》大师所谓"执同律以听军声而诏吉凶"，是一种以乐律卜吉凶的预测，他说南风不强，所以楚军必无功而返。董叔也说，天道多在西北，南军不得天时，所以一定无功。① 而叔向则说，有没有功，关键在其国君的德行，而不在星辰天象。叔向的这一讲法显然代表了当时有识者的态度。

有关日食和行星运动的预言的学说体系，有些西方学者认为，是在公元前 5 世纪或稍后由巴比伦传入中国。但据上面所述可知，《左传》的记载，有关星占和日食的记述多集中在襄公、昭公时，即公元前 7 至前 6 世纪，所以是不可能在公元前 5 世纪以后才由近东传入的。

最后，可再举出宋国的子韦的例子，《史记·天官书》把他作为一个重要人物，而《左传》《国语》未载其天学方面的言论。其事迹见于《吕氏春秋》：

---

① 杨伯峻注："天道为木星所行之道。此年木星在黄道带经过娵訾，于十二支中为亥，故云天道在西北。"（1043 页）

第二章 星象

宋景公之时，荧惑在心，公惧，召子韦而问焉，曰："荧惑在心，何也？"子韦曰："荧惑者，天罚也。心者，宋之分野也。祸当于君。虽然，可移于宰相。"公曰："宰相，所与治国家也，而移死焉，不祥。"子韦曰："可移于民。"公曰："民死，寡人将谁为君乎？宁独死。"子韦曰："可移而岁。"公曰："岁害则民饥，民饥必死，为人君而杀其民以自活也，其谁以我为君乎？是寡人之命固尽已，子无复言矣。"子韦还走，北面载拜曰："臣敢贺君。天之处高而听卑，君有至德之言三，天比三赏君。今昔荧惑其徙三舍，君延年二十一岁。"公曰："何以知之？"对曰："有三善言必有三赏，荧惑必三徙舍，舍行七星，星一徙当七年，三七二十一岁矣。……是夕荧惑果徙三舍。"（《吕氏春秋》卷六制乐）①

这个故事和前面所说的楚昭王的故事很相近。荧惑守心，即火星在心宿发生"留"的现象。这个故事反映的人道主义意识，都是在春秋后期的文化氛围中才能出现的。

---

① 《史记》卷三十八宋微子世家记此事稍简："三十七年，楚惠王灭陈。荧惑守心。心，宋之分野也。景公忧之，司星子韦曰：'可移于相。'景公曰：'相，吾之股肱。'曰：'可移于民。'景公曰：'君者待民。'曰：'可移于岁。'景公曰：'岁饥民困，吾谁为君！'子韦曰：'天高听卑。君有君人之言三，荧惑宜有动。'于是候之，果徙三度。"

五　天与人的交感

正如春秋时代的卜筮问占的主题为政事征战与生老病死一样，这个时代的天象星占之术，也是以政事和人生为主的。为什么在卜筮之外还需要星占和其他天象之占呢？二者的分别何在？

天象是人类生存依赖的对象，也是人类心灵敬畏的对象。在文明早期的时代，亦即科技文明极不发达的时代，天象的变化必然和早期宗教观念相结合，使处在生存困境中的人们感到疑惑，也很容易使得古代人把人事中的某些遭遇与天象的变化联系起来。人们还往往把天象的变化视为神灵的作为，体现了神灵对人类行为的某种态度。其中最为明显的莫过于日食带给人们惊疑和恐惧。在早期人类文明发展的时期，对行星的观测、记录的经验不足，而只有掌握了良好的计数法又颇精于历法知识的专职观测人的出现，才能在长期的观测和记录实践中形成对日月星辰诸天象的正常运行的刻画和把握。只有形成了对星象特别是恒星和行星的正常位置和轨道的知识，才能对星象的非正常现象加以注意和谋求解释。

星占是某种（后来称之为）"天人感应"观念的表达和诠释方式。在祭祀文化中，日月星辰虽然是享受祭祀的神灵，但在星占的实践和史官的解释中，慢慢地可以看到，解释并不必需预设神灵的观念，也不必需神灵观念的参与，而渐渐变成一种自然的感应。如星象变化作为人事祸福的预兆，可有几种原因

第二章 星象

的解释。一种是以为大火引起火灾，这是古人对于火星认识错误所引起的，即认为火星主火。一种是用木星出现的辰次来预测对应地面区域人事的祸福。再一种是对于星象的变异加以阴阳的解释，以预测气候的变化和对人的影响。虽然，星象—人事的联系在总体上仍然是神秘的，甚至某些时候星占也可以和祭祀祈禳的活动相连接；但在这几种解释之下，星占学越来越变成一种由自然感应和阴阳交胜的观念所支配的术数实践，这也是很明显的。在这个意义上，星象学是一种神秘的自然主义。也正惟如此，星占学在春秋时代的发展，逐步变成一种"天道"之学。

在形态上，卜筮是人类的主动发问，而星占则是人类面对自然天象的变异而被动地施加解释。卜筮的特点是，人类在任何时候、有任何疑问，都可以用卜筮的方法求得一种解答。而星占不是这样的工具，不能满足人类这种需要。在占星术未产生的时代，遇到日食或风云的变异，人们可能会用卜筮求得解答。但占星术所面对的问题，远不止于日月食，往往是占星术的星象知识形成后才能提出来的，如行星的留伏等等。占星术里面包含着天文科学，而一般的卜筮不包含科学。卜筮固然预设了龟草与事变的一种神秘联系，但不是天与人的感应关系。而星象学的解释则明白预设了天象与人事的感应关联。占星术是人的知识和文明在较高程度上产生的提问方式，但占星术之出现的最根本原因是，天象乃是人们生存所依赖和面对的最直接、最宏大、最深远的自然环境，又是古代宗教视为具有神性的覆盖者，天始终是对人最有吸引力的、最神秘的对象。星象学的解释无疑比殷商卜辞中的"帝其令雨""帝其令风"的观念进了一步，它不是简单地把天象的一切变化归于至上神，而是试图在天象自然变化的具体现象中找到对于社会事变和人事祸福乃至自然灾害的具体联系，这种联系可能是因—果的，也可能是征兆—后果的。这种思想方式应起源于人类文明早期对天象变化影响气候改变，以致影响人类生活的经验，起源于人类因农牧业的需要而制定历法的活动，如太阳的周期性变化对地球有明显影响，在甲骨卜辞中已有关于日月食和彗星、陨星的卜问。

　　星象学是比巫术更高文明发展的产物，星象学的形成需要的历法知识、天象观测、计数体系和记录符号，都要在较高的文明水平上才能满足需要。星象学在理解自然特别是天象运动方面达到的水平是巫术和卜筮所不能比的。但在心理和认识根源上，星占学与卜筮一样，都是根源于人对生命与生活的不确定性的恐惧。就文化上看，古代星象学中包含着科学的成分，与古代科学往往有密切的联系。但就占星术而言，则是天学中的预测实践部分，并非天学的全部，其基本原则又是以神秘感应的联系的观念为基础。

　　星象学的知识体系，本来可以发展出一种文学意识——神话，正如希腊一样。但在中国，星象学却没有导致这种发展。当然，不是说在中国没有与星象相关的神话想象，而是这些神话总的说来没有成为体系，与希腊或其他神话文化不能相比。其原因之一是，在中国星象文化是从认识论变化过来交叉到宗教文化的一个发展，在它的交叉点上，宗教文化已经转向。

第二章　星象

由前面所举出的古代星占事例可以看出，星象学和占星术在技术上需要一套复杂的知识为前提，但其基本思想并不复杂。星占学所包含的思想大体上可归结为两个主要之点：

一、一定的天象必有人事祸福随于其后。

二、某些人事变动可有天象之兆为预示。

其中第一点，如有关日食和岁星、火星所在引起的预测；第二点如伯有、晋君之将死，有某种星象为之预兆。事实上，星象学和占星术的中心思想亦可归为一点，即通过天数星象可以测知地上的社会事变、人生福祸和自然灾害。

为什么通过天数星象可以测知人事的变动祸福？星象学认定岁星和火星一定引起某种人世的后果，不论是社会的或是自然的（地面山川及大气风雨）；但并不肯定这种联系是超自然的，即并不认为这是天神或星神的作用。相反，这种联系被表达为近似于自然律则。这个包含着自然主义的发展本身有着积极的意义。

不过，商周以来的宗教祭祀传统，虽然逐渐受到人文化的发展的销蚀，却仍然会对其他文化领域发生影响。特别是，在许多诸侯国，星占和祭祀可能都是由史官担任的，所以在星象文化中，就会夹杂着祭祀文化，如在有些事例中，史官主张天象之兆出现时人可以行祭祀以禳移。这就等于说认为神的意志在发生作用。但祭祀禳禜并不是无条件的，而只是在某些情形之下才能实现，也不是星象学中必不可少的成分。所以，它应当被看作是星象文化所受到的祭祀文化的影响。

卡西尔曾认为："对于占星术来说，世上每一事件、每一创始以及新的构造，本质上都是幻想；在世界进程中表现出的东西，那居于世界进程背后的东西，是一先定的命运，是存在之统一的规定，它在任何时刻都同一地表明自身。因而一个人的生命总体，就包容于并被决定于其起点、他出生之时的星宿。""存在和生命的形式不是发生于最多样化的因素，不是产生于最多样化的因果条件的交织；从一开始它便被赋予一种既成的形式，这种形式只需要加以解释，并似乎迟早会向我们展现出来。""占星术的公式把行星的效验转换成一种实体的内在性。"① 这里所说的占星术是指个人的生辰占星术，是说宇宙之中有一先定的命运，是整个宇宙统一的规定，个人必然地受到此命运和宇宙统一规定的制约，这表现在个人的生命总体是"包含并被决定于他所出生的星宿"。因此，并没有真正的创始和生成，宇宙存在的统一规定，不管各种因果条件的作用如何，迟早要按照先定的命运展现出来。

至于与"个人的生辰占星术"所不同的"国族的政事占星术"，则其表现有所差异："神话思维认为，某物'是'什么和它所处的位置，这两者之间的关系绝非是外在偶然的，位置本身即是事物存在的一部分。"② "每一氏族，首先都有一个通常严格规定的空间方位和地域。" "由占星术产生的'神话地理学'（mythical geography），最明显不过地表现出这种系统性，早在古巴比伦时代，地上世界就依据它与天堂的关系被分为四个不同区域：阿克达印南巴比伦，由木星统治和卫护；西部的阿姆

---

① 卡西尔：《神话思维》，中国社会科学出版社，1992年，100—101页。
② 同上书，104页。

第二章　星象

鲁由火星统治；北部和东部的苏巴吐和伊拉由昴星团和英仙座统治。"[①] 这种观念和做法显示出，原始的感性的意识已经渐渐发展出真正的"宇宙性和普遍性的观念"。

在马王堆帛书《易传》《要》篇，有孔子答子赣（贡）的话：

> 赞而不达于数，则其为之巫；数而不达于德，则其为之史。

孔子区分了巫、史、儒。他认为只知道祝祷而不了解天道变化的度数，这是巫。明了天道变化的度数而不了解道德的重要性，这是史。幽赞而达乎数，明数而达乎德，这是儒。他在这里所说的史虽然具体是指蓍占而言，但以"达于数"为特征的史官，应当包括通天数、行星占的方面在内。

前述有关星象实践的事例，显示出"史"与"儒"的冲突，这也是春秋文化有特色的内在紧张。虽然这时还没有儒家，但叔向的例子说明，详观天道而且操作星占的天官与致力政事和教化的地官（司徒联师儒属地官）之间，存在着一种紧张。地官代表的是人事理性主义，不相信天象的变化对人事有根本影响，认为人事的祸福全在人道本身，这是人本主义的理性主义。比起巫术文化和祭祀文化，星象学包含着更多的自然主义和理性主义成分，但其自然主义是一种神秘的自然主义，而占星术

[①] 卡西尔：《神话思维》，中国社会科学出版社，1992 年，105 页。

所设定的星象与人事的关联,是与人事理性主义相冲突的。天象当然与人类生活有关,因为天是人所生活其中的最基本的自然环境。天象与地震,天象与疾病,天象与丰歉存在着某些关联。但是遥远的星辰并不像太阳那样对人类有直接的影响。

在古代天学中,至少包括四个方面,即:历法、气象、星象、星占。因此,星象学中一方面有减低神性的泛神论的倾向,另一方面又以一种较巫术更高的形式再现着某种神秘交感的信念。从而在有关星象学的表现上,春秋时代出现了两种值得注意的倾向:一种是拒斥或不信星占预言的人文主义态度,一种是淘除其神秘性而专注于"天道"的哲学思考。

第三章　天道

> 天道皇皇，日月以为常。
>
> ——范蠡（《国语》）

春秋文化在很大程度上可以看作西周文化的同质的延伸和渐进的展开。然而，春秋时代在继续完善礼乐文化的同时，也在延伸中发生变异，不断产生着新的思想观念。这些变化，既与当时时代的社会变动有关，也反映了精神的发展和自觉。春秋时代"天道"观念的发展，来自于两条线索：一是人文主义，一是自然主义。人文主义的发展体现为对天的道德秩序的意义的重视，而自然主义的发展则向自然法则的意义延伸。

从前章可以看到，在星占实践中，已经开始出现"天道"的说法。如郑国的神灶论陈国将亡的时候说"楚克有之，天之道也"(昭公九年)；苌弘答景王问说"岁及大梁，蔡复楚凶，天之道也"（昭公十一年）。最明确者如子产驳裨灶之说："天道远，人道迩，非所及也，何以知之？灶焉知天道？是亦多言矣，岂不或信？"（昭公十八年）董叔云："天道多在西北。南师不时，必无功。"（襄公二十八年）晋侯问于士弱："吾闻之，宋灾于是乎知有天道。"（襄公九年）士弱回答："商人阅其祸败之衅必始于火，是以日知其有天道也。"（同上）

董叔和子产的说法，以天道为天之星辰的运行路径。而裨灶、苌弘"天之道"的说法就来得更加广泛，其中已经包含了天行的法则；这种法则不仅是天象的、星辰的，也是地上的、人间的。故"天之道"已表示一种普遍的法则观念。当然，在上面的几个例子中这一点还不能看得很清楚，在下面的讨论中我们会更清楚地看到天道的意义的分化。

价值性的、人文性的"天"在西周政治文化中已经开始发展，自然主义的"天"则在春秋时代的天学和星象学中渐进转出。前章已经指出，在星象学的原则有两个方面：一个是星辰的运行和状态会影响人世生活，这是以"天"为主的一种思想方式；另一个是人事的变化会有星象提前给出预兆，这是以"人"为主的一种思想方式。这两者之间有一种微妙的区别，后者是以人为主的，人影响天；前者是以天为主的，天影响人。前者就是"自然之天"所从转出的一个根源。因为，在占星术的这种思路里，毫无疑问地肯定天体和星宿的运行有固定的轨迹和速度。虽然天体星辰的运行会出现某些对于常态的偏离，而且通过这些偏离可以预测地面人事的变动，但它总的来说是肯定天体运动是受固定的法则（天数）所支配的。

第三章 天道

这与巫术不同。巫术思维认为天体的运行过程可以由巫术来影响和决定,正如卡西尔在谈到巫术思维中的天体运行时指出的:"太阳的轨迹和季节的运行不是由亘古不变的法则控制的,它们受超凡影响的支配,并易受魔力的影响。形式极为多样的类比巫术足以左右、加强或强行获得在这方面起作用的力量。"① 在本章中,我们将继续上章的视点,在有关天道、阴阳的讨论方面,呈现出史官文化自身的"去神秘化"历程。

一 天道之义

我们来看春秋时代的各种天道观念,先来看《国语》的记载:

> 单子曰:"君何患焉!晋将有乱。其君与三郤其当之乎!"鲁侯曰:"寡人惧不免于晋。今君曰'将有乱',敢问天道乎?抑人故也?"对曰:"吾非瞽史,焉知天道?吾见晋君之容,而听三郤之语矣,殆必祸者也。"(《国语》卷三周语下,90—91页)

值得注意的是,单襄公关于"晋将有乱"的政治预言,与西周春秋的星象学预言不同,他是以人事占人事(人故即人事)。而且从他的话"吾非瞽史,焉知天道"来看,他似乎对瞽史"以

---

① 卡西尔:《神话思维》,124页。

天道占人事"很不以为然。此事在鲁成公十六至十七年，即公元前 575—前 574 年。这个对话是春秋人本思潮兴起的一个明显例证。从鲁侯的问话可知，当时"以天道占人事"是很普遍的，这里的天道即是指星辰在天之运行。而观察天道及星象之变，职在"瞽史"。《国语》韦昭注云："瞽，乐太师，掌知音乐风气，执同律以听军声，而诏吉凶。史，太史，掌抱天时，与太师同车，皆知天道者。"① 可见，太史与乐师都是通于阴阳天时而知天道的人。周景王二十三年作钟，王与臣下有一很长的对话，从其中伶州鸠的说法可知，律吕之数来源于天道之度数，故乐师亦知天道风气。太史掌阴阳天时，此是西周以来的常例，《礼记·月令》亦云"乃命大史守典奉法，司天日月星辰之行"。

春秋时代的"天道"观念，略有三义：

第一种是宗教的命运式的理解，如

> 晋饥，乞籴于秦……公孙枝曰："君有施于晋君，晋君无施于其众。今旱而听于君，其天道也。君若弗予，而天予之，苟众不说其君之不报也，则有辞矣。不若予之，以说其众。众说，必咎于其君。"（《国语》卷九晋语三，323 页）

晋惠公本来是依靠秦国的力量才得以为晋侯，但他即位之后，

---

① 《国语》周语下，91 页。按《国语》周语上邵公谏厉王弭谤文亦有韦昭注曰："瞽，乐太师，史，太史也，掌阴阳、天时、礼法之书，以相教诲者。"（见《国语》，11 页）

第三章 天道

背弃对秦的允诺,故秦人多恨之。此年晋国逢大饥,乞粮于秦,亦含有"听命"于秦之意,故公孙枝说"今旱而听君,其天道也",意谓这是上天的安排。

此种用法又见于史苏论骊姬:

> 史苏朝,告大夫曰:"……君以骊姬为夫人,民之疾心固皆至矣……今君起百姓以自封也,民外不得其利,而内恶其贪,则上下既有判矣。然而又生男,其天道也?天疆其毒,民疾其态,其乱生哉!"(《国语》卷七晋语一,262页)

晋献公伐骊戎,获骊姬,立为夫人,生奚齐。史苏于是说,公娶骊姬,人们已经够痛心了,骊姬又生了儿子,这不是天道的安排么?(她一定会为了她自己的儿子而将献公的其他几个儿子驱出。)可见天要强化她的毒恶,使人民更加憎恨她。后来果然骊姬欲立奚齐为太子,借故把申生、重耳、夷吾赶离都城。

上面两个例子的用法都是把"天道"作为一种上天之安排。[①]

第二种用法是继承周书中的道德之天的用法,如《周语中》单襄公说:

[①] 另外,《左传》《国语》有不少"天之所兴,谁能废之"(《国语》卷十晋语四)、"天之所废,谁能兴之?"(襄公二十三年)一类的讲法,这些讲法中所说的天,也是属于第一种用法。

先王之令有之曰："天道赏善而罚淫。"（《国语》卷二周语中，74页）

又如范文子论德福：

　　君幼弱，诸臣不佞，吾何福以及此！吾闻之，"天道无亲，唯德是授。"吾庸知天之不授晋且以劝楚乎？君与二三臣其戒之！夫德，福之基也。无德而福隆，犹无基而厚墉也，其坏也无日矣。（《国语》卷十二晋语六，421—422页）

《尚书·汤诰》"天道福善祸淫"，《周书·蔡仲之命》"皇天无亲，惟德是辅"，都是单襄公、范文子此种用法的来源，在这种用法中，天道不是作为纯粹自然变化的法则，而是体现为道德意义的法则和秩序。

　　单子曰："其咎孰多？"曰："苌叔必速及，将天以道补者也。夫天道导可而省否，苌叔反是，以诳刘子，必有三殃。"（韦昭注：以道补者，欲以天道补人事也。）（《国语》卷三周语下，147页）

"天道导可而省否"，是说天道顺是去非，成善弃恶。
　　再来看《左传》的几条材料：

第三章 天道

  公作楚宫,穆叔曰:"《大誓》云:'民之所欲,天必从之。'"(襄公三十一年,1184页)
  (晏平仲)退告陈文子曰:"君人执信,臣人执共。忠、信、笃、敬,上下同之,天之道也。"(襄公二十二年,1068页)
  子服惠伯谓叔孙曰:"天殆富淫人,庆封又富矣。"穆子曰:"善人富谓之赏,淫人富谓之殃。天其殃之也,其将聚而歼旃。"(襄公二十八年,1149页)

这些材料中的"天"也都是道德意义的天。
第三种就是对"天道"的自然主义的理解。如:

  邓曼叹曰:"王禄尽矣。盈而荡,天之道也。"(庄公四年,163页)
  (子胥)将死,曰:"树吾墓槚,槚可材也,吴其亡乎?三年,其始弱矣。盈必毁,天之道也。"(哀公十一年,1665页)
  子产曰:"……美恶周必复。"(昭公十一年,1325页)
  吴王夫差既许越成,……申胥进谏曰:"昔天以越赐吴,而王弗受。夫天命有反……"(《国语》卷十九吴语,597页)
  (范蠡)对曰:"……天道盈而不溢,盛而不骄,劳而不矜其功。夫圣人随时以行,是谓守时。天时不作。弗为人客;人事不起,弗为之始。今君王未盈而溢,未盛而骄,

不劳而矜其功，天时不作而先为人客，人事不起而创为之始，此逆于天而不和于人。"（《国语》卷二十一越语下，641页）

范蠡曰："臣闻古之善用兵者，赢缩以为常，四时以为纪，无过天极，究数而止。天道皇皇，日月以为常，明者以为法，微者则是行。阳至而阴，阴至而阳；日困而还，月盈而匡。古之善用兵者，因天地之常，与之俱行。"（《国语》卷二十一越语下，653页）

"常"即是常道，而天道就是宇宙的常道。"盈而荡""盈必毁"都是物极则反的意思，"天命有反"也是如此，这些说法都是把"物极则反"作为自然和社会的普遍法则。在范蠡的讲法中，一方面表现出天道自然的意识；另一方面明确表达了"人法天"的观念，即人应当效法自然的天道。永恒的自然原理（天道阴阳）既是人与自然打交道时要因顺服从的规律，也是人事活动应当效法的原则，在这个意义上，范蠡实际上认为，天道的法则效力是普遍适用于社会人事的。

二　宇宙法则

我们在《古代宗教与伦理》中指出："西周时代的天命论，总体上说，仍然是一种神意论，而不是后来发展的自然命定论或宇宙命运论，仍然披着皇天上帝的神性外衣。但也不可否认，其中已缓慢地向一种秩序和命运的思想发展。秩序的观念逐步

第三章 天道

凝结为'天道'的观念,而命运的观念则仍旧依存于'天命'观念之下来发展。"[①] 西周的"天命"主要是一种麦克斯·缪勒所谓"历史的上帝",即天命是个人、民族、国家之命运的主宰,而不是自然之神。同时,西周的天命观念中蕴涵了一种"道德的秩序"。

西周后期和春秋时代渐为发达的星象学,为"天道"向自然主义的发展提供了具体的途径和动力。像范蠡论用兵之道所依据的"天道",就是天地阴阳的常则,即自然的运行规律和变化法则。这种天道乃是自然无为的宇宙法则,是人应当因顺仿效的行动模式。同时,天道的观念也未限于星辰天行之路,而是结合人事社会的历史经验,日益成为一种普遍性的宇宙法则。这种宇宙法则,本质上是哲学的世界观,而不仅仅是宇宙自然观。邓曼所谓"盈而荡,天之道也",伍子胥所谓"盈必毁,天之道",在思想根源上,都是把社会、历史、人事变化的法则看成为整个宇宙的法则"天道"的表现。在这个意义上,"天道"不是与人类社会历史活动无关的运行轨迹,而是具有普遍性的变化法则,自然、社会、历史都不能逃离这个普遍法则的支配。

这一切,都与太史之官和星占之官所负责的天学的发展有关。卡西尔在论占星术与神话时间的概念的发展时指出:

> 一旦这种意识不再像巫术那样满足于引起个别效果时,它便上升到一个新的水准,它使自己转向存在和生成的整

---

① 拙作《古代宗教与伦理——儒家思想的根源》,194页。

体,并且越来越富于对这整体的直观。于是它逐渐使自己摆脱直接局限于感觉印象和短暂感觉情绪的状态,它越来越多地转向沉思事件的永恒周期……这个周期仍是直接感受到的而非思考出的,可神话意识甚至以这种感受逐渐领悟到普遍性宇宙秩序的确定性。某个特殊物,某个特殊自然实体,不再像神话物活论那样被填充特定的心灵内容,填充人的个性力量;这样在整个世界过程中感到的,是到处重复出现的度量。这种感受越强有力,它就越促使神话思维苏醒。①

从万物有灵论到多神论的信仰,都是局限于对个别实体或个别实体的种类的关注,而没有把自己的思维伸向宇宙整体,关注那宏观的周期和秩序。因此当我们处在神话思维的阶段,"我们仍旧完全处于实体观的范围之内:太阳、月亮和群星都是栩栩如生的神圣物,然而它们是个体性的事物;被赋予非常确定的独特力量";而当我们从实体的个别性走向宇宙的秩序性时,"神话—宗教意识不再单独指向自然界各种对象的直接存在和个别自然力量的直接活动",而是力求理解那制约和弥漫于宇宙的规律性秩序观念时,新的概念或赋予旧概念以新意义的过程就开始形成。现在,对于上天,"人们不是出于发光、或带来光明和温暖、湿润的雨水的缘故而崇拜它们,而是把它们当作借以理解一切变化历程和法则的恒定时间尺度时——达到这一

---

① 卡西尔:《神话思维》,126 页。

第三章 天道

步,我们就站在根本不同的和更深刻的世界观的门槛上了。人类精神现在由可以在生命和存在中感受到的节律和周期性,上升到支配一切存在和变化。作为宇宙命运秩序的时间秩序概念,只有被如此地看作命运,神话时间才成为一种真正的宇宙力量。"① 在文化的发展中,人们观察和思考的视野逐渐从个别的实体转向整体的存在、生成、变化,从而产生了对自然节律与周期的关注;而作为时间秩序的周期往往又同时是命运秩序。在中国古代,作为宇宙和命运秩序的"天道"概念也正是在这样的过程中形成的。

这种宇宙命运秩序的观念在世界各地都是从摆脱万物有灵论的原始宗教中生长起来的。巴比伦—亚述宗教的起源也是万物有灵论,是对天空、风暴、草原各种自然神灵的信仰,且混杂着动物崇拜和图腾意识的痕迹。"但是,随着巴比伦人的思想日益注重对群星的沉思,它的一般形式发生了改变。原始神灵神话并没有消逝,但它降为低层次的大众信仰。智者、教士的宗教变成了'神圣纪元'和'神圣数字'的宗教,神性之真正根本的现象表现为天文过程的确定性,表现为支配日月行星运行的时间性规则。"② 单个的自然实体如天体,不再被设想和尊奉为直接的神,而被理解为普遍整体中的局部显现;宇宙的一切都是依据恒定的法则而起作用。"天空是神圣秩序最明显的展现,这种神圣秩序可以作为同一个根本形式,以恒定的等级,从天空一直追寻到地上。特别是人的各类(政治的和社会的)

---

① 卡西尔:《神话思维》,126—127 页。
② 同上书,128 页。

实在的秩序。在最多样的存在领域中，上述相同的根本形式都得到了体现。"① 在前轴心时代思维的发展中，人们越来越关注天文过程，关注这种过程的确定性，而天文过程的确定性首先表现为日月星辰运行的时间秩序，历法由此产生。而卡西尔没有看到，在占星术里，在星辰的时间秩序以外，人们也关注星辰的空间秩序（位置）。正是这种日月星辰的时间—空间秩序又进而被理解为宇宙的恒定法则。狭义的天道即是天空的秩序，而广义的天道，则使这一秩序同时体现到地上和人间。

这样一个进程，对于世界各大文明来说，是普遍的。"在几乎所有伟大的宗教中，都发现了制约所有事件的普遍时间秩序与同样主宰所有事件的外在的正义秩序之间的相同关系——天文宇宙与伦理宇宙之间的相同关联。"② 从此，"盛行于自然多神教的神个体化，也被普遍自然秩序的观念取而代之，这种秩序同时既是精神秩序又是伦理秩序"③。

不仅"天道"的自然秩序义与"天道"的伦理秩序义互相扭结，难解难分，就是"天道"的命运义也是这一进程中的题中应有之义。在与春秋时代同时代的希腊神话—宗教中，命运也是比宙斯更高的神。"要是多神教的众神继续存在，他们之受崇拜也不因自身，而是作为他们所隶属的命运之普遍秩序的卫士和管理人。众神不再是自然界和伦理世界的绝对立法者，他们及其行为现在要服从更高的规律。居于荷马史诗中的宙斯之

---

① 卡西尔：《神话思维》，128 页。
② 同上书，129 页。
③ 同上书，130 页。

上的，是非人的命运力量。而在日耳曼的神话中，命运的力量、生成的力量同时表现为命运三女神的纬线——命运的编织者，表现为原始法则。"① 随着这些观念的逐渐鲜明的展开，从内部改变了整个文化的气质，赋予了它新的特性，与古代神话世界分道扬镳。

在自然主义方向发展的人文主义，并没有中国文化的特殊性体现。如果说中国古代文化在这一过程打上了怎样的自己的特殊印记，又有什么表达上的特殊性，那就是根于字源意义而得到法则意义的"道"。"道"成了表征中国古人了解的宇宙秩序、伦理秩序、精神秩序及其统一性的概念。不用多说，"道"的早期意义是人行之路，天道即天体运行之路，概念的发展使得"道"和"天道"具有了法则、秩序、规律的自然哲学意义，又具有了规范、原则、道义的社会思想的意义。②

三　阴阳与气

在前面的考察中，我们已经发现，春秋的智者在论及"天道"时往往同时涉及"阴阳"。③ 现在让我们来看阴阳观念的发展。

春秋时代初期已经有了阴阳的观念，而且用以为解释世界

---

① 卡西尔：《神话思维》，131—132 页。
② 像秦伯所说的，"天灾流行，国家代有，救灾恤邻，道也。行道有福"（僖公十三年），这里的"道"就是人道的原则。
③ 如范蠡所说"阳至而阴，阴至而阳""因阴阳之恒，顺天地之常"（《国语》越语下）等。

的两种基本力量。周幽王二年（即鲁庄公十五年，公元前780年）发生地震，伯阳父讲了一段有名的话，见于《国语》的记载：

> 幽王二年，西周三川皆震。伯阳父曰："周将亡矣！夫天地之气，不失其序。若过其序，民乱之也。阳伏而不能出，阴迫而不能烝，于是有地震。今三川实震，是阳失其所而镇阴也。阳失而在阴，川源必塞；源塞，国必亡。夫水土演而民用也。水土无所演，民乏财用，不亡何待？昔伊、洛竭而夏亡，河竭而商亡。今周德若二代之季矣，其川源又塞，塞必竭。夫国必依山川，山崩川竭，亡之征也。"（《国语》卷一周语上，26—27页）

这个讲法其实与观天星象之学的有些讲法在精神上是一致的。春秋时代的星象学已经容纳了阴阳的解释，我们在前章业已指出过。如鲁国昭公二十四年日食，"梓慎曰：'将水。'昭子曰：'旱也。日过分而阳犹不克，克必甚，能无旱乎？阳不克莫，将积聚也。"（昭公二十四年，1451页）在这里，昭子是用阴阳的积聚发散、消长胜负来解释、说明、预测气候的变化。而伯阳父对地震原因的分析，也同样是基于阴阳消长胜负和积聚发散的观念。

在伯阳父的例子里面，可以看到，当时已经出现了一种明确的"气"的观念，伯阳父把它叫作"天地之气"，他认为天地之气可以分为"阴"与"阳"，即阴气和阳气，他所使用的伏、

第三章 天道

迫、烝，都是对阴阳之气相互关系的描述。在他的讲法中，认为天地之气具有一定的关系次序，因为天地之气是分为阴、阳二气的，如果气是单一的，则无所谓次序，"序"本身就意味着天地之气不是单一的。有两种不同的气，就有了这两种气的相对关系、位置、次序的问题。伯阳父认为，阴阳二气本有的合理关系和次序如果被破坏，二气就不能通畅往来，而形成阻滞，这就会引起地震。

从伯阳父的说法来看，当时的智者和知识阶层，对天地之气及阴阳之气的观念已较为熟悉。当然，在他的说法中，还有神话—宗教思维的痕迹，如他用地震作为政治的预测,[①] 形式上和星象学用天象的阴阳消长做预测没有什么不同。他把阴阳二气的失调失序归因于"民乱之也"，意味着人在社会中的行为会影响天地之气，不当的人的行为可以造成天地之气的失序。这种说法似乎不是一种感应论的说法，而是把人的行为与天地之气看成一连续性的同质系统。这种讲法虽然不再诉诸神灵，而直接诉诸自然性的物质性的阴阳之气，但认为人事可以影响自然的观念，仍带有古代的神话—宗教的思维痕迹。不过，伯阳父的预测，更强调地震则川源塞，川源塞则民乏用的地理论证和经济论证，又引用了夏商二代河川竭而国亡的历史论证，所以他的说法在总体上较星象学为理性。

来看《国语》中的另一个材料，周景王二十三年当鲁昭公二十年，王将铸无射，而为之大林：

---

① 后来周东迁，被认为是伯阳父的预测的实现。

（伶州鸠）对曰："夫政象乐，乐从和，和从平。声以和乐，律以平声。金石以动之，丝竹以行之，诗以道之，歌以咏之，匏以宣之，瓦以赞之，革木以节之。……于是乎气无滞阴，亦无散阳，阴阳序次，风雨时至。"（《国语》卷三周语下，128页）

这里虽然是谈音律，但同样以阴阳之气的观念为根本基础。"气无滞阴，亦无散阳""阴阳序次"，这种阴阳二气积聚（滞）消散（散）的观念，阴阳二气存在着本有的合理的相互关系和秩序的观念，与伯阳父用以论地震的自然哲学基础完全相同。可见，春秋时代"气"和"阴阳"之气的观念在智者群中已普遍流行。①

由于与生活的密切关联，"气"的观念在古代医学中尤为发展，在春秋时代可明显看到气的观念在医学中的应用。《左传》载"六气"之说：

　　晋侯求医于秦，秦伯使医和视之……公（晋侯）曰："女不可近乎？"（医和）对曰："节之。先王之乐，所以节百事也，故有五节。迟速本末以相及，中声以降。五降之后，不容弹矣。于是有烦手淫声，慆堙心耳，乃忘平和，

---

① 类似的阴阳观念，还可见于"阴阳分布，震雷出滞"（《国语》周语上），"冬无愆阳，夏无伏阴"（《左传》昭公四年）等。周灵王二十二年当鲁襄公二十四年，王欲壅防穀水，太子晋谏之，云"疏川导滞，钟水丰物"（《国语》周语下），"故天无伏阴，地无散阳，水无沉气，火无灾燀。"（同上）

第三章 天道

君子弗听也。物亦如之。至于烦,乃舍也已,无以生疾。君子之近琴瑟,以仪节也,非以慆心也。天有六气,降生五味,发为五色,征为五声。淫生六疾。六气曰阴、阳、风、雨、晦、明也,分为四时,序为五节,过则为灾:阴淫寒疾,阳淫热疾,风淫末疾,雨淫腹疾,晦淫惑疾,明淫心疾。女,阳物而晦时,淫则生内热惑蛊之疾。今君不节、不时,能无及此乎?"(昭公元年,1221—1222页)

昭公已在春秋后期,这时不仅有阴阳二气的观念,更从二气中分化出六气的观念。天有六气,即阴、阳、风、雨、晦、明六种气。降生五味,发为五色,征为五声,分为四时,序为五节,这是说五味、五色、五声、四时、五节,都是在六气的合理次序中自然分化而成。六气皆有节次,而不可以过。如果六气的合理序次被破坏,特别是其中某些气过盛的话,那就是"淫生六疾""过而为灾";淫即是过度,盛即是超过了合理的序次。所以,阴气过盛会生寒症,阳气过盛会生热症,风强会感而生四肢之疾,雨多会感而生腹疾,感夜气久而生烦恼之疾,感朝昼之气久而生心疾。故一切疾病都生于"过"和"淫",只有注意节制,才能防止疾病。现在晋侯好近女色,女色会使男人阳气盛,阳气盛则生内热;而男人之近女,多在夜晦之时,晦感惑疾,故生种种烦恼之症。在这种讲法中,人显然是处在与六气相感的一个系统里,如六气自身失序,或者人偏感其中某些气,都会引起疾病。所以,在思想上,这种看法认为世界是六气有序有度的一个系统。由于六气中的任何一气失度,都会引起人体的疾病，这意味着人的身体也是一个与六气相通相感的小系统。

僖公十六年春，陨石落于宋，宋襄公就此事向到访的周内史叔兴询问"吉凶焉在"，叔兴说"是阴阳之事，非吉凶所在也"。史官本职掌祭祀、占卜、星象及纪事，但在这里，他完全用自然主义的态度解释天象变化和自然变异，他所说的"阴阳"应当是指阴阳之气，至少包含了阴阳之气的观念。这表明，在史官文化本身之中，也在经历着一个不断的"去神秘化"的理性化过程，一个"阴阳"与"吉凶"分化的过程。春秋时代的思想发展，在一定的意义上就是这样一个文化分化（观念分化、理性分化）的过程。

气的观念，特别是阴阳二气的观念，可以说是春秋时代所产生而与商周不同的哲学观念。从此以后，气成了中国思想说明宇宙万物构成和变化的基本元素，而阴阳则成为中国思想解释万物构成变化的二元原理。在以后的长期历史中，气与阴阳作为宇宙论的范畴和学说，成为中国人的思维特性的基本表达。

最后，来看有关"五行"的思想。《国语》郑语载桓公与史伯的对话：

> 公曰："周其弊乎？"对曰："殆于必弊者也。《泰誓》曰：'民之所欲，天必从之。'今王弃高明昭显，而好谗慝暗昧；恶角犀丰盈，而近顽童穷固，去和而取同。夫和实生物，同则不继。以他平他谓之和，故能丰长而物归之。若以同裨同，尽乃弃矣。故先王以土与金木水火杂，以成

第三章 天道

百物。是以和五味以调口,刚四支以卫体,和六律以聪耳,正七体以役心,平八索以成人,建九纪以立纯德,合十数以训百体。出千品,具万方,计亿事,材兆物,收经入,行姟极。故王者居九畡之田,收经入以食兆民,周训而能用之,和乐如一。夫如是,和之至也。于是乎先王聘后于异姓,求财于有方,择臣取谏工而讲以多物,务和同也。声一无听,物一无文,味一无果,物一不讲。王将弃是类也而与剸同,天夺之明,欲无弊,得乎?"(《国语》卷十六郑语,515—516页)

按"物一无文"当作"色一无文",以与"声一无听""味一无果"相对。史伯这里所说的"和同之辨"包含两个方面:一方面,是对于周王的政治批评,指出周王只听相同的意见,不听不同的意见,好同恶异,认为这是只讲"同",不懂"和";同是简单的同一性,而和是多样的统一性。另一方面,他对作为多样的统一性的"和"的重要性给出了哲学的说明,认为不同的东西相结合(和)才能产生和发展出新的东西,相同的东西的简单相加(同)不仅不能产生任何东西,而且会导致死亡。所以"和"是生成和发展的根本原理。他举出很多"和实生物"的例证,如五色才能成文,五音才能成声,五味才能成食。在这样的脉络下,他指出五行才能成百物。自然,史伯并没有使用"五行"的概念,而且他所强调的重点在土和金木水火的配合;但他把土金木水火看成合成百物的基元,可以说已经有了类似五行的观念。

从史伯之名可知他是史官,史伯的这一段话,很能表现出史官文化所具有的辩证智慧和开明的政治意识。

四 史官的理性

现在我们来讨论史官文化的另一个方面。西周初,祝、宗、卜、史并称,而且,殷商西周以来的"史"在职能上与祝、宗、卜往往互通或兼任,所以祝宗卜史常常不能分得那么清楚。所以,正如我们在《古代宗教与伦理》中指出的,史官最早是神职性的职官,主理祭祀,亦掌星历卜筮,并为记事之官。早期史官的记事可能主要与占卜有关,以后随着历史的延续和国家事务的扩大,人事的记录越来越占重要的地位。[①] 也因此,"史官"自身在记录、观察历史的长期的、连续的活动中,人事理性主义的因素不断发展,以致在后来(汉以后)变成"史"的主导特质。这种发展的特色,简言之,就是在对历史的观察中注重总结成败、盛衰、存亡之规律的价值中立的人事理性主义。与师儒的人事理性主义注重在价值理性不同,史官的人事理性主义注重在历史理性。

史官在《周礼》主要见于春官,其中重要史官的职分为——大史:"大史掌建邦之六典,以逆邦国之治……正岁年以序事……颁告朔于邦国……诏王居门终月,大祭祀与执事卜日,戒及宿之日,与群执事读礼书而协事,祭之日,执书以次位

---

① 拙作《古代宗教与伦理——儒家思想的根源》,49—51页。

第三章 天道

常。"大史的职务为掌六典、正岁年、颁告朔、卜祭日、读礼书等。小史:"小史掌邦国之志,奠系世,辨昭穆,若有事,则诏王之忌讳,大祭祀读礼法,史以书叙昭穆之俎簋……"小史主要掌握邦国公族的历史、世系的知识,小史还要在宾丧会旅等重要场合辅佐大史。其他如内史掌策命、制禄、赏赐等事;外史"掌四方之志、掌三皇五帝之书",即掌知华夏古史和各国历史;而冯相氏、保章氏则掌天象星历等。

不过,就《左传》的记载来看,不少史官也注重和通晓国家兴亡之变,如周之内史过说:"国之将兴,明神降之,监其德也;将亡,神又降之,观其恶也,故有得神以兴,亦有以亡,虞、夏、商、周皆有之。"(庄公三十二年,251—252页)又如内史叔兴主张政事的治乱吉凶完全决定于人,与阴阳之事无关。(僖公十六年,369页)又如内史兴奉周襄王命赐晋文公命,归而告襄王,断定晋文公必霸。(《国语》周语上,41页襄王当鲁僖公时)这些史官根据历史的经验往往总结、提出一些重要的历史论述,在春秋时代不断为人所引用,其中比较突出的如史佚。(据《国语》周语下的韦昭注,史佚为周文、武王时太史。)

春秋时代史官的历史理性的发展,牵涉到许多西周春秋的史志之言,由于在"经典"一章中我们会详细地加以讨论,故在此我们只举出几个重要的例子。

春秋时"仲虺之志"为许多为政者和史官所称引,其中一条:

> 子皮曰:"《仲虺之志》云:'乱者取之,亡者侮之,推

亡、固存，国之利也。'"（襄公三十年，1175页）

随武子曰："……见可而进，知难而退，军之善政也。兼弱攻昧，武之善经也。子姑整军而经武乎！犹有弱而昧者，何必楚？仲虺有言曰，'取乱侮亡'，兼弱也。"（宣公十二年，725页）

晋侯问卫故于中行献子，对曰："不如因而定之。卫有君矣，伐之，未可以得志，而勤诸侯。史佚有言曰：'因重而抚之。'仲虺有言曰：'亡者侮之，乱者取之，推亡、固存，国之道也。'君其定卫以待时乎！"（襄公十四年，1019页）

这三段材料都引了仲虺的同一句话，只是所引有异。其中随武子所引的一条，显然是骤括而言，子皮所引的一条与中行献子所引的一条，语序有别，字亦有异，但基本思想完全相同。仲虺此语是说，一个国家乱的时候就应该夺取它，一个国家衰败的时候就应当欺负它，这是国家之利，也是为国之道。随武子把它概括为"兼弱攻昧"。这完全是一种从兵学（军事战争）发展出来的军国思想，而其流行和受重视，应与当时追求"霸业"和兼并的风气有关。这是一种现实性很强的理性策略，但其中完全不考虑由"礼"的因素所制约的国家关系与秩序的规范，成为一种国家功利主义为中心的实用理性。

春秋中后期礼制秩序的逐渐解体和破坏，在知识阶层中有两种响应：一方面有叔向、孔子等一心恢复礼乐秩序的努力，另一方面也出现了认可礼制秩序解体的历史合理性的说法。后

第三章 天道

者中最典型者为史墨：

> 赵简子问于史墨曰："季氏出其君，而民服焉，诸侯与之；君死于外而莫之或罪，何也？"对曰："物生有两、有三、有五、有陪贰。故天有三辰，地有五行，体有左右，各有妃耦。王有公，诸侯有卿，皆有贰也。天生季氏，以贰鲁侯，为日久矣，民之服焉，不亦宜乎！鲁君世从其失，季氏世修其勤，民忘君矣。虽死于外，其谁矜之？
>
> 社稷无常奉，君臣无常位，自古以然。故《诗》曰'高岸为谷，深谷为陵'，三后之姓于今为庶，主所知也。在《易》卦，雷乘乾曰大壮䷢，天之道也。"（昭公三十二年，1519—1520页）

鲁昭公末年，鲁国政在季氏，昭公谋去季氏，未获成功，故出奔于外，死于乾侯。季氏赶走国君而当政，人民却服从他而不加反对；国君被赶走而死于外，也没有人批评季氏。对此，赵简子觉得很不正常，所以问于史墨。史墨认为，鲁昭公虽然是国君，但鲁国自文公以来，政落于大夫之手；而鲁国的国君却只图求安逸。相反，季氏掌政，注意修德，又对人民施以恩惠，人民当然服从他而不反对他了。史墨的说法，完全是一种冷静旁观的说法。

所以，与早期儒家对礼制解体、君臣易位的痛心疾首、深恶痛绝不同，作为史官的史墨冷静无情地认为，君臣易位，自古已然，乃是天道。意谓历史一向如此，这是历史的恒常法则，并没有什么不合理。这种冷静的历史理性乃是一种完全现实的对历史辩证法的认可，而全然摒弃对传统秩序和传统价值的任何温情。李泽厚曾以其睿见指出，冷静的理性态度是道家和法家的共同特征。他认为从兵家到老子，由现实经验和对历史的观察领悟，发展出中国古代思想的一条重要线索，即以"清醒冷静的理知态度"为特色，一切以现实利害为依据，反对用任何情感上的喜怒爱憎和鬼神观念，来代替和影响理智的判断和谋划。[①] 我想补充的是，这一思想线索的形成，除了兵家之外，这种由于总结历史经验而来的"冷眼旁观""不动情感"的思想习惯，应当与史官文化有重要关联。如果说史官文化的传统比兵家更为久长和深远，那么也许可以说，史官文化可能是这一冷静理性线索的主要根源。

---

① 参看李泽厚：《中国古代思想史论》，人民出版社，1985年，78页。

第四章　鬼神

> 鬼神之为德，其盛矣乎！
> ——《礼记·中庸》引子曰

正如我们在《古代宗教与伦理》中所指出过的，殷商的祭祀宗教，献祭祖先之灵和自然神祇，反映出殷商自然宗教和多神信仰极为流行。本章，我们将延续前书中的讨论，研究神鬼观念与神鬼信仰在春秋时代的状况和变化。

一　神鬼的信仰

《国语》晋语记载了一则故事：

> 虢公梦在庙，有神人，面白毛虎爪，执钺立于西阿。

公惧而走。神曰:"无走,帝命曰:'使晋袭于尔门。'"公拜稽首,觉,召史嚚占之,对曰:"如君之言,则蓐收也,天之刑神也。"(《国语》卷八晋语二,295页)

这里说虢公梦到了神人,此神似乎是帝廷之神,所以他知道天帝使晋伐虢的命令。此神面有白毛,虎爪,属人兽合体,但基本上是人形。此神手执钺。史嚚被召来占卜,但我们不知道史嚚有没有占卜,我们只知道史嚚告诉虢公,此神即神话中名叫蓐收的神(在西方白虎,金正之官,主刑杀,见下)。由此可见,虢公所梦见的神,其实就是当时人们对神的一种想象,而当时人们所想象的神往往是人兽合体的,在虢公的这个梦中出现的神人,以人体为主,只是手为虎爪而面有白毛(白虎之毛)。古代希腊的人文主义是通过对神话造型的人性化而表达的,中国古代的人文主义则没有表现在这个方面,而是表现在另外的方面。

上面的例子虽然是通过梦来表达的,但的确表示出当时人们的信仰,这种信仰不仅是对一般的神的信仰,也有对于"帝"的信仰。《左传》:

秋八月,卫襄公卒。……卫齐恶告丧于周,且请命。王使成简公如卫吊,且追命襄公曰:"叔父陟恪,在我先王之左右,以佐事上帝,余敢忘高圉、亚圉?"(昭公七年,1294页)

第四章 鬼神

　　成简公代表周王吊丧于卫，吊命辞中说希望卫襄公升天后，在周的先王左右，共同服事上帝。这表示当时人们仍然相信，王公死后可升天为神。

> 秋八月丁卯，大事于大庙，跻僖公，逆祀也。于是夏父弗忌为宗伯，尊僖公，且明见曰："吾见新鬼大，故鬼小。先大后小，顺也。跻圣贤，明也。明、顺，礼也。"君子以为失礼。礼无不顺，祀，国之大事也，而逆之，可谓礼乎？子虽齐圣，不先父食久矣，故禹不先鲧，汤不先契，文、武不先不窋。宋祖帝乙，郑祖厉王，犹上祖也，是以鲁颂曰……（文公二年，523—524页）

这是说，夏父弗忌主持祭祀，将僖公之位升于闵公之前。僖公本来是入继闵公，故按照礼制，应当闵公在前，僖公在后，现在让僖公在前，在礼制上就是"逆祀"，而逆祀就破坏了昭穆的次序。本来应当是闵公为昭，僖公为穆，"今升僖公于闵公之上为昭，闵公为穆，故云逆祀也"①。夏父弗忌坚持逆祀，他辩解说，他看到新鬼大，故鬼小，新鬼即指僖公，故鬼指闵公，新鬼大所以应当在前。他的这个说法比较特别，他说"吾见"，似乎他曾梦见二公，否则，他如何能白日见鬼？《左传》引用了"君子"对夏父弗忌的批评，但未明君子为何人。《国语》则记载了展禽对这件事的批评：展禽曰：

---

① 《周礼》春官冢人贾疏。

> "夏父弗忌必有殃。夫宗有司之言顺矣,展又未有明焉。犯顺不祥,以逆训民亦不祥,易神之班亦不祥,不明而跻之亦不祥。犯鬼道二,犯人道二,能无殃乎?"侍者曰:"若有殃焉在?抑刑戮也,其夭札也?"曰:"未可知也……"(《国语》卷四鲁语上,175页)

这是说僖公并没有明德,把僖公升前是犯顺,即破坏了正常的昭穆次序;夏父弗忌这样做是违反了人道和事鬼之礼,[①] 所以必然会有灾祸。

不过,《国语》在展禽这段话前还记载了夏父弗忌与有司的对话,这个对话不见于《左传》:

> 夏父弗忌为宗,蒸将跻僖公。宗有司曰:"非昭穆也。"曰:"我为宗伯,明者为昭,其次为穆,何常之有?"有司曰:"夫宗庙之有昭穆也,以次世之长幼,而等冑之亲疏也。夫祀,昭孝也,各致齐敬于其皇祖,昭孝之至也。故工史书世,宗祝书昭穆,犹恐其谕也……"弗听,遂跻之。(《国语》卷四鲁语上,173页)

有司的讲法,强调昭穆是要分别亲属关系和世系的亲疏,要突出和体现"孝"的精神原则。这一套讲法也是立基于传统的"礼"制立论的。而夏父的说法,是要把昭穆变成注重于对故去

---

① 《国语》韦昭注谓犯鬼道二即"易神之班,跻不明也",犯人道二即"犯顺,以逆训民也"。

第四章　鬼神

的君王的"德"（明德）的表现。这个思想很值得注意。他说"明为昭，次为穆，何常之有？"这是一个反传统礼制和常规的意见，要求把"明德"作为礼制次序的一个优先原则。所以夏父的主张必然与保守传统礼制的有司发生冲突，而他与展禽代表的犯礼不祥的观念也明显地存在着观念的紧张。不过，展禽似乎在原则上也不反对明德为昭，而只是认为在事实上僖公并"未有明焉"。比较起来，《左传》中夏父的论证"新鬼大，故鬼小"是一个宗教的论证，而《国语》中的夏父的论证"明为昭，次为穆"是一个道德的论证。这是突出"鬼神"观念的文化中渗入道德因素的一个例子。

我们接着来讨论春秋时代的神鬼观念。来看下面的材料：

> 冬，狄围卫，卫迁于帝丘，卜曰三百年。卫成公梦康叔曰："相夺予享。"公命祀相。宁武子不可，曰："鬼神非其族类，不歆其祀。杞、鄫何事？相之不享于此久矣，非卫之罪也，不可以间成王、周公之命祀。请改祀命。"（僖公三十一年，487页）

相是夏启之孙，居于帝丘。上面这件事是说，根据周成王之命，卫国一直祀康叔，但在卫迁到帝丘以后，卫侯梦见康叔，康叔抱怨说，卫侯给他的祭享都被相抢走了。卫侯的理解是，这显然是因为相得不到祭祀，所以才抢了康叔的祭享。因此，卫侯为了保证康叔的祭享不被抢夺，便命令祭祀相，以使相得到祭享而不再去抢夺康叔的祭享。这里透露出来的鬼神观念，表现出鬼神不仅会享用人所献祭的品物，而且会通过梦表达对祭祀的意见，甚至鬼神之间还会争抢祭享。

宁武子反对卫侯关于祭祀相的命令，他认为杞鄫是夏的后代，他们应当祭祀相。而卫是康叔之后，当然要祭祀康叔；但不能越族而去祭祀他族之神。况且神鬼都是有族属的，亦能辨别族属，鬼神只享受本族的祭祀，而不会越族而享祭。宁武子的说法显然是要维护礼制的规定，即不可越族而祀。但他的解释显然与卫侯的观念相冲突，因为卫侯根据梦情认为相是越族而夺享的，也就是非其族类，亦歆其祀。

前面的例子中，人和鬼神的见面都在梦中，不过《左传》也有未明言在梦中而与鬼神交接的故事：

> 晋侯改葬共大子。秋，狐突适下国，遇大子。大子使登，仆，而告之曰："夷吾无礼，余得请于帝矣，将以晋畀秦，秦将祀余。"对曰："臣闻之，'神不歆非类，民不祀非族'。君祀无乃殄乎？且民何罪，失刑、乏祀，君其图之！"君曰："诺。吾将复请。七日，新城西偏将有巫者而见我焉。"及期而往，告之曰："帝许我罚有罪矣，敝于韩。"（僖公十年，334—335页）

这是一个鬼神能通帝和附巫的例子。晋惠公改葬太子申生，不久狐突到曲沃新城，遇到已经为鬼的申生，申生说，夷吾烝于贾君，乱伦无礼，我已经请求上帝，将让秦国灭晋，以后我将在秦国享受祭祀。狐突说，各族人民都只祭祀本族的人，所以

第四章 鬼神

秦国人不会祭祀太子你;即使秦国祭祀你,你也无法享受,因为鬼神不受非类之祀;这样一来,你的祭祀就永远断绝了。更何况晋国的人民是没有罪的,你让上帝命秦国灭晋国,这也是不对的。申生接受了狐突的意见,说我会向上帝请求另一个办法惩罚夷吾。他还说,我将在七天之后附身在新城城西的一个巫者而把请求的结果告知你。在这个例子中,《左传》的作者并没有说明狐突与鬼的会面对话是在梦中,照这样看来,当时人们认为,人和鬼可以交谈,而鬼不仅可以为人形、能言语、通上帝,而且还可以附于巫者之身来表达其意见,传达上帝的意旨。

如果说上面的例子中表达的那种对鬼的信仰例证较少的话,至少我们可以肯定地说,鬼神能享食祭祀,这是当时人们普遍的概念。再举一个例子:

> 卫宁惠子疾,召悼子曰:"吾得罪于君,悔而无及也,名藏在诸侯之策,曰'孙林父、宁殖出其君'。君入,则掩之;若能掩之,则吾子也。若不能,犹有鬼神,吾有馁而已,不来食矣。"悼子许诺,惠子遂卒。(襄公二十年,1055页)

宁惠子临死前嘱咐其子为他掩盖出君之事,而且说如果办不到的话,他作鬼之后,则宁可饿着,也不会来享食祭祀的。可见当时人坚信死后为鬼,能享祭祀,而且认为享食祭祀对鬼神生活非常重要。鬼神如果无食无归,就变成"厉"了。

> 郑人相惊以伯有,曰:"伯有至矣!"则皆走,不知所往(杜注:襄三十年,郑人杀伯有,言其鬼至。)……子产立公孙泄及良止以抚之。乃止。子大叔问其故,子产曰:"鬼有所归,乃不为厉,吾为之归也。"……及子产适晋,赵景子问焉,曰:"伯有犹能为鬼乎?"子产曰:"能。人生始化曰魄,既生魄,阳曰魂。用物精多,则魂魄强,是以有精爽至于神明。匹夫匹妇强死,其魂魄犹能凭依于人,以为淫厉。况良霄,我先君穆公之胄,子良之孙,子耳之子,……其用物也弘矣,其取精也多矣,其族又大,所凭厚矣,而强死,能为鬼,不亦宜乎?"(昭公七年,1291—1293页)

郑国的伯有死于襄公三十年,后来有人梦见伯有,伯有说要在昭公六年、七年分别杀死两个人,这两个人果然死了,于是国人恐惧。街上有人呼伯有之鬼来啦,大家都吓得不知所往。子产为了安抚伯有的鬼灵,立他的儿子为大夫,使得他的儿子能够祭祀他。此后,伯有的鬼也就不再闹事了。子产对此有一套解释,应当是代表了当时知识人的了解,他说,鬼如果没有归宿,就会成为"厉",也就是恶鬼。鬼的归宿就是能够享受他的子孙对他的祭祀,有所归,就不会成为厉。人生而有身体,这是魄,属阴。有了体魄,也就有了精神,这是魂,属阳。魂魄二者在人死后并不消灭,在正常的情况下,人衰老而死,魂魄都已经很弱了,也就渐渐消散。可是如果人的死是属于"强死",即非正常的死亡,这时人的魂魄还很旺盛,于是这些强死

第四章　鬼神

的人的魂魄就会附在别的人身上，成为厉鬼。[①] 那些活着的时候享用吸收的物品多的人，那些族姓强大的人，那些世代做高官的家族的人，他们的魂魄特别强，所以强死以后，更容易成为厉鬼。

赵景子问"伯有犹能为鬼乎"，子产最后说"所凭厚矣，强死，能为鬼，不亦宜乎"，这些说法会给人一种印象，即不是每人都会死后为鬼，只是有些人死后会为鬼。不过一般来说，人死皆可为鬼，景子和子产在这里所说的"鬼"应当是特指"其魂魄犹能凭依于人以为淫厉"的厉鬼。

春秋时代人们有"明神"的信仰，国与国订立盟约，皆以"明神"为誓，如：

> 宋华元克合晋、楚之成，夏五月，晋士燮会楚公子罢、许偃。癸亥，盟于宋西门之外，曰："凡晋、楚无相加戎，好恶同之，……有渝此盟，明神殛之。"（成公十二年，856页）

不过，春秋中期以后，对于誓言已经不像古代对明神那样绝对地敬守不违，而是加以种种解释。如襄公时郑人即背晋盟：

> 子孔、子蟜曰："与大国盟，口血未干而背之，可乎？"

[①] 按当时有不同的魂魄说，如乐祁云："吾闻之，哀乐而乐哀，皆丧心也。心之精爽，是谓魂魄。魂魄去之，何以能久？"（昭公二十五年，1456页）这个讲法把魂魄都解释为"心"的要素，明显是用精神解释魂魄。

子驷、子展曰:"吾盟固云'唯强是从',今楚师至,晋不我救,则楚强矣。盟誓之言,岂敢背之?且要盟无质,神弗临也。所临惟信。信者,言之瑞也,善之主也,是故临之。明神不蠲要盟,背之,可也。"(襄公九年,971页)

"要盟"即要挟之下订立的盟约,子展的意思是,前次郑国与楚国订立的盟约是在楚国的要挟下所立,而非出于双方的诚信;订立这样不诚信的盟约,神是不会降临的,也不会维护它;所以,不遵守这样的盟约,并不是欺骗明神。在这里,他还特别提出,神是代表和重视"信"和"善"的。所以,神是道德意志的体现。在这里,我们又一次看到道德因素在鬼神文化中的表现。事实上,"敬奉德义以事神人"(宣公十五年,762页),是春秋时代很普遍的观念。

二 妖灾精怪

除了帝、明神、祖先神外,这一时期仍然流行精怪、灵怪、神怪的信仰,如《左传》中载:

初,内蛇与外蛇斗于郑南门中,内蛇死,六年而厉公入。公闻之,问于申繻曰:"犹有妖乎?"对曰:"人之所忌,其气炎以取之,妖由人兴也。人无衅焉,妖不自作。人弃常,则妖兴,故有妖。"(庄公十四年,196—197页)

第四章　鬼神

由此可见,"妖"多指动物的精怪。申繻的看法值得注意,因为这是在庄公时,也就是春秋的初期。他的讲法是,妖的兴作,与"气"有关,人之气若不能胜过精怪之气,则妖就会出现,在这个意义上,他认为"妖由人兴"。而他所说的人之气,似非仅指人的身体之气,而更指社会之气,所以他说人如果抛弃了社会的、政治的、道德的常则,妖就会出现。如果人的社会能保持正常的秩序,使伦常得以保持不乱,妖就不会出现。他虽然没有否认妖的存在,但他已经有了一种人本主义的思想。

> 伯宗曰:"必伐之,狄有五罪。俊才虽多,何补焉?不祀,一也。嗜酒,二也。……夫恃才与众,亡之道也。商纣由之,故灭。天反时为灾,地反物为妖,民反德为乱,乱则妖灾生。"(宣公十五年,762—763页)

与申繻的讲法相接近,天有灾,地有妖,人有乱;而天上出现的灾,地上出现的妖,都是源于人间的乱。"民反德为乱,乱则妖灾生",社会人事失常为乱,乱就会引起天灾地妖。所以,最根本的是要维护社会的道德原则和保持社会的正常秩序。当然,在这里,似乎有某种感应的东西存在。照一般的了解,人事正常,则天地之灾可不为害;但不是说人事正常就不会出现天灾。而按照伯宗所说,天之反时,地之反物,即天时的反常和地上出现奇异的东西,与人的社会的失序似乎存在着感应的关系,"乱则妖灾生"。人事乱则妖灾生,人事昏乱是妖灾发生的根源。这就是一种感应论的讲法了。

> 八年春，石言于晋魏榆，晋侯问于师旷曰："石何故言？"对曰："石不能言，或凭焉。不然，民听滥也。抑臣又闻之曰：'作事不时，怨讟动于民，则有非言之物而言。'今宫室崇侈，民力彫尽，怨讟并作，莫保其性。石言，不亦宜乎？"于是晋侯方筑虒祁之宫，叔向曰："子野之言君子哉！君子之言，信而有征，故怨远于其身。小人之言，僭而无征，故怨咎及之……"（昭公八年，1300—1301页）

师旷认为，石头本身不会说话，如果人们传说听到石头说话，那么有两种可能，一种是有神附于其上，一种是民间流传的谣言。不过，他又补充了第三种估计，即朝廷腐败，民生凋敝，怨声载道，在这时候出现石头说话这样的怪事，难道不是很合宜的吗？在后面这种讲法里，实际上是表达或认可了一种"乱而生怪"的观念，与前面申繻的"人弃常则妖出"、伯宗的"乱则妖灾生"的思想是一致的，尽管师旷对这种现象的实在性并没有给以强势的肯定。正如叔向重视的是师旷所讲的最后一点，我们可以肯定，虽然师旷承认神灵可以附于石而言，但他更多的是把一个精怪的传言解释为一种政治昏乱情况下民怨沸腾的反映或表现，在这种解释中体现的也是那种批判性的民本主义和人本主义。这种政治民本主义支配了他的信仰，也由于这个原因，他的言论得到叔向的赞扬。这种讲法差不多成了秦汉以后政治预言的常规方式。从思维的方式上讲，师旷也表达出类似的看法，即人的社会的政治秩序和道德秩序如果被破坏，就会相应地在自然界引起一些特殊的现象，这些现象可能是超自

第四章　鬼神

然形态的,但这些现象发生的根源在社会人事的昏乱,其中最主要的是统治者的奢侈和老百姓的苦难。

在前面有关星象学的讨论中,我们的视点集中在天道的观念,所以没有涉及星神的问题,现在我们来看与星神有关的一段材料:

> 晋侯有疾,郑伯使公孙侨如晋聘,且问疾。叔向问焉,曰:"寡君之疾病,卜人曰'实沈、台骀为祟',史莫之知。敢问此何神也?"子产曰:"昔高辛氏有二子,伯曰阏伯,季曰实沈。……(尧)迁实沈于大夏,主参,唐人是因。……及成王灭唐而封大叔焉,故参为晋星。由是观之,则实沈,参神也。昔金天氏有裔子曰昧,为玄冥师,生允格、台骀。台骀能业其官,宣汾洮、障大泽,以处大原。帝用嘉之,封(台骀)诸汾川,沉、姒、蓐、黄实守其祀。今晋主汾而灭之矣。由是观之,则台骀,汾神也。抑此二者,不及君身……"(昭公元年,1217—1219 页)

晋国国君生病,郑国派公孙侨(子产)前去晋国访问并探问晋侯之病。晋臣叔向说,晋侯患病,卜人占卜后说,是实沈和台骀两个神作祟,我们晋国的史官却对这两个神毫无所知。从叔向的话可知,在晋国"卜"与"史"的职务是分开的,史官的职责之一是负责天象星辰,但晋国的史官似乎水平不高。子产回答说,传说的帝王高辛氏的儿子实沈被尧命令迁居到大夏,主祀参星;唐国服事夏,故因袭祀参星的习惯。周成王灭唐,把他的弟弟大叔封在唐地，这就是晋国；所以晋国的所在，是以参星为神的，或者说参星是晋国的星辰。而实沉是参星之神。实沉既然是晋星之神，就不会对晋侯不利。台骀是被另一个传说中的帝王金天氏封在汾水的，所以台骀是汾水之神，晋国在汾水，台骀是晋水之神，也不会害及晋侯。

子产的这些话，说明他非常博学。正如我们在前章引用郑文光关于"主辰"的解释一样，现代天文学家把"主参"解释为以参星定时节。但在春秋时代，主参更意谓主祀参星。无论如何，子产也认为星有星神，水有水神，而每一郡国所在的河川之神，此国的分野星神，都会保护此一郡国，而不会为害于它的国君。

子产接着说：

> 山川之神，则水旱疠疫之灾于是乎禜之。日月星辰之神，则雪霜风雨之不时，于是乎禜之。若君身，则亦出入、饮食、哀乐之事也，山川、星辰之神又何为焉？侨闻之，君子有四时：朝以听政，昼以访问，夕以修令，夜以安身。于是乎节宣其气，勿使有所壅闭湫底以露其体，兹心不爽，而昏乱百度。今无乃壹之，则生疾矣。侨又闻之，内官不及同姓，其生不殖；美先尽矣，则相生疾，君子是以恶之。故志曰："买妾不知其姓，则卜之。"违此二者，古之所慎也。男女辨姓，礼之大司也。今君内实有四姬焉，其无乃是也乎……（昭公元年，1220页）

第四章 鬼神

子产指出,日月星辰之神和山川之神是要祭祀的,但是不可随便祭祀,如,遇到水旱疫病之灾时才祭祀山川之神;遇到风雨雪霜不正常时才祭祀日月星辰之神。换言之,日月星辰之神只与风雨有关,山川之神只与水旱有关,这些神与君主的身体病患无关。身体的健康关键在养成好的生活习惯,有节制,有宣泄。礼制规定同姓不婚,听说晋侯内宫有四个姬姓的(与晋侯同姓)姬妾,可见其生活节制得不够,亦必是疾病的根源。子产的这个讲法中,一方面承认自然神与自然现象有关,另一方面则否认自然神对人的生命身体有影响。

再来看《国语》的一段材料,也是记述子产论晋侯之疾:

> 郑简公使公孙成子来聘,平公有疾,韩宣子赞授客馆。客问君疾,对曰:"寡君之疾久矣,上下神祇无不遍谕,而无除。今梦黄熊入于寝门,不知人杀乎,抑厉鬼邪!"子产曰:"以君之明,子为大政,其何厉之有?侨闻之,昔者鲧违帝命,殛之于羽山,化为黄熊,以入于羽渊,实为夏郊,三代举之。夫鬼神之所及,非其族类,则绍其同位,是故天子祀上帝,公侯祀百辟,自卿以下不过其族。今周室少卑,晋实继之,其或者未举夏郊邪?"(《国语》卷十四晋语八,478页)

郑简公即位于鲁襄公八年,卒于昭公十二年;晋平公当鲁襄公十六年至昭公十年;而韩宣子于鲁昭公二年将中军,至昭公二十八年卒。故知此事亦应在昭公时。公孙成子即子产。这是说,郑简公派子产到晋国访问，向韩宣子询问晋平公的病情。宣子说，国君患病很久了，天地诸神都已经拜求过，还未见好。最近又夜梦黄熊进门，不知是不是厉鬼作祟呢？依照子产的看法，厉鬼的出现与政治昏乱有关，所以他说，现在郑国的国君这么开明，又由你这样有贤德的人主持大政，怎么会有厉鬼呢？他断定，郑君之病与厉鬼无关。他又根据传说，黄熊是夏禹之父鲧的化身，故推断晋侯之病是作为鬼神的鲧没有得到夏郊的祀食所引起的。夏人"郊鲧而宗禹"，鲧是夏代郊祀的对象，殷、周为了表示对前代的尊敬，也祭祀他。现在宗周很弱，晋国是霸主，故晋国应当祭祀鲧。这无异于认为，先王祖神若未得到祭祀，就会作用于人身而使之患病。

三　"祀为贵神"

现在来看祭祀文化中的鬼神观念。《国语》载：

> 海鸟曰"爰居"，止于鲁东门之外三日。臧文仲使国人祭之。展禽曰："越哉，臧孙之为政也！夫祀，国之大节也；而节，政之所成也。故慎制祀以为国典。今无故而加典，非政之宜也。夫圣王之制祀也，法施于民则祀之，以死勤事则祀之，以劳定国则祀之，能御大灾则祀之，能扞大患则祀之。非是族也，不在祀典。
>
> 昔烈山氏之有天下也，其子曰柱，能殖百谷百蔬。夏之兴也，周弃继之。故祀以为稷。共工氏之伯九有也，其

第四章　鬼神

　　子曰后土，能平九土，故祀以为社。黄帝能成命百物，以明民共财，颛顼能修之。帝喾能序三辰以固民；尧能单均刑法以仪民，舜勤民事而野死，鲧鄣洪水而殛死，禹能以德修鲧之功，契为司徒而民辑，……稷勤百谷而山死，文王以文昭，武王去民之秽。

　　故有虞氏禘黄帝而祖颛顼，郊尧而宗舜；夏后氏禘黄帝而祖颛顼，郊鲧而宗禹；商人禘舜而祖契，郊冥而宗汤；周人禘喾而郊稷，祖文王而宗武王……凡禘、郊、祖、宗、报；此五者国之典祀也。加之以社稷山川之神，皆有功烈于民者也；及前哲令德之人，所以为明质也；及天之三辰，民所以瞻仰也；及地之五行，所以生殖也；及九州名山川泽，所以出财用也。非是，不在祀典。今海鸟至，己不知而祀之，以为国典，难以为仁且智矣。夫仁者讲功，而智者处物。无功而祀之，非仁也；不知而不能问，非智也……"（《国语》卷四鲁语上，165—170页）

展禽的话分几层，第一，他指出，西周以来，国家制祀有五个基本原则，"法施于民""以死勤事""以劳定国""能御大灾""能扞大患"，这五类人可获得国家级的祭祀。第二，然后他列举出符合这五项原则的有：柱、弃、后土、黄帝、颛顼、帝喾、尧、舜、鲧、禹、契、稷、文王、武王。第三，对这些有功德的先王的祭祀分为不同的类别和名称，主要为五种：禘、郊、祖、宗、报，不同的族群这五种祭祀的对象不同。第四，在上述国家祀典之外，国家还承认以下几种祭祀，天之三辰（日月星），地之五行（金木水火土），九州名山大河，以及其他有功有德于民的人。第五，他说明，对三辰、五行、山川的祭祀是因为它们对人民有用有益。可以看出，展禽所说的这些祭祀的对象，也就是被国家承认的神，而这些神可分为两大类，一类是社会神，一类是自然神。社会神是那些对人民有功有德的历史人物死后被尊为神，自然神即天地山川之神。从祀典的构成和重点可以明显看出文化的人文性的发展，即使在祭祀文化中也是如此。①

如果说展禽所讲代表鲁国和北方的文化观念，则我们还可以来看楚国的情况。据楚语，楚昭王元年（当鲁昭公二十七年），昭王曾与观射父有两次著名的问答，一为有关巫觋文化的问答，一为有关祭祀文化的问答。前者涉及上古宗教，我们在前书已经详为讨论。这里来看后者：

> 王问于观射父，曰："祀牲何及？"对曰："祀加于举，天子举以大牢，祀以会。诸侯举以特牛，祀以太牢。卿举以少牢，祀以特牛。大夫举以特牲，祀以少牢。士食鱼炙，祀以特牲。庶人食菜，祀以鱼。上下有序，则民不慢……夫神以精明临民者也，故求备物，不求丰大。是以先王之祀也，以一纯、二精、三牲、四时、五色、六律、七事、八种、九祭、十日、十二辰以致之……"
>
> 王曰："祀不可以已乎？"对曰："祀所以昭孝息民、抚

---

① 三辰"日月星"中的星，据《国语》韦昭注，似指分野之星，而非泛指群星。

第四章　鬼神

国家、定百姓也,不可以已。夫民气纵则底,底则滞,滞久而不振,生乃不殖。其用不从,其生不殖,不可以封。是以古者先王日祭、月享、时类、岁祀。诸侯舍日,卿、大夫舍月,士、庶人舍时。天子遍祀群神品物,诸侯祀天地、三辰及其土之山川,卿、大夫祀其礼,士、庶人不过其祖。

日月会于龙𩶣,土气含收,天明昌作,百嘉备舍,群神频行。国于是乎蒸尝,家于是乎尝祀,百姓夫妇择其令辰,奉其牺牲,敬其粢盛,絜其粪除,慎其采服,禋其酒醴,帅其子姓,从其时享,虔其宗祝,道其顺辞,以昭祀其先祖。肃肃济济,如或临之。于是乎合其州乡朋友婚姻,比尔兄弟亲戚。于是乎弭其百苟,殄其逸㦤,合其嘉好,结其亲暱,亿其上下,以申固其姓。上所以教民虔也,下所以昭事上也。

天子禘郊之事,必自射其牲。王后必自舂其粢。诸侯宗庙之事,必自射牛、刲羊、击豕,夫人必自舂其盛。况其下之人,其谁敢不战战兢兢,以事百神!天子亲舂禘郊之盛,王后亲缫其服,自公以下至于庶人,其谁敢不齐肃恭敬致力于神。民所以摄固者也,若之何其舍之也!"(《国语》卷十八楚语下,564—567页)

在这个问答的前部,观射父回答昭王关于祭祀用牲的问题,他说明依照从贵族到平民的不同阶次,应当在祭祀时食用和献祭不同的食物和牲物。他还指出"神以精明临民者也",精明是指神是一种非物质的存在，是一种精灵。在后面的大半部，是观射父回答昭王有关祭祀是否可以废止的问题。昭王的这个提问本身就具有突破性，"祀不可以已乎？"在殷商及西周时代，提出这样的问题是不可想象的，对那时的人们来说，祭祀是国之大事，重大而且神圣，根本不可能提出废止祭祀这样的问题，问这个问题本身就是对神圣信仰传统的亵渎。而在春秋后期，楚王竟然问到这样一个问题，说明当时人们对神灵和神灵祭祀的信仰已经衰落。

  观射父的回答也非常有意思，他完全不是从信仰和传统的重要性来肯定祭祀之必要，而是从祭祀的社会功能来肯定祭祀的不可废止。他从"昭孝息民、抚国家、定百姓"开始，一直谈到"合其朋友婚姻、比其兄弟亲戚""消弭百苛，殄其逸慝"，都是突出祭祀对于社会的安定团结的功能。所以，他的所有论证，一言以蔽之，就是"合其嘉好，结其亲暱，亿其上下"。这表现出，对于他而言，强调祭祀文化的整合功能，比起肯定祭祀神灵可得赐福，要来得重要。甚至，在他看来，人民的敬神也并非出于强烈的信仰，而是天子王后代表的政权力量使他们"不敢不战战兢兢以事百神"。所以，祭祀的政治功能是"上所以教民虔也，下所以昭事上也"，祭祀使统治者得以教会老百姓学习敬畏，也使老百姓得以表现他们对统治者的服从。观射父根本没有表示因为神灵的超凡能力，我们需要通过祭祀取得神灵的福佑，而是强调只有祭神敬神，社会才能整合安定。这在逻辑上等于说，重要的不在于有或没有神，或神需要不需要祭祀，而在于祭祀可为我们带来我们所需要的社会政治功能。可

第四章 鬼神

见，对现实社会及政治的关注大大压过对神界本身的关注。我们记得，与夏父无忌争辩的有司也是主张"夫祀，昭孝也，各致齐敬于其皇祖，昭孝之至也"。

秋，龙见于绛郊，魏献子问于蔡墨曰："吾闻之，虫莫知于龙，以其不生得也，谓之知，信乎？"

……对曰："夫物，物有其官，官修其方，朝夕思之。一日失职，则死及之。失官不食，官宿其业，其物乃至。若泯弃之，物乃坻伏，郁湮不育。

故有五行之官，是谓五官，实列受氏姓，封为上公，祀为贵神，社稷五祀，是尊是奉。木正曰句芒，火正曰祝融，金正曰蓐收，水正曰玄冥，土正曰后土。龙，水物也，水官弃矣，故龙不生得。不然，《周易》有之，在乾☰之姤☴，曰'潜龙勿用'。其同人☲曰'见龙在田'，其大有☲曰'飞龙在天'，其夬☱曰'亢龙有悔'，其坤☷曰见'群龙无首，吉'，坤之剥☶曰'龙战于野'。若不朝夕见，谁能物之？"

献子曰："社稷五祀，谁氏之五官也？"对曰："少皞氏有四叔，曰重，曰该，曰修，曰熙，实能金、木及水。使重为句芒，该为蓐收，修及熙为玄冥，世不失职，遂济穷桑，此其三祀也。颛顼氏有子曰犁，为祝融；共工氏有子曰句龙，为后土。此其二祀也。后土为社；稷，田正也。有烈山氏之子曰柱，为稷，自夏以上祀之；周弃亦为稷，自商以来祀之。"（昭公二十九年，1500—1504页）

魏献子问晋国太史蔡墨，听说龙是动物中最有智能的，所以人无法生擒活捕到龙，是这样吗？蔡墨说，古代有专门负责养育驯服龙的人，帝舜赐他们为豢龙氏，夏代也赐氏给他们，称为御龙氏。不仅是龙，各种动物都有人专门负责养育管理，管理每种动物的人都是子孙世代相传，他们每天与他们管理的动物相处，他们世代做好其职业，他们所负责的那种动物就会来至来归。所以，在《周易》里面有很多有关龙的叙述。然而，若他们一旦失职，就会失官失禄，甚至于死。而动物如果没有人专门负责，它们就慢慢隐伏，不再生育，这种动物也就越来越少了。御龙氏在夏代因犯了错误而迁逃，所以龙就越来越少，而不是因为龙有智能无法活捕它们。接着蔡墨又说，古代每一种事情都有一个官职负责，负责养育龙的官还不是那么重要，有些官更为重要，如负责五行的官职，分别称为金正、木正、水正、火正、土正，古代又称之为"五官"。金正又称为蓐收，火正又称为祝融，木正又称为句芒，水正又称为玄冥，土正又称为后土。古代担任这五种官的人，都是世职，他们的族也受到赐氏的待遇，他们还受封为上公，最早担任这些官职的有功者更被祀为贵神。不过后来，五官中的水官废弃了，应当由水官负责的龙也就慢慢不见了。

"五官"被祀为贵神，就变为"五祀"，其中"土正"又分为社、稷，所以合称为"社稷五祀"。最早担任句芒、蓐收、玄冥三个官的是少皞氏的儿子们，担任祝融的是颛顼氏的儿子，担任后土的是共工氏的儿子。后来尊奉和祭祀他们，他们就成为五祀之神。后土本来是土官，后来土官又分为社和稷两个，

第四章 鬼神

后土是社,为地官;稷是穀官。后来担任此官职的有功者被祀为社稷之神,如最早烈山氏之子作稷,夏代以前一直祀他为神;后来周的始祖弃做稷,商以后都祀周弃为神。

由这一段"社稷五祀,是尊是奉"的叙述,可以使我们了解社稷五祀之神的来源和形成,蔡墨的讲法和前面引述的展禽的讲法"夫圣王之制祀也,法施于民而祀之,以死勤事则祀之,以劳定国则祀之,能御大灾则祀之,能扞大患则祀之"是一致的。这几个例子中强烈的地官意识给人以十分深刻的印象。

四 宗教想象

如果把鬼神分为两种,一种是神祇,一种是鬼魂,则可以展开不同的分析。我们先来看鬼神的形象。

首先,梦见鬼神是否可以成为论述鬼神信仰的例证?回答并不是否定的。因为,梦中所见正是出于平日的信仰、想象和意识。在《伊利亚特》中,普特洛克勒斯的幽灵托梦给阿基里斯,梦中"他的身长、服饰和那双秀丽的眼睛正是他本人的形象"[1]。所以梦中的鬼神形象反映了人们平时对鬼神形象的想象。

其次是关于鬼神形象的人兽合体特性。事实上,把神灵想象为人兽合体的形象,在古代神话中相当普遍。"即便在那些作为神话原始本质的形象中,在那些直接、具体地体现神话特殊

---

[1] 卡西尔:《神话思维》,179页。

品格的形象中，也绝没有把人和野兽分开。"在埃及宗教中，诸神通常直接呈现为动物的形态，如牛代表上天，雀鹰代表太阳，鹮代表月亮，豺代表死神，鳄鱼代表水神。在古印度的吠陀中，神的形象虽然以"拟人"为主，但"拟兽"功能亦同时并存，即使那些具有清晰的人形的诸神，他们与动物仍然具有亲缘关系，而且常常在人兽之间变形。① "在古希腊宗教里，阿卡狄亚人的主神表现成马、熊或狼，谷神和海神长着马头，牧神是山羊之躯。荷马史诗就是从阿卡狄亚人那里汲取这种观念的。"②有些神是从色雷斯传入希腊，如希腊人崇拜的半人半兽的森林之神，半人半山羊的酒神狄奥尼索斯，据说就是色雷斯的麦酒之神。希腊人的信仰中糅合了这些周边的神灵信仰，而形成为有系统的多神信仰体系。③ 直到雅典的希腊雕塑才迈出关键一步，在塑造完美人形的过程中，人性化和个体化被实现出来。

在中国古代，鬼神有多种形象，人死为鬼，但其形象仍然是人形，特别是祖神。不过即使是祖神，也会变形为兽形，如鲧化为黄熊。当然，祖神会变形为哪一种兽形，可能与族群的图腾传统有关，而无论如何，人兽合体的神灵形象，在古代绝不是对神的亵渎，它既是古代关于人兽神存在的连续性的意识的体现，也表现了当时人对神的敬畏。神的形象的完全人格化和人性化，是人本意识在宗教中成长发展以后的表现。以动物形象直接存在的鬼神（包括精怪）在中国古代也可见到，如海

---

① 引文及论述参看卡西尔《神话思维》，214 页。
② 同上书，215 页。
③ 参看李天祜《古代希腊史》，兰州大学出版社，1991 年，357 页。

第四章　鬼神

鸟等。此外，有一部分自然神的形象非人非兽，它们保持自然物的原有形象，如山、水，甚至天，这些自然神在形态上同于自然实体，但这种自然实体的形象已成为此神的外表，在这个意义上，它有自然物的形体，但已经不是自然物了。如卡西尔所说，"基于原始的想象里，人们相信有许多自然精灵居住在田野、草原、灌木丛和森林里。在树叶沙沙声、风的瑟瑟声和咆哮声、阳光的照射和闪耀以及无数难以描绘的声音之中的森林生命，最初对神话意识来说，成了住在树林中的无数自然精灵的直接表现"[1]。而扬弃这种意识，追求自然神的人格化，则需要一个很长的过程。

鬼与一般所谓灵魂应有所区别。鬼不仅是精神的存在，可以说是人的整体存在的继续。而灵魂只是人死后心灵部分的继续。不过，即使是灵魂观念，也并非一开始就是精神性的。在原始文化时代，灵魂可能呈现为意识客观的存在，如同我们能感触的任何物质实体一样。灵魂的观念经过逐步的发展，才获得完全的精神意义，成为精神的一种特殊表现。[2] 而鬼从来没有摆脱物质性，且不说鬼后来总是被想象为人体阴阳之气的散而未尽的残余，仅从它们需要祭祀的物品就可以了解这一点。对神灵的祭祀，不管是玉器或食物或女性，都认定神灵本身仍然是完全的实在，它们不仅在形式的特征而且在感觉和肉体需要方面同活人没有根本的分别。所以卡西尔认为，表面上赋予超越物质存在和变化的所有力量的灵魂，实际上仅仅被牢固地

---

[1] 卡西尔.《神话思维》，221页。
[2] 同上书，175页。

限制在物质存在及其命运的范围内,"对神话而言,死亡不再是存在的冥灭,而只是通向存在的另一种形式"。在这里,死者仍然"存在",这种存在能被看到,并且只有用物质术语才能加以描述。即使不像活人那样,死者表现为一种没活力的幽灵,这个幽灵本身仍然是完全的实在。幽灵不仅在形象与特征方面,而且在它的感觉和肉体需要方面,同活人相似。①

中国古代所谓"鬼",正是这样的"被赋予确定的感性存在和活动的真实力量","甚至,灵魂也具有一种物质实在和物质形式","即使生命形式超越它的肉体存在,这种形式也只不过是感觉的现世生命的简单延伸。灵魂及其整个存在,他的冲动和需要,都仍然指向并限制于物质世界内"。② 所以,虽然人们总是尽量从与肉体不同的(甚至相反的)特性来定义鬼神或亡灵,但生命的一体性的连续性的不自觉意识,使得鬼神与物质世界、与生人世界仍有着不绝的关联。

西周至春秋的神灵信仰,还可以与同时的希腊宗教和神话做一对比,因为同时代的希腊也处在从宗教意识到人文化的过程。在《伊利亚特》与《奥德赛》中,希腊人已经超越了原始崇拜中的种种动物的行为,抛弃了那些可怕的崇拜仪式;荷马的著作中没有提到巫术的话,说明当时希腊人在精神上已经取得了超越原始宗教的进步。③ 然而希腊的荷马时代,神道甚多,崇拜五花八门。希腊人固然以奥林匹斯神族(Olympus)为最

---

① 卡西尔:《神话思维》,178—179页。
② 同上书,180页。
③ 参看汉密尔顿《希腊方式——通向西方文明的源流》,250页。

第四章 鬼神

著名，其中又以宙斯（Zeus）为天帝、以雅典娜（Athena）和阿波罗（Apollo）为最引人注目，但是希腊信仰在奥林匹斯诸神之外，还崇拜许多当地的神祇，而这些当地神祇并不是天神宙斯的臣属。① 希腊各城邦相当分散，整个希腊一方面对奥林匹斯的诸神礼敬崇拜，另一方面部族、城市各有自己的神祇，家庭亦有家神。在壁炉里为家神燃烧不熄的圣火，餐前酒后奉祀神灵，是希腊家庭的基本习俗。在城市，最为中心的地方是神殿的所在，参加祀神是公民的象征、权利和要求。"当本城出战时，要将神的形象和标志置于部队的先头，除非先经过祭神仪式祈求神的指导，决不采取主要步骤，结果，神也为本城而战。……胜利不仅是一个城征服另一个城，也是一个神征服另一个神，每个城市也和家庭部族一样，在庙堂的公共祭坛上燃烧着永恒的圣火，以象征本城建立者和英雄们的神秘能力与永久生命。"②

希腊的宗教信仰是多神论与单一神教的混合。由于各邦独立地获得解放，所以希腊的宗教想象包容了丰富的神话和无数万神殿。于是地方或天下的每一个力量，每一种使人幸福或恐惧的因素，每种人类的品质，都被人格化而成为神祇。神祇固多采用人的形象，但世界上没有任何宗教像希腊这样人神同体的。在希腊，每种手艺、职业和艺术都有其神圣的守护神，此外还有恶魔、女鸟怪（首及身似女人而翼与尾像鸟类）、小仙女、女魔、女妖、山泽林泉之女神等，其数目之多，几可与地

---

① 参看杜兰《希腊的兴起》，240 页。
② 同上书，250 页。

上人类相比。① 如果用人为的方法将希腊的这些无数神祇分为组类，可分为七类：天神、地神、生殖神、动物神、地下神、祖先与英雄神、奥林匹斯诸神。事实上，商周的多神信仰也是把各地方部族的崇拜整合而成。

如学者所指出，希腊神话世称之为神话，最大的原因是希腊宗教没有经典，没有主教；而各庙宇的祭司只管祭祀和乩示之事，不管说教。神史的编述属于诗人，神学的讨论属于哲学家。于是宗教实践和神话思维分为两橛。所以，就神话呈现了希腊人的宗教想象这一点来说，有人甚至说"希腊的宗教是由诗人、艺术家和哲学家们发展起来的"②。

从神话提供的宗教想象来看，希腊神话也是从原始意识中发展起来的："宗教的原始时期，总有些怪异的东西，牛首蛇身的形象，食人兽婚的行事，种种恐怖，在希腊本亦不能免。但经了诗人的手，渐渐以改观，或转为美化"，"宗教里有些恐怖，希腊神话诗人们给我们除去，转化为美与笑"。③ 不过，虽然希腊神话除去了原始的怪异和恐怖，但这里不等于希腊神话完全呈现神圣与崇高。反而，希腊神话的特征是，人所具有的神无不具有，神有人的一切缺点。如劳斯所说："许多希腊的故事是美丽的，但并不完全都如此。他们似乎是说众神从野蛮里起来，正如人类一样，逐渐学会了善与崇高。"希腊的神与基督教的神不同，"希腊人以为这世界是被一群人所治理，这群人与别的一

---

① 参看杜兰《希腊的兴起》，250 页。
② 汉密尔顿：《希腊方式》，247 页。
③ 劳斯：《希腊的神与英雄》，文化生活出版社，1955 年，312、314 页。

第四章 鬼神

般人间世相似,只是那些人有着与凡人不同的能力,那些首领很有力量,最小者也有比人大的力量。他们有爱憎,互相斗争,像人一样。他们也像人一样还要打仗,也有帝王朝代前后更易。"① 如许多宗教和人文学者指出过的一样,汉密尔顿说:"希腊的神明自然是荷马所叙述的奥林匹斯山上的神,和《伊利亚特》中欢乐的神明。这些神坐在宴会的桌子前面,欢乐声震天动地。这样的聚会当然不能说是宗教的集会,这些神明同世界上的人们打交道,往往玩弄阴谋诡计。有时候,他们像一群叛逆的臣民,有时候像一群顽皮的儿童,只因为宙斯的一再恐吓,才勉强维持了秩序。荷马的叙述说起来饶有兴味,但它不能给人以教诲,不能使人得到教益。"② 希腊神话更像童话,"在极其重要的宗教领域中,希腊人是天真的,姑且不说是幼稚的。尽管在希腊所取得的成就面前,这种说法看起来十分荒唐"③。其实这并不奇怪,希腊的神话本质上是一种文学的建构方式,它取用了若干信仰世界的素材来叙述故事,宗教的敬畏与善不是它的目的。古代希腊的神话,一方面延续和接纳了较原始的地方性多神崇拜;在另一方面,则在荷马之后,发展了人格化、人性化的诸神,走完了希腊人自己独特的自我实现的道路。

---

① 汉密尔顿:《希腊方式》,引言。
② 同上书,246页。
③ 同上。

五　神话思维

现在我们来讨论有关"神话的历史化"与"人文神话"的问题。

宗教观念和神话一样，随着文明的发展，在知识阶层的表达中，宗教因素渐渐减少。而在一般大众的意识中，宗教因素仍然顽强保留。在同一个文化中，这两种趋势往往交互作用，从而，在个人意识中，体现为不同的比例。这在神谱的表现上特别明显。

春秋时代神灵信仰一个最突出的特色是，神谱中占首要和主导地位的不再是自然神，而是历史人物神灵化的诸神。观射父答楚王的话最能表现出这一变化。有学者指出，中国上古神话经历了三个阶段：第一阶段是自然性神话，即以描述自然现象为主的神话；第二阶段是自然社会性神话，以描述英雄之神与大自然的斗争为主；第三阶段是社会性神话，以描述社会的生活、斗争为主。[1] 在第三阶段，祖先神已经成为至高无上的神，它们有的又充当了自然物的化身，有的作为部族国家的名号，它们成了人们祭祀的首要对象。[2]

祭祀的神谱（祀谱）与神话不同，但祀谱与神话的发展有同步的现象。神谱的历史化符合西周以来文化发展的趋势，也从一个侧面反映了这个趋势。把历史人物和历史故实神话化，

---

[1]　刘城淮：《中国上古神话》，上海文艺出版社，1988年，16—21页。
[2]　同上书，23页。

第四章　鬼神

在希腊亦自有之。在本章前述的以黄帝为首的禘祖宗郊系统，就其内容而言，乃是祭祀的神谱，西周春秋时代我们看不到在这个神谱的框架中包含神话的内容。因此，祭祀的神谱对于我们，它所表达的是历史人物的神灵化。自然，与这些历史人物有关的事迹也会传说化、神话化，而这些都是以历史人物的神灵化为前提，由历史人物的神灵化所衍生出来的。

茅盾曾说过，传说常常被混称为神话，其实神话自神话，传说自传说，二者并非一物。神话所叙述的，是神或半神的超人所行之事；传说所叙述的，则为一民族的古代英雄所行之事，而此类英雄往往为此民族的祖先或最古的帝王。传说中的英雄故事多属编造，但在原始人的眼中这些英雄并不是主宰自然的神，而是他们的祖先或开国首领。[①] 按照这个讲法，古史记载如《左传》中的那些素材，无疑地，更多的是作为传说而流传的。但是，神话研究的方法，神话本身的演化，可以为我们提供文化思考的参照。所以，虽然我们在这里并不研究中国古代神话，但通过考察那些与神话有关的素材，参照神话研究的范畴和方法，可以帮助我们进一步认识春秋时代的信仰情态。如文化英雄是人文因素在神话中的反映，但在中国更反映在祀谱中。在西周春秋祀谱中的显赫人物，作为神，它们既不是古老的自然神灵，也不是自然神灵人格化所派生出来的；而是历史人物被神灵化，它们既保佑着历史，也兼任自然神。像阏伯、实沉，就是历史人物因死后被尊奉而为神，它们既福佑分野的

---

① 参看茅盾《神话研究》，百花文艺出版社，1981年，50页。

下土,也同时是星神。在神话起源上,就是所谓历史的神话化。神话起源上的历史神话化,和神话解读上的神话历史化,是相辅相成的。

另一方面是神话的历史化,即把神话都解读为历史。神话的历史化在各民族中很为常见。古希腊有所谓历史学派,公元前316年,希腊有欧赫美尔(Euhemerus),他认为民族的神话就是该民族最古代历史的影写。如认为希腊神话中众神之王宙斯其实是克里特(Crete)的国王,普罗米修斯和亚特拉斯是希腊古代的陶工和天文家。[1] 这种说法亦非没有根据,因为像《伊利亚特》史诗所载就是一幅希腊民族立国史的写照。更早如希罗多德也认为是如此。但是,后来欧赫美尔的弟子们把希腊的神都解释为历史人物,神话历史化的方法就走向反面了。在中国,女娲神话本来是开辟神话,女娲是自然力的象征,但后来乃以之为古代的帝皇,便属历史化了。不过,也不能因为在中国后来的历史叙述中有把神话人物当成历史人物的例子,就反过来认为中国古史叙述的历史都是由神话而来。特别是,像女娲的出现和历史化,还都是比较晚(汉代)的事情。我们没有证据说明《左传》《国语》记载的传说是古人把上古神话历史化的结果。

在大林太良的著作中指出,欧赫美尔主义对神话中的神祇皆作合理性的解释,认为神祇是原来立下丰功伟绩的人,这种观点在希罗多德(前484—前425)和柏拉图(前427—前347)的著作中也有反映。在欧赫美尔看来,"神"就是死后被人崇拜

---

[1] 参看茅盾《神话研究》,158页。

第四章　鬼神

的英雄，而"神话"则是这种神的事迹的记录。① 现代历史学家也吸收了历史化中的合理说法，如杜兰指出的，"现代通常认为这些以及当时的其他英雄人物是纯粹神话的人物，后来的希腊人，在批评他们过去的有关记录时，毫无疑问地认为这些都是历史上的人物，他们事实上统治过 Argos 和其他王国。在经过一段极端怀疑的时期之后，许多现代的批评家又回复到希腊人的看法"，而这些看法就是"这些故事里的英雄就像他们所活动的那些地理环境一样都是千真万确的"。② 这种对神的意识的起源的了解，与中国古代神谱的诸神是相当符合的。春秋时代的人们认为，被他们尊奉为神的对象，本来是历史上存在的人物，死后才成为神。虽然，他们没有说明为什么一个人死后被尊为神，他就变成了神；或者如果他死后自己就变为神，为什么不是每个人都能自己死后为神；但是他们认定这些神原来曾经是人，这一点是没有疑义的。

19 世纪后半叶出现了自然神话派，如昆（1812—1881）和米勒（1823—1900），在他们看来，神话的原初现象是暴风雨，认为几乎所有的印欧神话都是把这种自然现象加以神话化的结果。然而，这种看法受到了兰格等人的严厉批评，这些批评中值得注意的一点是，他们指出，自然神话派由于一元论地看待神话主题，从而认定神话只是自然现象的反映，以致无视人文神话的存在。③ 这就把神话区分为"自然神话"和"人文神

---

① 参看大林太良《神话学入门》，中国民间文艺出版社，1988 年，4 页。
② 杜兰：《希腊的兴起》，世界文明史卷二，55 页。
③ 同上书，10 页。

话"。后者被卡西尔称为"文化神话"。

德国民族学家卡尔·施米茨提出,每个民族文化必须借助神话世界解答三个基本问题,即:是谁用什么方法创造了世界?是谁用什么方法创造了人类?是谁用什么方法创造了文化?① 其实,在希腊神话中也并不是回答谁创造世界和谁创造人类的问题。同时,就第三个问题来看,前哲学时代的回答也并不一定"借助神话世界"。当然这里的"神话世界"可以广义地理解为"宗教—神话的叙述"。

施米茨可以把这三个问题作为神话的基本主题,但显然并不是每个民族的神话都普遍地追求对这三个问题的解答。不过,他把创造文化作为神话叙述的基本问题之一,无疑是正确的。有关文化的创造的叙述,在各国的古代神话里的确是一重要的部分。伊利亚德指出:"被荷马和赫西俄德这些诗人,以及印度《摩诃婆罗多》的无名吟诵诗人神圣化了的作品,或者说像在埃及、印度和美索不达米亚那样,被精通礼仪的人们和神学家们精心雕琢的神话体系都逐步倾向于表现众神的勋业。而且在历史上的某一瞬间,尤其在希腊、印度和埃及等国,其优秀分子失去了对神圣历史的兴趣,就像在希腊那样,他们已经不相信神话而主张相信众神。"② 这里与"众神"相对的"神话"应当是指创生神话,而这里的"众神的勋业"是指众神在社会、文化方面的事迹。大林太良也认为,关于世系的神话在文化发达

---

① 参看大林太良《神话学入门》,46页。
② 同上书,83页。

第四章 鬼神

的民族更为发展。① 如果说世界神话在轴心时代就有这样一个发展趋向的话，那么，中国文化的发展在本质上与这一趋向是相同的。但在中国，重视文化创造业绩的趋向并非通过神话的叙述变化来表达，而是通过祀谱的构造来表达，祀谱中包含着文化创造和世代系谱。

很显然，文化英雄与至上神不同，在起源上文化英雄往往是部族的始祖。在神话中，文化英雄人物与世界的关系与至上神不同，文化英雄不创造世界，而以世界已经存在为前提，他们是把各种新的创造和发明带给人世间。文化英雄的创造活动并不是创造自然的万物，与创造神的全面创造行为迥然不同。②

卡西尔把一个文化英雄的神话叙述称为"文化神话"。他说：

> 神话意识从纯自然神话向文化神话的发展，最清楚不过地显示出这个进程的内涵。这里对源头的探究愈来愈从物的领域转向特定的人的领域。神话式的因果关系的形式与其说有助于解释世界或其中之特殊客体的起源，不如说有助于说明人类文化成就的起源。③

与伊利亚德一样，卡西尔也认为神话的探究在古代的发展中有一个变化，那就是"转向特定的人的领域"，转向"说明人类文化成就的起源"。在早期文化发展时代，人们认为火、工

---

① 参看大林太良《神话学入门》，81页。
② 同上书，89页。
③ 卡西尔：《神话思维》，224页。

具、医药、文字的发明不是靠人的力量和智能创造出来的，而是神灵赐给人们的赠品。文明被看作从神灵手中接受来的东西，而不是人所创造的产物。但文化神话中的文化英雄，作为人的力量的一种投射，已经不是纯粹自然的力量，已经在一定程度上体现了人类的自我意识的自我力量的确信。"是正在觉醒的文化自我意识的具体的神话表现。"①

马伯乐1924年发表了《书经里的神话和传说》一文，认为中国历史记载中关于尧舜及其臣子的事迹实际上是上古创造神话的历史化。这就是说，中国上古先有一套创世神话，而后来的史官则把这些神话的主人公说成为古代的帝王臣子。于是中国人就相信这些人真的在历史上实有其人其事。高本汉40年代《中国古代的传说和宗教》一文则认为，中国早期文献中的那些神话性格的英雄人物原来是王族的祖先，后来被神话化了。高本汉的说法曾遭到反驳，但如果把问题限制在文化神话，把所谓王族祖先理解为部落祖先，那么高本汉的主张其实是合理的，特别对于春秋时代人们的传说和神话而言是如此。

早期中国古文献，对于那些具有神话色彩的人物，只是留给我们一个系谱，而没有完整的故事情节。但真正的神话一定要有故事，而且神话的故事是以幻想的方式呈现的。中国古代如春秋时代的帝王传说中，虽然有些许神话的色彩，但大部分是以一种忠于现实的方法叙述的。早期文献中也有不少恶鬼饿鬼作祟的故事以及超自然灵兆的记录，可是却没有那种神在一

---

① 卡西尔：《神话思维》，225页。

第四章 鬼神

个他们自己的世界互相发生关系的神话。相反的是有大量神人交混的故事,但是他们出现在历史文献和历史传说里,神像人一样在真实的地上相互发生关系,而且都有世系可寻。[1]

卡西尔曾经依据穆雷的研究,把希腊宗教的发展分为三个阶段。第一个阶段是原始人的时代,生命一体化的感情和神话思维占主导地位,人与自然、动物有亲缘的关系,流行动物崇拜和图腾信仰。第二个阶段为"奥林匹斯的征服"时代,生命的一体化的情感让位于对人的个体性的特有意识。人在人格化的诸神中开始以一种新的眼光看待自己的人格,这种过程在最高的神——奥林匹斯山的宙斯——的发展中可以清楚地看到:甚至连宙斯本来也是一个自然神,一个被尊为居于山顶司掌云雨雷电的神。但是渐渐地他呈现出了一种新的形态,宙斯成了正义的监护人。[2] 正如穆雷所说,荷马的宗教是希腊人自我实现的一个步骤。荷马的诸神在精神上和形态上都像人,只是大得无可相比。因此,人化的诸神是希腊人文主义发展的特殊方式。在这种人格化的神话中,人自己发现了自己。到第三阶段,"旧的诸神——荷马和赫西俄德的诸神开始消亡,关于这些神的流行的概念受到激烈的攻击,一种由个别的人们所形成的新的宗教理想产生了,伟大的诗人和伟大的思想家们——埃斯库罗斯、欧里庇德斯、色诺芬、赫拉克利特、阿那克萨哥拉——创

---

[1] 参看艾兰《龟之谜——商代神话、祭祀、艺术和宇宙观的研究》,四川人民出版社,1992年,7、57页。

[2] 卡西尔:《人论》,上海译文出版社,1985年,117页。

造了各种新的智能和道德标准。"① 卡西尔这里所说的，正是希腊的前哲学时代，与我们关注的时代正相符合。

当然，在实际的文化发展中，神话—宗教的各个阶段并非截然清晰地分别开来，在历史上我们看到的，更多的是重叠消长。如与荷马宗教同时的还有希腊地方的崇拜，在埃斯库罗斯和色诺芬的时代仍然有诸神的信仰。因此，以中国文明的情形而言，商代的上层宗教已经不是动物崇拜和图腾信仰，而表现为一种多神教的信仰，与早期希腊相当。不同之处是希腊人更加以无与伦比的艺术化想象，使神谱都附有浪漫的故事。礼乐文化自西周建立到春秋的展开，相当于后神话时代，但充满了理性与神性的较量和紧张。中国文明的人文化不是通过神话人物的人性化来实现，人的自我确证是通过消解神灵信仰和减降神灵地位，突出民、人、德的重要性而得以实现，从而把礼乐文化本有的人文化气质更加发展起来。

---

① 卡西尔：《人论》，116 页。

第五章　祭祀

> 祭如在，祭神如神在。
> ——孔子《论语·八佾》

上一章叙述了春秋时代鬼神信仰本身的一些变化，其中也涉及祭祀行为。本章继续上章的讨论，而着重于考察祭祀文化中的新的观念因素，进一步凸显理性与信仰之间的紧张和冲突，以便更加清楚地呈现出春秋时代文化与观念的变迁。

一　诛祝焚巫

祝史是这一时代传统文化与制度的传袭代表，祝史之职虽然都与祭祀有关，但比较起来，我们可以说，前面三章揭示的文化冲突，更多是对于"史"而言，而上章和本章所揭示的观念变化，则主要是对"祝"而言。春秋时代，我们已经开始看到祭祀文化的衰落，而祭祀文化的代表，即是祝史。《左传》载：

> 齐侯疥，遂痁，期而不瘳。诸侯之宾问疾者多在。梁丘据与裔款言于公曰："吾事鬼神丰，于先君有加矣。今君疾病，为诸侯忧，是祝、史之罪也。诸侯不知，其谓我不敬，君盍诛于祝固、史嚚以辞宾？"公说，告晏子。
>
> 晏子曰："日宋之盟，屈建问范会之德于赵武，赵武曰：'夫子之家事治；言于晋国，竭情无私。其祝、史祭祀，陈信不愧；其家事无猜，其祝、史不祈。'建以语康王，康王曰：'神、人无怨，宜夫子之光辅五君，以为诸侯主也。'"公曰："据与款谓寡人能事鬼神，故欲诛于祝、史。子称是语，何故？"
>
> 对曰："若有德之君，外内不废，上下无怨，动无违事，其祝史荐信，无愧心矣。是以鬼神用飨，国受其福，祝史与焉。其所以蕃祉老寿者，为信君使也，其言忠信于鬼神。其适遇淫君，外内颇邪，上下怨疾；动作辟违，从欲厌私；高台深池，撞钟舞女；斩刈民力，输掠其聚；以成其违，不恤后人，暴虐淫从；肆行非度，无所还忌；不思谤讟，不惮鬼神。神怒民痛，无悛于心。其祝、史荐信，是言罪也。其盖失数美，是矫诬也。进退无辞，则虚以求媚，是以鬼神不飨其国以祸之，祝、史与焉。所以夭昏孤疾者，为暴君使也。其言僭嫚于鬼神。"

第五章　祭祀

> 公曰："然则若之何？"对曰："不可为也。……征敛无度，宫室日更，淫乐不违；内宠之妾，肆夺于市；外宠之臣，僭令于鄙；私欲养求，不给则应。民人苦病，夫妇皆诅。祝有益也，诅亦有损。聊、摄以东，姑、尤以西，其为人也多矣。虽其善祝，岂能胜亿兆人之诅？君若欲诛于祝、史，修德而后可。"公说，使有司宽政，毁关，去禁，薄敛，已责。（昭公二十年，1415—1418 页）

齐国国君患病，有大臣认为，齐国对神灵的献祭一向都很丰厚，现在国君患病，应归罪于负责神事的祝史，故应当杀祝史。齐侯赞成，晏子反对。从这一段记事来看，首先，当时一般流行的观念认为，疾病来自神，对神不敬或祭祀不足，神就会降病于人身。其次，祝史是负责祭祀和奉事鬼神的职官，鬼神如不满意，祝史应负其责。古代祝史地位甚高，是君主统治所特别依赖的神职官员。然而，在这个例子中，君主甚至可以诛杀祝史以谢鬼神。这显示出，春秋时期的君权上升和祝史地位的下降，祝史已经到了常常面临杀头危险的境地。而祝史地位的下降，乃是政治理性化和文化理性化的一个结果。因此这个例子中祝史的遭遇，不仅是对某些祝史个人事神能力的否定，也显示出在社会文化的发展过程中，祝史之官代表的事神之业的神圣性已经衰减，事神之事和事神之官不再像以前那样被看重。神的领域的神圣光芒渐渐黯淡。

　　互为因果地，相对于神本思想的衰落，人本理性明显升扬。晏子在孔子稍前，他的思想足以代表春秋后期（孔子以前）知识人的看法。按照他的说法,神对于人世及君主的态度,并不是取决于祭献给鬼神的物品是否丰厚,而是取决于政治是否清明,上下是否和睦。如果君主淫虐无道,掠民害民,整个社会臣怨民疾,则会导致"神怒";此时无论祭品如何丰厚,鬼神都会拒绝享用祭祀的物品,而祸害于此国,所谓"是以鬼神不飨其国以祸之"。在这里,晏子并没有否定"神可福国,亦可祸国"的宗教观念,但是他强调,神不是喜怒无常的超自然实体,神的意志是以道德和民生为标准,因此,神的作为决定于"民"与"德",而不是由祭祀行为来决定的。从整个观念来看,祭祀只是一种形式之文,政治的根本在于敬德和保民。西周以来的敬德保民的政治思想在这里明白无疑地对祭祀文化占了上风。这使得"神"的内涵更多地成为人世道德原则的化身,鬼神以人世的道德意志为意志,鬼神并没有自己独特的意志。

在祝史的问题上,他还认为,如果淫君败德,上下怨疾,而君主却要祝史对神掩盖君主的过失,以虚假的言辞求媚于神,就是对神欺骗,则君主与祝史都有罪过。晏子指出,神不仅听取和接受祝史和祝祷,也听取和接受万民的控诉和诅怨,而一两个祝史的祝祷不可能胜过亿万民人的诅怨。这就从另一个方面强调了民本的立场。晏子虽然没有从根本上反对神灵祭祀,但他对政治和祭祀的关系的看法无疑是以民本的政治理性为基础的。

来看晏子另一则故事:

> 齐有彗星,齐侯使禳之。晏子曰:"无益也,只取诬

第五章 祭祀

焉。天道不谄,不贰其命,若之何禳之?且天之有彗也,以除秽也。君无秽德,又何禳焉?若德之秽,禳之何损?诗曰:'惟此文王,小心翼翼。昭事上帝,聿怀多福。厥德不回,以受方国。'君无违德,方国将至,何患于彗?诗曰:'我无所监,夏后及商。用乱之故,民卒流亡。'若德回乱,民将流亡,祝史之为,无能补也。"(昭公二十六年,1479—1480页)

这又是一个有关修德与祭祀冲突的例子。本年齐国出现彗星,习俗上认为彗星出现往往预示将有灾祸出现,所以齐侯要祝史禳祭之,以消除灾祸。晏子则反对,他认为,照传统的说法,彗星出现意味着将有灾害,那就无异于说天命已经决定了;而天命又是不会改变的,因此祭祀对于影响天命是没有用处的。在他自己看来,彗星出现,是"除秽"的象征,也就是因为人世有秽邪需要去除;如果君主德行有秽,那么彗星的出现不是禳祭可以阻止的。而如果君主没有乱德,那又何患于彗星,又何必进行禳祭呢?另一方面,若君主乱德,人民将会逃亡,祝史的祭祀也无法阻止这种逃亡。所以,晏子是主张以修德改政来防避灾害,反对用祭祀来对应星象的变异。在这里,如同前例一样,晏子并没有否定星象学本身,如他也认为"彗以除秽",这是他所在时代的知识限制。但是在彗星出现时,他所主张的措施完全从政治过程本身考虑,摆脱了祭祀文化的局限,而其修德利民的主张正是体现了前儒家的特色。

定公四年,在晋国举行诸侯之会,卫国的子行敬子要卫灵公带能言善辞的祝佗去参加，祝佗即大祝子鱼：

> 子鱼辞，曰："臣展四体，以率旧职，犹惧不给而烦刑书。若又共二，徼大罪也。且夫祝，社稷之常隶也。社稷不动，祝不出竟，官之制也。君以军行，祓社、衅鼓，祝奉以从，于是乎出竟。若嘉好之事，君行师从，卿行旅从，臣无事焉。"（定公四年，1535 页）

杜注：隶，贱臣。子鱼说祝是社稷之隶，这也说明，春秋后期祝官的地位已经下降，标志着神事、事神在当时的文化—制度体系中地位的下降。

现在来看有关巫尪地位的变化。与上节所说的诛祝史相类似，鲁僖公时也有焚巫尪的例子：

> 夏，大旱，公欲焚巫、尪。臧文仲曰："非旱备也。修城郭、贬食、省用、务穑、劝分，此其务也。巫、尪何为？天欲杀之，则如勿生；若能为旱，焚之滋甚。"公从之。是岁也，饥而不害。（僖公二十一年，390—391 页）

巫尪也是事神之职，遭逢旱灾而焚巫尪，这大概是一个有古远来源的风俗。[①] 所以即使在鲁国这样的礼乐之国，也没有人认

---

① 杨伯峻说，甲骨文有一字，像人交股于火上，疑焚人求雨之俗起源甚早。参看《春秋左传注》，390 页。又可参看裘锡圭《论卜辞的焚巫尪与作土龙》，载《甲骨文与殷商史》，1983 年。

第五章 祭祀

为这是不合礼制的。究竟为什么逢旱要焚烧巫尪，旧说往往不同。照臧文仲的讲法，当时人们认为巫尪能为旱；而照后人所注，以为尪有生理缺陷，总是面向上，上天可怜他们，怕雨水落入他们的鼻中，所以不让下雨。① 按《礼记》的讲法：

> 岁旱，穆公召县子而问然，曰："天久不雨，吾欲暴尪，而奚若？"曰："天久不雨，而暴人之疾子，虐，毋乃不可与？""然则吾欲暴巫，而奚若？"曰："天则不雨，而望之愚妇人，于以求之，毋乃已疏乎？"（《礼记》檀弓下）

鲁穆公与子思同时，当在战国初期。这里是说，巫是愚妇人，尪是有疾病的男人。但这只是讲巫尪的生理特征，而未能指明巫尪的职业技能。《荀子》中说"知其吉凶妖祥伛巫跛击（覡）之事也"（王制），"譬之是犹伛巫跛匡（尪）大自以为有知也"（正论），可见巫尪是有残疾者，但皆以"知吉凶妖祥"为所能。这两个材料虽然在战国，但对巫尪的理解应当与春秋后期相同。

根据《左传》的记述，僖公认为巫尪能为旱，所以要焚巫尪以救旱。臧文仲则说，如果巫尪真的能引起旱灾，那么在焚烧他们的时候，他们会使旱灾更加严重。事实上，臧文仲是不相信巫尪为旱的，所以他强调，防备旱灾最根本也最有效的是人事为本，修城郭，省食用，务稼穑。可见，臧文仲是用务实的地官意识来抗衡神秘的天官传统。

---

① 杨伯峻注引杜预之说："瘠病之人，其面上向，俗谓天哀其病，恐雨入其鼻，故为之旱，是以公欲焚之。"（《春秋左传注》，390页）

二 "吉凶由人"

现在来讨论人神关系在春秋时代的知识人观念中的变化。先看几个例子：

> 郑大水，龙斗于时门之外洧渊，国人请为禜焉。子产弗许，曰："我斗，龙不我觌也；龙斗，我独何觌焉？禳之，则彼其室也。吾无求于龙，龙亦无求于我。"乃止也。（昭公十九年，1405页）

龙斗于郑国城南门的潭中，国人以为怪，故请求禳祭以去之。子产说，人世的争斗龙从不参与，龙的争斗我们何必去参与；水潭是其居住之所，难道要用禳祭使它们离开其住所吗？他最后表示，龙与人各不相干。可见子产的人事理性主义把人事归人事，把不属于人事的领域与人事领域分开，他对祭祀的态度相当理性。

> 初，昭王有疾，卜曰："河为祟。"王弗祭。大夫请祭诸郊。王曰："三代命祀，祭不越望。江、汉、雎、漳，楚之望也。祸福之至，不是过也。不穀虽不德，河非所获罪也。"遂弗祭。孔子曰："楚昭王知大道矣。其不失国也，宜哉……"（哀公六年，1636页）

第五章 祭祀

虽然昭王拒绝祭祀河神的理由之一是"三代命祀，祭不过望"（即诸侯国不能超越自己的地望去祭神，河神是指黄河之神，不在楚国望内），但他实际上主要是自信其行为没有理由得罪于黄河之神，如果有福祸将来，那也顺其自然。这些都体现了当时有识之士不信占卜，不重祭祀，不信神能致病，而注重自己的行为和观念。宜乎孔子称赞其"知道"。

昭王的另一件事也发生在哀公六年：

> 是岁也，有云如众赤鸟，夹日以飞三日。楚子使问诸周大史。周大史曰："其当王身乎？若禜之，可移于令尹、司马。"王曰："除腹心之疾，而置诸股肱，何益？不穀不有大过，天其夭诸？有罪受罚，又焉移之？"遂弗禜。（哀公六年，1635—1636 页）

这件事与天象学有关，周太史的观念认为，某一特定天象之异常，预示地上某人之生死，但通过祭祀可以将这个死生之命运转移给别人。昭王没有理会这个意见。其实，昭王不见得珍惜令尹、司马的生命胜过珍惜他自己的生命，主要是他并不相信上天降疾给他，也不相信禜祭可以消灾解病，他自信并无大过，不会受到天罚；如果确有应当受罚之罪，也就不是禜祭可以改变的。这两件事的"遂弗祭""遂弗禜"都表现出理性对祭祀的反抗。

> 十六年春，陨石于宋五，陨星也。六鹢退飞过宋都，

风也。周内史叔兴聘于宋，宋襄公问焉，曰："是何祥也？吉凶焉在？"对曰："今兹鲁多大丧，明年齐有乱，君将得诸侯而不终。"退而告人曰："君失问。是阴阳之事，非吉凶所生也。吉凶由人，吾不敢逆君故也。"（僖公十六年，369页）

宋国为殷人之后，大概传统上比较尊神敬鬼，重视吉凶。周内史叔兴显然以一种代表先进文化的口气评论宋人的迷信。天上落下陨石，风把鸟吹得退飞，这些是自然界出现的一些异常，宋襄公依照传统观念，怀疑这些自然变异预示人事的吉凶。而叔兴所谓"是阴阳之事，非吉凶所在"，完全是以自然主义的精神解释这些自然的异常，反对任何其他超自然的解释。对于人事的吉凶，他也认为与神鬼或天象无关，只与人自己有关。这种有关人事吉凶的看法"吉凶由人"，已经是完全的人本主义观念了。

在这种气氛下，"人"的地位也渐渐提升起来：

季氏以公鉏为马正，愠而不出。闵子马见之，曰："子无然。祸福无门，唯人所召。为人子者，患不孝，不患无所。敬共父命，何常之有？若能孝敬，富倍季氏可也。奸回不轨，祸倍下民可也。"（襄公二十三年，1079—1080页）

"祸福无门，唯人所召"，这样的观念已经突破了神灵赐福降祸

第五章　祭祀

的迷信，而把人的一切福祸归因于人自己的德行。这就使人的眼光更多地转向人，转向人的行为、人的道德。

> 十五年，有神降于莘。王问于内史过，曰："是何故？固有之乎？"对曰："有之。国之将兴，其君齐明、衷正、精洁、惠和，其德足以昭其馨香，其惠足以同其民人。神飨而民听，民神无怨，故明神降之，观其政德而均布福焉。国之将亡，其君贪冒、辟邪、淫佚、荒怠、粗秽、暴虐，其政腥臊，馨香不登；其刑矫诬，百姓携贰。明神不蠲而民有远志。民神怨痛，无所依怀。故神亦往焉，观其苛慝而降之祸。是以或见神以兴，亦或以亡。昔夏之兴也，融降于崇山；其亡也，回禄信于聆隧。商之兴也，梼杌次于丕山；其亡也，夷羊在牧。周之兴也，鸑鷟鸣于岐山；其衰也，杜伯射王于鄗。是皆明神之志者也。"（《国语》卷一周语上，29—30页）

这是说，夏、商、周三代兴起的时候，都有明神来降，快要灭亡的时候，也都有明神来降。此段对话又见于《左传》：

> 秋七月，有神降于莘。惠王问诸内史过曰："是何故也？"对曰："国之将兴，明神降之，监其德也；将亡，神又降之，观其恶也。故有得神以兴，亦有以亡。虞、夏、商、周皆有之。"王曰："若之何？"对曰："以其物享焉。其至之日，亦其物也。"王从之。内史过往，闻虢请命，反

曰："虢必亡矣，虐而听于神。"神居莘六月，虢公使祝应、宗区、史嚚享焉。神赐之土田。史嚚曰："虢其亡乎？吾闻之：国将兴，听于民；将亡，听于神。神，聪明正直而壹者也，依人而行。虢多凉德，其何土之能得？"（庄公三十二年，251—253页）

在当时人们对神的信仰中，认为：国之将兴起，政通人和，明神来降，观览此国的德政，并赐布幸福。国之将衰亡，君淫民怨，明神又来，见证其政治的败乱，而降下灾祸。所以，从明神的方面来说，明神既可以赐福，也可以降祸。从政事的角度说，事业的兴起和衰微都会有明神出现作为征兆。当然，明神的来降，要判断它预示的是兴是衰，并非容易。但标准是确定无疑的，即取决于政治是否清明，百姓是否安和。这次神降于莘，莘是虢地，所以周惠王问内史过，并派内史过去虢国一带察看。内史过到虢，听说虢向神请求赐土，于是对其政治淫虐却"听于神"的做法发了一通议论，断定虢国将亡。更值得注意的是，史过把"听于民"和"听于神"对比起来，而与国之兴衰相联系，从而把民本和神本思想的对立清楚地呈现出来。

内史叔兴的说法"是阴阳之事，非吉凶所在也"，这是史官文化的自然主义一面的表现。而史嚚的讲法"国将兴听于民，国将亡听于神"则不是自然主义的讲法，而是民本主义的典范。神"依人而行"，是说神依照人事的善恶而给予福祸。这说明，当时的史官也受到政治与人事理性主义的影响。在史官内部也有神本思想和人本思想的分化和紧张。

第五章　祭祀

三　先民后神

我们来进一步讨论春秋文化中"民—神"冲突的起伏演变。早在西周的宣王时,"民—神"关系的问题就已提出:

> 宣王即位,不籍千亩。虢文公谏曰:"不可。夫民之大事在农。上帝之粢盛于是乎出,民之蕃庶于是乎生,事之供给于是乎在,和协辑睦于是乎兴,财用蕃殖于是乎始,敦庞纯固于是乎成,是故稷为大官……王事唯农是务,无有求利于其官,以干农功,三时务农而一时讲武,故征则有威,守则有财。若是,乃能媚于神而和于民矣,则享祀时至而布施优裕也。今天子欲修先王之绪而弃其大功,匮神乏祀而困民之财,将何以求福用民?"(《国语》周语上,15—22页)

周宣王即位于公元前827年,其即位之初,废籍田之礼。古者君主有籍田千亩之礼,当立春时,带领百官庶民,耕千亩之田,以为万民的表率,这是重农国家历久不变的传统。即使是明清时代,皇帝也必须在春天到天坛、先农坛做一番姿态,表示重农劝农之意。可知这一点在西周初年的古代其意义更为重要。但宣王竟然不行籍田之礼,此举违反了农业国家的传统和礼俗制度。虢文公在劝谏中指出,"媚于神"与"和于民"是成功的统治的两个关键。民之大事在农,祭祀神的品物也依赖于农,故农业是民神两大事的基础,决不可轻忽。虢文公的说法表现了当时文化的"一般信仰"(common religion)。即当时的政治家、贵族和知识人,都把"媚于神"与"和于民"当作最重要的政治信条和统治方针。在这里,民事与神事有着差不多相等的地位。

春秋初期,政治思想有了进一步的发展。这首先见于季梁论鬼神:

> 少师归,请追楚师。随侯将许之,季梁止之,曰:"天方授楚,楚之羸,其诱我也。君何急焉?臣闻小之能敌大也,小道大淫。所谓道,忠于民而信于神也。上思利民,忠也;祝史正辞,信也。今民馁而君逞欲,祝史矫举以祭,臣不知其可也。"公曰:"吾牲牷肥腯,粢盛丰备,何则不信?"对曰:"夫民,神之主也,是以圣王先成民而后致力于神。故奉牲以告曰'博硕肥腯',谓民力之普存也,谓其畜之硕大蕃滋也……奉盛以告曰'絜粢丰盛',谓其三时不害而民和年丰也。奉酒醴以告曰'嘉栗旨酒',谓其上下皆有嘉德而无违心也。所谓馨香,无谗慝也。故务其三时,修其五教,亲其九族,以致其禋祀。于是乎民和而神降之福,故动则有成。今民各有心,而鬼神乏主,君虽独丰,其何福之有?君姑修政,而亲兄弟之国,庶免于难。"(桓公六年,111—112页)

桓公六年当公元前706年。楚国伐随,随派少师去讲和,楚国

第五章 祭祀

故意让少师看一些老弱残兵，以诱随来战，少师果然中计，要求发兵，得到随侯同意。季梁劝阻，他说，随小楚大，小国能与大国抗衡，最重要的是小者合于道，而大者反于道。而小国之合道，端在如何处理民神问题，他说"所谓道，忠于民而信于神也"，也就是说民和神是两项最重要的国务。忠于民，就是要始终想着如何对人们有利。信于神，就是祝史要如实地向神报告情况。所以并不是像随侯想象的那样，以为祭祀奉献丰富就能取信于神、得到神的福佑。季梁更指出，"民，神之主也"，人民是神最关切的事，所以"先成民而后致力于神"，也就是说，在民事与神事两者间，民事更为重要而基本。一个好的统治者，必须先把民事处理妥当，然后奉事明神。他所说的民事倒不是仅仅强调农业和农事，而主要是指"务其三时，修其五教，亲其九族"，其中务其三时是指不违农时；修其五教应当即《舜典》"敬敷五教"的五教，亲其九族应当即《尧典》所说的"九族既睦"的九族。可见，布五教、和九族，已是很久以来中国古代政治思想的既定传统。季梁的这种认为民事比神事具有优先性的思想，既是政治思想的民本主义，也体现了一种宗教观念受理性化影响的进步。

正如前面提到过的"祝史荐信"一样，我们可以看到，春秋时代的祭祀文化中已经开始发展出其他的因素。祭祀神灵不再是一个单向的崇拜行为，而是被理解为一种人与神的互动。人要取得神的信赖与赐福，不是仅仅依靠祭祀的次数、祭品的种类和数量，不是依靠祭献行为本身；而是同时必须受到其他人文因素的制约，如祝史之官能否真实反映陈报政情。

更重要的，是在"成民""和民"方面是否令人满意。"人为神主""先民后神"，季梁明确提出民事对于神事的优先性和决定性，这是从商周祭祀文化中发展出来的民本因素，亦即人本因素。在这个立场上，国家君主的首要之务，并不是事神之事，而是经济丰庶、伦常有序、族群和睦。这些事情做好之后，才"致其禋祀"。季梁说，只有这样，明神才会赐福。试想，如果三时大顺、民和年丰、上下同德，这已经是福了吗，还需要什么赐福呢？

这种"民为神主"的思想在春秋时代已经不是偶然的了：

> 夏，宋公使邾文公用鄫子于次睢之社，欲以属东夷。司马子鱼曰："古者六畜不相为用，小事不用大牲，而况敢用人乎？祭祀以为人也。民，神之主也。用人，其谁飨之？齐桓公存三亡国以属诸侯，义士犹曰薄德，今一会而虐二国之君，又用诸淫昏之鬼，将以求霸，不亦难乎？"（僖公十九年，381—382页）

邾人乘鄫君到邾国会盟之时，抓了鄫君；宋公指使邾人将鄫君当作牺牲而用于社祀，以便威吓东夷各国服从宋国。子鱼指出，祭祀是为人服务的，怎么可以用人为牺牲呢？以人作为牺牲来求得霸主的地位，是达不到目的的。① 子鱼引以为据的说法就

---

① 大约春秋时代有杀敌国之君祭祀神的风俗，如昭公十年传，"平子伐莒，取郠。献俘，始用人于亳社。"昭公十一年传，"楚子灭蔡，用隐太子于冈山。申无宇曰：'不祥。五牲不相为用，况用诸侯乎？'"申无宇的说法与子鱼相近。

第五章 祭祀

是"民，神之主也"，与季梁之说相同，认为民是神所依赖、依靠的主体。

另一个相关的例子是：

> 秋七月，平子伐莒，取郠。献俘，始用人于亳社，臧武仲在齐，闻之，曰："周公其不飨鲁祭乎？周公飨义，鲁无义。诗曰：'德音孔昭，视民不佻。'佻之谓甚矣，而壹用之，将谁福哉？"（昭公十年，1318页）

古代献俘于太庙，这次是献俘在亳社，杀俘以祭。臧武仲提出批评，他特别提出"周公飨义"，就是说，神不是无所选择地接收一切献祭，如周公之神只享食合乎礼义的祭献，不享食无义之祀，也不会对无义之祀报以赐福。这说明，在当时有识之士看来，祭祀文化中不仅有"民"的因素参与其中，也有"义"的因素参与其中。而反对祭祀以人为牺牲，表明"义"是包括人道主义在内的道德原则。子鱼和臧武仲的这个讲法，既包含着人道主义，也反映了当时"人"的地位相对于神的上升，人是神所依靠的主体，任何人都不能被当作神的牺牲。

类似上述的例子在春秋时期甚多，如上节所述神降于莘一事，《国语》载：

> 内史过归（自虢），以告王曰："虢必亡矣。不禋于神而求福焉，神必祸之；不亲于民而求用焉，人必违之。精意以享，禋也；慈保庶民，亲也。今虢公动匮百姓以逞其

违，离民怒神而求利焉，不亦难乎！"（《国语》卷一周语上，33页）

此是周惠王十五年事（公元前662年）。在内史过看来，国之大事，在"禋于神"和"亲于民"两件。不禋于神，神必祸之；不亲于民，民必违之。"离民怒神"，国家就要灭亡。这种"禋于神而亲于民"的讲法，与虢文公所说的"媚于神而和于民"，及季梁所说的"忠于神而信于民"不仅精神是一致的，思想的结构也相同。这显示出，在观念的系统里，"民"在这个时期已经获得了与"神"并立的地位，这显然是在地官的政事优先的意识和史官中注重历史经验的意识共同影响下形成的。前节所说晏子谏劝诛杀祝史时，也是强调"上下无怨""祝史荐信"为得到神灵赐福的根本保证，晏子并且指出，"神怒民痛"必定导致国祸民灾。这些都与季梁所说"离民怒神"、内史过所说"民神怨痛"的讲法是一致的，应当是继承了季梁等人的理性智能而来的。

当然，一种思想的兴起，不会仅仅出于思想本身的传承，也是社会历史实践的发展在人的意识中的反映。随着西周以来政治历史的发展，特别是在兼并的军政过程中，各国统治者越来越认识到"民"的重要，和善待民人对实行有效统治的重要性。如前举内史过所说"不亲于民而求用焉，民必违之"，这种"求用民"的探究在春秋已相当普遍。如曹刿论战：

　　十年春，齐师伐我。公将战，曹刿请见……问何以战。

第五章 祭祀

> 公曰："衣食所安，弗敢专也，必以分人。"对曰："小惠未遍，民弗从也。"公曰："牺牲、玉帛，弗敢加也，必以信。"对曰："小信未孚，神弗福也。"公曰："小大之狱，虽不能察，必以情。"对曰："忠之属也，可以一战，战，则请从。"（庄公十年，182—183 页）

这里所说，归根到底还是民和神的问题。鲁公和曹刿都认识到，"民从"和"神福"是政治统治和军事征战得以成功的两个根本条件。但历史的真实实践表明，军事征战的胜利与否，并非取决于平时"牺牲玉帛"或"祝史荐信"，这些并不能保证战事的成功。惟有以忠待民，以情治狱，得到民心，这才是根本的保证。这显然是中原华族各国在历史中实践理性不断积累的结论。
《国语》也记载了此事：

> 长勺之役，曹刿问所以战于庄公。公曰："余不爱衣食于民，不爱牲玉于神。"对曰："夫惠本而后民归之志，民和而后神降之福。若布德于民而平均其政事，君子务治而小人务力；动不违时，财不过用；财用不匮，莫不能使共祀。是以用民无不听，求福无不丰。
>
> 今将惠以小赐，祀以独恭。小赐不咸，独恭不优。不咸，民不归也；不优，神弗福也。将何以战？夫民求不匮于财，而神求优裕于享者也，故不可以不本。"公曰："余听狱虽不能察，必以情断之。"对曰："是则可矣。苟中心图民，智虽弗及，必将至焉。"（《国语》卷四鲁语上，

151页）

"中心图民"即是"忠"于民。《国语》对《左传》有所发挥，但精神一致。其中"民和而后神降之福"，与虢文公所说"媚于神而和于民"和季梁所说"忠于民而信于神"也是完全一致的。

可见，在春秋时代的祭祀文化中已经出现了两个新的因素，一个是"民"，一个是"德"。关于后者，前面我们已提及臧武仲的"周公享义"的思想，再来看几个例子：

> （虞）公曰："吾享祀丰絜，神必据我。"对曰："臣闻之，鬼神非人实亲，惟德是依。故《周书》曰：'皇天无亲，惟德是辅。'又曰：'黍稷非馨，明德惟馨。'又曰：'民不易物，惟德繄物。'如是，则非德，民不和，神不享矣。神所凭依，将在德矣。"（僖公五年，309、310页）

晋国借道于虞以伐虢，虞大夫宫之奇用唇亡齿寒的道理反对借道给晋国。但虞公认为，我们一向对神的祭祀都很繁盛，神必定会保佑我们。虞公还以晋、虞是同姓之亲为理由，不相信晋国会对虞国不利。宫之奇不相信祭神对实际的政治过程能有帮助，也不相信在现实利害关系中族姓、亲族的因素有其作用，他的思想完全立基于现实的、历史的、政治理性的冷静分析。

特别是，"鬼神非人实亲，惟德是依"，这句话亦可简化为"鬼神无亲，惟德是依"。就是说，鬼神对人的态度，不论亲戚，只看德行；鬼神的享祀，重要的不是看品物是否丰厚繁盛，而

第五章　祭祀

看政治上是否明德民和。在前面的例子中，我们已经看到很多强调"民和"而后"神享"的例子，这里更进一步，提出"非德则民不和、神不享矣"，把"明德"作为一个更根本的因素。以前，人们认为"鬼神不歆非类"，即只享食自己本族后人的祭祀，现在先进之士则认为，鬼神无亲，鬼神的福佑完全决定于"德"，非德民不和，鬼神就不会享祀。这就明显把西周的"皇天无亲，惟德是辅"的精神推展到祭祀文化中来，从而导致了有关"神"的性格、意志的重大变化。

另一个材料是成公时晋国事：

> （赵）婴曰："我在，故栾氏不作。我亡，吾二昆其忧哉？且人各有能有不能，舍我，何害？"弗听。婴梦天使谓己："祭余，余福汝。"使问诸士贞伯。贞伯曰："不识也。"既而告其人曰："神福仁而祸淫。淫而无罚，福也。祭，其得亡乎？"祭之，之明日而亡。（成公五年，821页）

这个故事是说，晋国的赵婴因与庄姬私通被放逐去齐国，他请求留在晋国，说我虽然违犯礼法，但我在晋国可以保护赵氏，免受栾氏之害。他又夜梦天派神告诉他，只要祭神，神可以造福于你。于是他就祭神，祭祀的第二天，他便亡命国外。这个事的结果，因为原文语焉未详，注家各说似未得其解。无论如何，在这里，贞伯提出了"神福仁而祸淫"，这也就是《尚书》"天道福善祸淫"（《汤诰》）思想的衍化，显示出宗教意识的突破，从对"天""天道"的信仰逐渐延伸、扩散到"一般信仰"

(common religion)。在这个过程中,鬼神信仰中亲族神的血缘性和神秘性逐渐被突破,而增生其伦理性。

四 "不朽"的观念

似乎可以这样说,在中国古代,不是由神话和传说传承信仰,而是祭祀成为传承信仰的工具和方式(vehicle)。与此有关的,还有"不朽"的观念。

古希腊人区分了"the immortals"和"the mortals"。中国也很早就有了关于"不朽"的观念。《左传》僖公三十三年,秦军败于晋国,晋侯释放秦将孟明视等归秦,孟明对晋侯说了这样的话:

> 君之惠,不以累臣衅鼓,使归就戮于秦。寡君之以为戮,死且不朽;若从君惠而免之,三年将拜君赐。(僖公三十三年,499—500页)

这是说,受您的恩惠,让我们回去秦国。如果我们的国君将我们赐死,我们将会死而不朽。这里的"死而不朽"显然是一种与宗族、祭祀有关的一个观念。

成公三年的左氏传也有类似的说法,楚王释放晋国将军知罃归晋:

> 王送知罃,曰:"子其怨我乎?"对曰:"二国治戎,臣

第五章 祭祀

不才,不胜其任,以为俘馘。执事不以衅鼓,使归即戮,君之惠也。……以君之灵,纍臣得归骨于晋,寡君之以为戮,死且不朽。若从君之惠而免之,以赐君之外臣首,首其请于寡君,而以戮于宗,亦死且不朽。若不获命,而使嗣宗职,次及于事,而帅偏师,以修封疆。虽遇执事,其弗敢违,其竭力致死,无有二心,以尽臣礼,所以报也。"(成公三年,813页)

知䓨的讲法与孟明相同,也是说蒙您不杀,如果回到晋国,国君赐我一死,则我就可以死而不朽了;如果国君免我一死,而将我交给我的父亲荀首,而我的父亲将我赐死在宗庙,我也可以死而不朽了。

成公十六年,晋楚交战,楚败:

楚师还,及瑕,王使谓子反曰:"先大夫之覆师徒者,君不在。子无以为过,不穀之罪也。"子反再拜稽首曰:"君赐臣死,死且不朽。臣之卒实奔,臣之罪也。"(成公十六年,890页)

这些讲法都是说,若在自己的国家被国君所赐死,则死而不朽。死在本族的宗庙,亦死而不朽。但如果死在异国,不能归骨于家族,就不能死而不朽了。根据这样的讲法,所谓"死而不朽"的意思似乎是指死在自己的国、家,死后可以享祀,死后的精神魂魄可以与宗族祖先的精神魂魄在一起。①

昭公传三十一年晋侯召季孙意如，荀跞责季孙出君，季孙也提到这个观念：

> 荀跞曰："寡君使跞谓吾子：'何故出君？有君不事，周有常刑。子其图之！'"季孙练冠、麻衣，跣行，伏而对曰："事君，臣之所不得也，敢逃刑命？君若以臣为有罪，请囚于费，以待君之察也，亦唯君。若以先臣之故，不绝季氏，而赐之死。若弗杀弗亡，君之惠也，死且不朽……"（昭公三十一年，1510—1511页）

最后两句当有错简，应为"若以先臣之故，不绝季氏，而赐之死，死且不朽。若弗杀弗亡，君之惠也"。② 这些都是以传统的祭祀和鬼神观念为基础的，可见当时贵族有着一种根深蒂固的"不朽"观念。

然而，这些观念在春秋中期以后也开始变化，《左传》记载有叔孙豹的一段有名的谈话：

> 二十四年春，穆叔如晋，范宣子逆之，问焉，曰："古人有言曰'死而不朽'，何谓也？"穆叔未对。宣子曰："昔

---

① 《国语》晋语八韦昭注"言身死而名不朽灭"，非是。无论如何，这里的不朽观念应当都与祭祀文化有关，与后来不同。

② 姚鼐《左传补注》亦谓，当移"死且不朽"四字于"赐之死"下，参看杨注1511页。

第五章 祭祀

勾之祖，自虞以上为陶唐氏，在夏为御龙氏，在商为豕韦氏，在周为唐杜氏，晋主夏盟为范氏，其是之谓乎！"穆叔曰："以豹所闻，此之谓世禄，非不朽也。鲁有先大夫曰臧文仲，既没，其言立，其是之谓乎！豹闻之：'太上有立德，其次有立功，其次有立言。'虽久不废，此之谓不朽。若夫保姓受氏，以守宗祊，世不绝祀，无国无之。禄之大者，不可谓不朽。"（襄公二十四年，1087—1088 页）

穆叔即叔孙豹，他往访晋国，范宣子前往迎接，两个人讨论什么是"死而不朽"。范宣子习闻"死而不朽"，他以为，死而不朽就是指一个氏族世职世禄的传衍。叔孙豹则认为，世代做官不绝，这并不是死而不朽。所谓死而不朽，是指一个人在道德、事功、言论的任何一个方面有所建树，传之久远，他们虽死而其名永立世人心中，这才是不朽。这就把一个祭祀文化—宗教中的"不朽"观念转变成为一个完全人本主义的"不朽"观念。这是文化发展中的创造性转化的实例。

关于人神关系的变化和伦理因素在祭祀文化中的生长，在世界文化其他宗教中也同样经历过。卡西尔详细讨论过祭祀的观念内涵：

"给我，我也给你；为我献身，我也为你献身；向我献祭，我也向你献祭"，在一本吠陀信仰表白书中，献祭者正是这样和神对话的。在这种取舍活动中，用一种平等的方式和相同的意义把神和人联系在一起的仅仅是一种共同的需要。因为，在这里正如人必须依赖于神一样，神也必须依赖于人。神存在于人的力量中。神真正的存在依赖于祭品。①

卡西尔的这个说法，不一定准确，献祭固然可以看作一种交换，即用祭献换取神灵的福佑。但是这并不意味着神人之间的平等。不过，享用祭品这一观念本身，的确在一定程度上体现了神对祭品的依赖，这种依赖在某种程度上正如人对食物的依赖一样。如果神终归要依赖于祭品，那么神终归对于人存在着某种需求和依赖，就是说，神的需求只有由人才能加以满足。当然，神可以通过要挟或者胁迫人类来达到其目的，但无论如何，卡西尔的这一分析揭示了神人之间的微妙关系。

原始的献祭很注重物性祭献，但几乎与祭献同时就有了祈祝。自然，只有发达的祭祀文化才有成篇成段的颂诗，但这并不意味着借助语词的祈祝是出现于献祭活动之后。同时，传说的史诗及颂歌都是古代祭典的重要组成部分，既是部族神灵信仰表达的组成部分，也是部族传衍、整合的必要方式和途径。

神对人的依赖，在部族神方面最为明显，因为"鬼神非其族类，不歆其祀"（僖公三十一年，487页）。部族神仅仅保佑它自己所属的部族，也只享食本族的献祭。因此它与本部族是相互依赖的。"神不歆非类，民不祀非族"（僖公十年，334页），早期中原的祭祀文化要求神与部族的对应性。卡西尔也认

---

① 卡西尔：《神话思维》，245页。

第五章 祭祀

为:"起初把神与人联结起来是一种共同血缘的物质性结合,在部族和它的神之间有一种直接的血缘关系。"① 同时,祭祀品物的内容也很重要,祭祀的品类规定,一方面是社会等级的表达,另一方面,表现出献祭的内容意义大于形式。卡西尔还认为,在不断的发展中,祭祀文化产生了另一种转变,那就是形式化、内在化。如果从注重祭祀的物质性内容,进至于注重祭祀的精神内在性,就使"献祭"转变为"崇拜"为主。不过卡西尔未能论及祭祀的人文化、历史化,在春秋时代,我们已经可以看到,在祭祀文化中的新的因素的出现,在这里,已经不再是请求于神,而是以文化神话和英雄神话的祀谱把人的力量对象化;祭祀的目的也越来越不是媚神,而是纪念,是昭孝,是合族。

在进一步的发展中,献祭的性质逐渐发生伦理的转变。在《以赛亚书》中,神说:"你献给我那么多祭品有什么目的?我有那么多公羊和肥硕的菜牛烹饪的祭品……学会做好每件事情,寻求正义,解除压迫,判定生父不明者,为寡妇做辩护。"在这里神与人之间建立了伦理关系,神对人的福佑无关乎祭品,而决定于其道德和行为。中国古代在春秋时代已经有了这种观念,而且就鬼神文化而言,其伦理性已经突破了其血族性。我们在前面的叙述中可以清楚地看到这一点。

其实,就中国文明史来看,我以为"祭祀"的一个极为重要的功能被宗教学家和历史学家所忽视,即在中国古代,祭祀是保持、传承信仰的载体和方式。在中国古代,并不是神话和

---

① 卡西尔:《神话思维》,248页。

传说承担此种传承信仰的功能,而是祭祀体系及其实践承担并满足了此种功能。由于祭祀的神谱体系在某种程度上扮演了和西方神话相同的角色,所以它的内部生长的人文、德性、理性的因素就更加值得注意。

五　神谱的人化

《左传》中的传说以昭公十七年郯子的一篇谈话为最详细。此年秋,郯子来朝,昭公宴请郯子。坐中昭子问及"少皞氏鸟名官,何故也"。鲁国封在少皞之墟,郯子为少皞之后,故昭子请教于郯子。当时诸侯国往来朝聘,常常会互询历史故事,显示出当时人们探究历史根源的自觉。郯子回答说,这是我祖先的事,我自然知道:

"昔者黄帝氏以云纪,故为云师而云名;炎帝氏以火纪,故为火师而火名;共工氏以水纪,故为水师而水名;大皞氏以龙纪,故为龙师而龙名。我高祖少皞挚之立也,凤鸟适至,故纪于鸟,为鸟师而鸟名:凤鸟氏,历正也;玄鸟氏,司分者也;伯赵氏,司至者也;青鸟氏,司启者也;丹鸟氏,司闭者也。祝鸠氏,司徒也;鴡鸠氏,司马也;鸤鸠氏,司空也;爽鸠氏,司寇也;鹘鸠氏,司事也。五鸠,鸠民者也。五雉为五工正,利器用、正度量,夷民者也。九扈为九农正,扈民无淫者也。自颛顼以来,不能纪远,乃纪于近。为民师而命以民事,则不能故也。"仲尼

第五章　祭祀

闻之，见于郯子而学之。既而告人曰："吾闻之，'天子失官，官学在四夷'，犹信。"（昭公十七年，1386—1389 页）

这个传说本来流行甚广，慢慢在各国失传，了解的人渐少。不过史墨也说过"炎帝为火师，姜姓其后也"的话。照郯子这里的讲法，特别是他关于本族历史的讲法，他所说的"以云纪""以火纪""以水纪"等，这些被用以为"纪"的物象，在起源上都是有"祥瑞"的意义，如郯人之祖少皞氏之立，适遇凤鸟。由此推之，以云、以火、以水等，其原由亦皆如此。今人多以图腾解释，但尚无有力的证据。无论如何，可以确定的是，在春秋时代后期人们的集体意识中，这些已经不是神话，不是原始宗教，而是具有历史性质的传说。郯子所述，都是说某一部族或酋邦兴立时遇到某种祥瑞物，该族发展之后即以此种物象为此一族群的文化象征，而体现于官职的名称。这意味着，即使云、水本来曾经是图腾，在春秋时期人的心目中也已经只接受此种历史化的叙述了。

又如昭公二十九年晋国太史蔡墨答魏献子问时，也有类似的叙述：

"故有五行之官，是谓五官，实列受氏姓，封为上公，祀为贵神。社稷五祀，是尊是奉。木正曰句芒，火正曰祝融，金正曰蓐收，水正曰玄冥，土正曰后土。龙，水物也，水官弃矣，故龙不生得……"献子曰："社稷五祀，谁氏之五官也？"对曰："少皞氏有四叔，曰重、曰该、曰修、曰熙，实能金、木及水。使重为句芒，该为蓐收，修及熙为玄冥，世不失职，遂济穷桑，此其三祀也。颛顼氏有子曰犁，为祝融；共工氏有子曰句龙，为后土。此其二祀也。后土为社；稷，田正也；有烈山氏之子曰柱为稷，自夏以上祀之。周弃亦为稷，自商以来祀之。"（昭公二十九年，1502—1504 页）

这是说五官及五祀的起源。金鹗及孙诒让以为"若五官之有功者，配食于此五祀"（同上，1502 页），即上古建立五正之官，五正的官名分别为句芒、祝融、蓐收、玄冥、后土。最初任五正之官者为：重为句芒，该为蓐收，修与熙为玄冥，犁为祝融，句龙为后土。古代行世官制度，故他们本族的子弟世代继承其祖先之职，这就是"世不失职"。五正外又有田正，土正和田正亦称为社、稷，最早柱为稷，后来弃亦为稷。这些最早担任六正的人，不仅当时被封土受氏，而且死后被后人祭祀为神，这就叫"列受氏姓，封为上公，祀为贵神"。五祀于焉形成。可见，春秋后期的人认为，五祀所祀之神，并不是从自然神来的，而是历史人物神祀化的结果。

再如昭公时子产答叔向之问：

晋侯有疾，郑伯使公孙侨如晋聘，且问疾。叔向问焉，曰："寡君之疾病，卜人曰'实沉、台骀为祟'，史莫之知。敢问此何神也？"子产曰："昔高辛氏有二子，伯曰阏伯，季曰实沉……（尧）迁实沉于大夏，主参，唐人是因……

第五章 祭祀

及成王灭唐而封大叔焉,故参为晋星。由是观之,则实沉,参神也。昔金天氏有裔子曰昧,为玄冥师,生允格、台骀。台骀能业其官,宣汾、洮,障大泽,以处大原。帝用嘉之,封(台骀)诸汾川,沉、姒、蓐、黄实守其祀。今晋主汾而灭之矣。由是观之,则台骀,汾神也。抑此二者,不及君身。"(昭公元年,1217—1219页)

子产本以政事见知于春秋各国,而其历史知识亦如此广博,足见贵族对学养的重视。在这里,也是说高辛氏命其二子分别居管商丘和大夏,商丘以辰星定农时,大夏以参星定农时,故二人死后便被尊奉为辰星之神和参星之神。台骀继承父职主管水正,治理水利有功,被封于汾河流域,故死后被尊祀为汾水之神。可见,自然神的位置都是被功德人死后所占据,这是很值得注意的一个现象。通过祭祀赋予曾有功德的死者以神性、自然神的属性,是神在中国古代产生的主要方式。

以上都说明,在春秋时代知识阶层所共同接受的传说中,神话色彩甚淡,多数都是论祀谱之起源,即人们所祀之神被认为是历史上实有的人物。不管这是否是历史的真实,它已经成为春秋时代人们所普遍接受的一种观念,即多数的功能神归根到底是有功德于民者的神灵化。如果这些神占据了神谱的主要部分,那就表示在宗教观念之中已发展起"人"的因素。《国语》展禽的话最能说明这一点:

"昔烈山氏之有天下也,其子曰柱,能植百谷百蔬。

夏之兴也，周弃继之。故祀以为稷。共工氏之伯九有也，其子曰后土，能平九土，故祀以为社。黄帝能成命百物，以明民共财；颛顼能修之；帝喾能序三辰以固民；尧能单均刑法以仪民，舜勤民事而野死，鲧鄣洪水而殛死，禹能以德修鲧之功，契为司徒而民辑……稷勤百谷而山死，文王以文昭，武王去民之秽。

故有虞氏禘黄帝而祖颛顼，郊尧而宗舜；夏后氏禘黄帝而祖颛顼，郊鲧而宗禹；商人禘舜而祖契，郊冥而宗汤；周人禘喾而郊稷，祖文王而宗武王……凡禘、郊、祖、宗、报，此五者，国之典祀也。加之以社稷山川之神，皆有功烈于民者也；及前哲令德之人，所以为明质也；及天之三辰，民所以瞻仰也；及地之五行，所以生殖也；及九州名山川泽，所以出财用也。非是，不在祀典。今海鸟至，己不知而祀之，以为国典，难以为仁且智矣。夫仁者讲功，而智者处物。无功而祀之，非仁也；不知而不能问，非智也……"（《国语》卷四鲁语上，166—170页）

这里讲的柱、弃为稷，后土为社，与《左传》昭二十九年蔡墨所说一致，但其中亦有区别。《左传》中说"稷，田正也"，以社、稷本为官名，后亦以为祀神之名。而《国语》则云"祀以为稷""祀以为社"，不以社、稷为官名，仅以为神名。但无论如何，《左传》和《国语》的上述材料都是将有功德于民者死后尊之为神，世代祀之。其中如社稷明显是功能神，黄帝—颛顼—帝喾—尧—舜则为先王神和祖先神，这些都是讲祀谱的来

第五章 祭祀

源。惟有子产论阏伯等一节,不仅指出神祇的历史来源,而且说明这些神亦被认为兼任自然神。因此我们看到,一方面,西周春秋的祭祀是以有功德于民的历史人物为主(国之祀典),而非以其他神为主;另一方面,在春秋时代人们的观念中,被祀者即成为神,这些被祀之神大部分为族群之神,也有一部分兼为自然神或转为主理自然现象的神。①

最后简单提一下《天问》的神话传说。《天问》载在今传屈原著作之中,但是已有学者提出,《天问》不属于楚辞,此篇并非屈原所作,其写定时期最迟在战国早年。顾颉刚早就提出,《天问》"颇有《诗经》之后《论语》之前之风",其中很少受战国人历史观念的影响。② 根据这个说法,《天问》的内容可能在春秋后期已经成形。杨向奎也认为,古代历史从原始社会到奴隶社会,历史是保存在巫祝的诗歌里,巫祝以舞降神,祝辞即是史诗,而《天问》就是这样的作品。它不是完全的神话,而是神人不分,传说与历史结合的巫祝舞辞。③ 他认为,过去没有人重视《天问》中的历史记录,这些历史记录被当作神话而忽略了,《天问》的内容来自神职时代的历史,他们的舞曲即史诗,由天而人,神话与历史杂糅,当时的神巫分别不出天人,于是天人的历史合而为一,《天问》的素材不可能是谁创造的,而是神职所守。④ 他认为《天问》的素材在《周颂》之前,虽

---

① 我在本书中常常用到"在春秋时代人们的观念中"这一类表达,这里的"人们"当然不是指占当时人口多数的农民,而是指士以上的阶层和国人。
② 参看刘起釪《古史续辨》,中国社会科学出版社,1991年,8页。
③ 杨向奎:《宗周社会与礼乐文明》,人民出版社,1992年,342页。
④ 同上书,345、347页。

然文字的加工在其后。

不过，我们在这里，仍然不把《天问》当作历史，而作为神话和传说。但是我们不把《天问》当作战国后期楚国的传说，而把它作为春秋时代流传的神话传说的遗存；它在战国时可能在楚地流传，但亦多本于中原。所以，如果上面所引各家之说可信，即《天问》的定本在春秋之末，则它无疑是春秋神话传说之一种，应当纳入春秋文化来研究。而如果这个神话系统在春秋流传，它不太可能是春秋时代才编造出来，必有其更古的流传为本。

就《天问》的内容来看，是古史传说的成分居多，还是神话的成分居多？刘起釪将《天问》古史分为八节，据我们看，《天问》的所谓神话的部分，其实只在"天地开辟"和"天地情状"两节，而"洪水传说""夏古史传说""商古史传说""周古史传说""古史逸闻""楚史传说"六节，都是带有些许神话色彩的古史传说。可见，即使在春秋后期楚国这样神巫文化色彩浓重的地方，所流布的传说也已经是以古史传说为主了。这和我们在本书所叙述的春秋文化的历史化的整体特征是一致的。

第六章 经典

> 《诗》《书》，义之府也。
> ——《左传》僖公二十七年

从西周到春秋，代表文化发展的一大景观，是文献的原始积累和这些文献的逐步经典化。这种文献的发展十分惊人，使得文明的发展取得了至少在形式方面的极大突破。

我们知道，《尚书》的《多士》曾说"惟殷先人有典有册"，但西周以前的典诰，基本上是由周人用文字传记下来。而这些被记录的文献要成为经典，必须依赖文化实践的需要和知识人的自觉传承。此外还需要其他某些因素，如，传承便和历史的时间性有关，文化实践往往和仪式有关。本章以《诗》《书》为主，研究中国古代文明的文献化和经典化，我们不仅要说明《诗》《书》的文本的经典化，还要说明《诗》《书》运用的伦理化。

简单说来，这是一个需要经典和创造经典的时代。固然，整个中国文化一直是一个不断经典化的过程，如汉代五经博士之立，确立了五经的经典地位；唐宋十三经的合刻，强化了十三经的地位。在汉代到宋代的发展中，儒、释、道各在其历史传延中不断把自己的思想家著作经典化，如唐代的慧能、宋代的朱熹的著述无疑是后来被经典化的突出代表。① 然而，并不是每个时代在经典化的历史上都占有相同的位置，这也是不言自明的。

中国文化的第一次经典形成的过程或原始经典的形成，是在西周到春秋。在这一历史时期，《诗》《书》的文献体系和《诗》《书》的经典地位渐渐形成和确定。特别是《诗》（后代始用《诗经》的说法），在西周春秋的礼乐文化体系和礼乐文明制度中更享有明确的突出地位。《诗》的经典地位的突出不仅是礼乐实践的需要，也是为满足思想文化对权威的需求。《诗》《书》的最大特色是，它们之被作为经典，与天启和神示无关，这些古代的政治文献，以及宫廷、宗庙、民间的诗歌，在礼乐文化中一变而成为经典的素材，依靠历史性的权威而确定了自己的经典地位。这本身就是人文文化的一种特色。

思想经典的特质是把描述性的经验上升为规范性的论说。人们首先要把多种经历的经验总结、提炼为格言，以达到表述上的普遍性。在格言式的表达方式中，具体经验已经变成普遍

---

① 朱子之书，虽然并不称"经"，但已被经典化是没有疑义的。不独朱子，濂、洛、关皆然。

第六章 经典

常则。但一般的格言、谚语、诗歌,如果没有经典的地位,则只能靠偶然的机会传播和应用,它的权威性不够,最多被视为一些世俗智慧,对人亦缺少说服力和约束力。经典则不同,经典是一套论述体系,而非一二句格言,经典的文本在获得经典地位之后,其文化力量,其掌握群众的力量,极为巨大。经典也由此成为文化的基本内核,使文化在其传衍发展中获得了自己鲜明的特殊性格。

经典化包含的预设,是被经典化的文本的原本具有具体意义的话语可以被阐释为"经典"应有的意义。事实上在把这些文本进行引证的经典化过程中,已经充满着诠释的活动,特别是向着思想的规范性需要的方向的诠释。西周春秋的经典化过程,不是靠政治权威来宣布的,它一方面与西周春秋的朝聘制度和礼仪文化有密不可分的联系(如《诗》),另一方面是在知识阶层(包括各类士大夫)的反复引证中逐步集中和实现的。作为礼乐制度和文化的一部分的赋诗活动是一项有关制度化的礼仪活动,同时,赋诗又是贵族交往活动显示修养、身份和传达信息的精致委婉的文化形式。在这方面,赋诗与《诗》的经典化并不是同一个过程。本章集中于春秋时代经典化过程的考察,故我们将在礼乐的一章中叙述有关赋诗的问题。我们在本章特别重视"引证",人们对历史经验所获得的普遍性论断极为重视,"引证"的现象显示出人们对这些来自历史经验的言说、格言的注重,表示对过去的经验的注重,更重要的是,引证本身就是将某些文献使用为经典的过程。所以,我们将主要通过春秋时代的多样的引证实践来说明《诗》《书》的经典化的过程。由于《易》的文本化我们在第一章已经讨论过,本章就不再赘述。

一 作为引证的"谚曰"

在春秋文化的"引证"实践中,首先引起我们注意的是谚语。《左传》中,人在谈话中引"谚"共十余处,现举出其中一些重要的例子:

> 公使羽父请于薛侯曰:"君与滕君辱在寡人,周谚有之曰:'山有木,工则度之;宾有礼,主则择之。'周之宗盟,异姓为后。寡人若朝于薛,不敢与诸任齿。君若辱贶寡人,则愿以滕君为请。"(隐公十一年,71—72页)
>
> 初,虞叔有玉,虞公求旃,弗献,既而悔之曰:"周谚有之:'匹夫无罪,怀璧其罪',吾焉用此?其以贾害也。"乃献之。(桓公十年,128页)

这两条都引"周谚",可知其所引用者,应当不是地方的民间谚语,而是周人常常使用的一种文化资源。前一条所引是强调客应随主便,其讲法比较是规范性的;后一条则说宝物招灾,其讲法比较是经验性的。

> 士蒍曰:"大子不得立矣。分之都城,而位以卿,先为之极,又焉得立?不如逃之,无使罪至。为吴大伯,不亦

第六章 经典

可乎？犹有令名，与其及也。且谚曰：'心苟无瑕，何恤乎无家'，天若祚大子，其无晋乎！"（闵公元年，258—259页）

齐人伐郑，孔叔言于郑伯曰："谚有之曰：'心则不竞，何惮于病？'既不能强，又不能弱，所以毙也。国危矣，请下齐以救国。"（僖公七年，315—316页）

初，楚司马子良生子越椒。子文曰："必杀之。是子也，熊虎之状而豺狼之声，弗杀必灭若敖氏矣。谚曰'狼子野心'，是乃狼矣，其可畜乎？"（宣公四年，679页）

这三段中引称的谚曰，都与人"心"有关，"心苟无瑕，何恤无家"含有问心无愧的意思；"心则不竞，何惮于病"似指心志要强。这些都涉及人的道德心理问题。

及晏子如晋，公更其宅，反，则成矣。既拜，乃毁之，而为里室，皆如其旧，则使宅人反之，曰："谚曰：'非宅是卜，唯邻是卜。'二三子先卜邻矣，违卜不祥。君子不犯非礼，小人不犯不祥，古之制也。"（昭公三年，1238—1239页）

令尹子瑕言蹶由于楚子，曰："彼何罪？谚所谓'室于怒，市于色'者，楚之谓矣。"（昭公十九年，1405页）

魏子曰："吾闻诸伯叔，谚曰：'唯食忘忧'，吾子置食之间三叹，何也？"（昭公二十八年，1497页）

这几条都是有关生活经验的描述和概括。"非宅是卜,唯邻是卜",是说"卜居"的意思其实不是要找好的风水,而是要找好的邻居。这本身就是春秋时代进步思想的一种表现。

> 于是晋国之盗逃奔于秦。羊舌职曰:"吾闻之,'禹称善人,不善人远',此之谓也夫。诗曰'战战兢兢,如临深渊,如履薄冰',善人在上也。善人在上,则国无幸民。谚曰:'民之多幸,国之不幸也',是无善人之谓也。"(宣公十六年,768—769 页)
>
> 戏阳速告人曰:"大子则祸余。大子无道,使余杀其母,余不许,将戕于余。若杀夫人,将以余说。余是故许而弗为,以纾余死,谚曰'民保于信',吾以信义也。"(定公十四年,1597—1598 页)

这两条中的谚语都和治国与道德有关。"民之多幸,国之不幸"指出了统治者和被统治者之间存在利益的冲突,这是很现实的观察。

> 晋侯复假道于虞以伐虢,宫之奇谏曰:"虢,虞之表也;虢亡,虞必从之。晋不可启,寇不可翫。一之谓甚,其可再乎?谚所谓'辅车相依,唇亡齿寒'者,其虞虢之谓也。"(僖公五年,307 页)
>
> 宋人使乐婴齐告急于晋,晋侯欲救之,伯宗曰:"不可,古人有言曰:'虽鞭之长,不及马腹',天方授楚,未

第六章 经典

可与争。虽晋之强，能违天乎？谚曰'高下在心'，川泽纳污，山薮藏疾，瑾瑜匿瑕，国君含垢，天之道也。君其待之。"（宣公十五年，759页）

这些都是充满经历无数政治和历史事变的经验之谈。这里的前一句所引用的"古人有言"，也可能是以谚语的形式流传下来的。春秋流行的所谓谚语，不一定就是民间的俗语，不少是隞括前人的警语而成。又如：

> 子产不待而对客曰："郑国不天，寡君之二三臣札瘥夭昏……寡君与其二三老曰：'抑天实剥乱是，吾何知焉？'谚曰'无过乱门'，民有乱兵，犹惮过之，而况敢知天之所乱？"（昭公二十年，1403—1404页）

这里引称的谚曰"无过乱门"，又见于昭公十二年传"人有言曰"。以下，我们就来看看有关的"古人有言"。

二　"古人有言"

《左传》中称引古人之言的例子很多，以下列举若干，以见其面貌：

> 夏，郑杀申侯以说于齐，……子文闻其死也，曰："古人有言曰'知臣莫若君'，弗可改也已。"（僖公七年，

316—317页）

郑子家使执讯而与之书，以告赵宣子，曰："……今大国曰：'尔未逞吾志。'敝邑有亡，无以加焉。古人有言曰'畏首畏尾，身其余几'，又曰'鹿死不择音'。小国之事大国也，德，则其人也；不德，则其鹿也。铤而走险，急何能择。"（文公十七年，625—626页）

夏征舒弑其君，其罪大矣，讨而戮之，君之义也。抑人亦有言曰："牵牛以蹊人之田，而夺之牛。"牵牛以蹊者，信有罪矣；而夺之牛，罚已重矣。诸侯之从也，曰讨有罪也，今县陈，贪其富也。（宣公十一年，714—715页）

宋人使乐婴齐告急于晋，晋侯欲救之，伯宗曰："不可，古人有言曰：'虽鞭之长，不及马腹。'天方授楚，未可与争。"（宣公十五年，759页）

韩厥辞，曰："昔吾畜于赵氏，孟姬之谗，吾能违兵。古人有言曰'杀老牛莫之敢尸'，而况君乎？二三子不能事君，焉用厥也？"（成公十七年，903页）

穆叔如晋，范宣子逆之，问焉，曰："古人有言曰，'死而不朽'，何谓也？"（襄公二十四年，1087页）

大叔文子曰："寡人淹恤在外，二三子皆使寡人，朝夕闻卫国之言，吾子独不在寡人。古人有言曰：'非所怨，勿怨。'寡人怨矣。"（襄公二十六年，1113页）

晋人来治杞田，季孙将以成与之。谢息为孟孙守，不可，曰："人有言曰：'虽有挚瓶之知，守不假器，礼也。'夫子从君，而守臣丧邑，虽吾子亦有猜焉。"（昭公七年，

第六章 经典

1288 页）

　　宣子辞。子产曰："古人有言曰：'其父析薪，其子弗克负荷。'施将惧不能任其先人之禄，其况能任大国之赐？"（昭公七年，1291 页）

　　人有言曰："唯乱门之无过。"君若惠保敝邑，无亢不衷，以奖乱人，孤之望也。唯君图之！（昭公二十二年，1433 页）

　　以礼防民，犹或踰之，今大夫曰："死而弃之"，是弃礼也，其何以为诸侯主？先民有言曰："无秽虐士"，备使奉尸将命，苟我寡君之命达于君所，虽陨于深渊，则天命也，非君与涉人之过也。（哀公十五年，1692 页）

不管是"古人有言曰"，还是"人有言曰"，或是"先民有言曰"，这些都是称引古人之言的不同说法。

　　在这些"古人之言"中，大体上可以分为几类，一种是宗教信仰的概括，如"死而不朽"；一种是社会经验的描述，如"知臣莫若君"；一种是用来借譬和修辞，如"虽鞭之长，不及马腹"，"其父析薪，其子弗克负荷"，"鹿死不择音"；最后一种是规范性的诫告，如"唯乱门之无过"，"非所怨，勿怨"，"无秽虐士"。其中规范性的诫告居多，表现出人们对规范性资源的迫切需要。

三　"前志有之"

　　上面所说的"古人有言曰"，在称引时都没有指明称引之所自来，我们并不知道这些话出自何人何书。在春秋时代也有一些称引文献的例子，如"志"类文献在春秋大量被称引，就是其中之一。按《国语》中申叔时答楚庄王问，列举了一系列贵族子弟应当学习的文献及其功能，其中列举了"春秋""世""诗""礼""乐""令""语""故志""训典"共九类文献。按楚庄王与鲁宣公约同时，这九类文献应当是春秋至战国时代各个诸侯国贵族普遍使用的文献。

这九种文献中的"故志"，亦称"志"，照申叔时所说，是一种有关"兴废"即历史成败经验教训的总结，应与政事之官和史官有关。春秋时代的人常常称引"志曰"，多即这种志书。① 不过，春秋时代引用的"志"的范围似比楚语所说更广。以下来看有关这些志书的称引。

> 臾骈之人欲尽杀贾氏以报焉，臾骈曰："不可。吾闻前志有之曰：'敌惠敌怨，不在后嗣，忠之道也。'夫子礼于贾季，我以其宠报私怨，无乃不可乎？"（文公六年，552—553页）

这里所引的志曰是有关战争双方应当遵守的规则，即不能杀害敌方的子嗣后代，战争也有"忠道"。

---

① 刘起釪云："这种作为史书专名的'志'，又往往记载当时政治生活中所应注意的要求、或某种规范，某种指导行为的准则等种种近似于格言的守则性的话。"（《古史续辨》，617页）

第六章 经典

> 秋，公至自晋，欲求成于楚而叛晋。季文子曰："不可，晋虽无道，未可叛也。……史佚之志有之曰：'非我族类，其心必异。'楚虽大，非吾族也，其肯字我乎？"公乃止。（成公四年，818页）

"非我族类，其心必异"表现出当时不同的族姓共同体有彼此不同的利益，有不同的文化。

> 诸侯将见子臧于王而立之。子臧辞曰："前志有之曰：'圣达节，次守节，下失节。'为君非吾节也，虽不能圣，敢失守乎？"遂逃，奔宋。（成公十五年，873页）
>
> 君子曰："志所谓'多行无礼，必自及也'，其是之谓乎。"（襄公四年，935页）
>
> 小邾穆公来朝，季武子欲卑之，穆叔曰："不可。曹、滕、二邾实不忘我好，敬以逆之，犹惧其贰……志曰：'能敬无灾。'又曰：'敬逆来者，天所福也。'"季孙从之。（昭公三年，1242页）

前一条志曰讲"节"的重要，次一条与所谓"多行不义必自毙"意思相同，惟春秋重"礼"，战国以后始代之以"义"，都是表达一种价值信念，即违犯社会规范和道德的行为最终都没有好的下场。后一条倡导"敬"。这几条都与道德有关。

> 侨又闻之，内官不及同姓，其生不殖。美先尽矣，则

相生疾，君子是以恶之。故志曰：'买妾不知其姓，则卜之。'违此二者，古之所慎也。（昭公元年，1220页）

君子曰："惠王知志。夏书曰'官占唯能蔽志，昆命于元龟'，其是之谓乎？志曰'圣人不烦卜筮'，惠王其有焉。"（哀公十八年，1713页）

这两条与礼制有关，后面的一条"圣人不烦卜筮"已经超越了商代事事问卜的文化概念，明显反映了春秋人文思想的进步。

上面引述志书的各例中，有统称"志"或"前志"的，也有特别称引某一人所作的志书，如"史佚之志"。此外，春秋时期，还有许多称引"军志"的，如：

军志曰："允当则归"，又曰"知难而退"，又曰"有德不可敌"，此三志者，晋之谓矣。（僖公二十八年，456页）

孙叔曰："进之！宁我薄人，无人薄我。诗云'元戎十乘，以先启行'，先人也。军志曰'先人有夺人之心'，薄之也。"遂疾进师。（宣公十二年，738—739页）

厨人濮曰："军志有之：'先人有夺人之心，后人有待其衰。'盍及其劳且未定也伐诸！"（昭公二十一年，1427页）

军志的"先人有夺人之心"在文公七年传亦有一次引用，可见当时流行甚广。

志书的称引在《国语》也可见，如

> 对曰:"其在志也,'国为大城,未有利者。'"(卷十七楚语上,547页)
>
> 对曰:"臣以秉笔事君,志有之曰:'高山峻原,不生草木;松柏之地,其土不肥。'"(卷十五晋语九,501页)

甚至孔子也引用志书类的文献,如《左传》载:

> 仲尼曰:"志有之:'言以足志,文以足言',不言,谁知其志?言之无文,行而不远。"(襄公二十五年,1106页)
>
> 仲尼曰:"古也有志'克己复礼,仁也',信善哉。"(昭公十二年,1341页)

孟子也引用过志,"且志曰'枉尺而直寻'"(滕文公下)。这都说明,志书类的文献对春秋乃至战国前期的知识人有相当广泛的影响。按照"古也有志"的说法,这些志书的年代至少应当在春秋前期。在《左传》中还有引称"周志"(文公二年)、"郑志"(昭公十六年)的例子。

四 仲虺、周任、史佚之志

前节所引志书中,有一则称为"史佚之志"。春秋时代有几个人的言论常常被人称引,他们是仲虺、周任和史佚。这些人都有明显的历史意识和政治意识。他们摆脱了事神的迷思,表现出明确的政治理性和历史理性,所以他们的话常常为春秋时代的政治家所称引。

仲虺,春秋时人认为他是商汤的左相,如"仲虺居薛,以为汤左相"(定公元年)。春秋时代传有"仲虺之志":

> 子皮曰:"仲虺之志云:'乱者取之,亡者侮之,推亡固存,国之利也。'"(襄公三十年,1175页)

> "知难而退",军之善政也;"兼弱攻昧",武之善经也。子姑整军而经武乎?犹有弱而昧者,何必楚?仲虺有言曰"取乱侮亡",兼弱也。(宣公十二年,725页)

这里的"知难而退""兼弱攻昧",盖皆出于军志。前面曾两次引"军志曰:'先人有夺人之心'",而《左传》另有一处:"先人有夺人之心,军之善谋也;逐寇如追逃,军之善政也。"(文公七年)可见,这里的"先人有夺人之心"和"逐寇如追逃"也都是引称军志之文,只是省去了书名。"知难而退,军之善政也"二句和文公七年传的这两句,句法完全相同。这里所称引的仲虺之语"取乱侮亡"与子皮所引用的"志"应当出于一源,只是在这里被简化罢了。下面一条可以为证:

> 晋侯问卫故于中行献子,对曰:"不如因而定之。卫有君矣,伐之,未可以得志,而勤诸侯。史佚有言曰:'因重而抚之。'仲虺有言曰:'亡者侮之,乱者取之,推亡、固存,国之道也。'君其定卫以待时乎。"(襄公十四年,1019页)

第六章 经典

这里称引的仲虺之言与子皮所说的"仲虺之志"完全相同。

上面最后这一条，不仅称引了仲虺的话，还引了史佚的话。史佚的话亦为春秋时人所常引用。杨伯峻云："史佚即《尚书·洛诰》之'作册逸'，逸、佚古通。晋语'文王访于莘、尹'，注谓尹即尹佚。《逸周书·世俘解》'武王降自东'，乃俾史佚繇书。《淮南子·道应训》云：'成王问政于尹佚。'则尹佚历周文、武、成三代。《左传》引史佚之言者五次，成公四年传又引史佚之志，则史佚之言恐当时人均据史佚之志也。"[1] 若史佚即尹佚，则他应当是周初之人，且并非史官。但从史佚之志看，他应当是文官。

> 子桑曰："归之而质其大子，必得大成，晋未可灭，而杀其君，只以成恶。且史佚有言曰：'无始祸，无怙乱，无重怒。'重怒，难任；陵人，不祥。"（僖公十五年，359—360页）
>
> 史佚有言曰："非羁，何忌？"（昭公元年，1224页）
>
> 惠伯曰："丧，亲之终也。虽不能始，善终可也。史佚有言曰：'兄弟致美。'救乏、贺善、吊灾、祭敬、丧哀，情虽不同，毋绝其爱，亲之道也。子无失道，何怨于人？"（文公十五年，611页）

杨伯峻注以史佚之言止于"毋绝其爱，亲之道也"，然疑惠伯所

---

[1] 杨伯峻《春秋左传注》一，359、360页。

引不能如此之长,故我将其语断在"兄弟致美"一句为限。如上述子桑所引的"三无",在下例中即只引其中之一无:

> 郑杀仆叔及子服。君子曰:"史佚所谓'毋怙乱'者,谓是类也。诗曰'乱离瘼矣,爰其适归',归于怙乱者也夫!"(宣公十二年,747页)

《国语》也有称引史佚的例子,如:

> 叔向告之曰:"异哉!吾闻之曰:'一姓不再兴。'今周其兴乎!其有单子也。昔史佚有言曰:'动莫若敬,居莫若俭,德莫若让,事莫若咨。'"(卷三周语下,114页)

叔向所引的这一条是关于德行的,其实春秋时代流行的史佚之言,大多是关乎治乱成败的经验。

周任的事迹不详,后代的学者有人说他是古之良史,也有人说他是商代的迟任,但都是猜测之言,看来他可能是周初的一位官员,故称周任。

> 善不可失,恶不可长,其陈桓公之谓乎?长恶不悛,从自及也。虽欲救之,其将能乎?商书曰:"恶之易也,如火之燎于原,不可乡迩,其犹可扑灭?"周任有言曰:"为国家者,见恶,如农夫之务去草焉,芟夷蕴崇之,绝其本根,勿使能殖,则善者信矣。"(隐公六年,50页)

第六章 经典

这是引商书后引周任。周任的话是"除恶务尽"的意思,这一类的智慧在下节"闻之曰"中也有不少。孔子也引称过周任:

> 仲尼曰:"叔孙昭子之不劳,不可能也。周任有言曰:'为政者不赏私劳,不罚私怨。'诗云:'有觉德行,四国顺之。'"(昭公五年,1263页)

孔子称赞叔孙昭子之难能,还引用了周任的话和诗经来称赞他。从周任被引的这两句话来看,都是有关政治管理的箴言,所以都用"为政者""为国家者"来开始。

上面所说的这种称引某个特定的前人之言的方式,不限于时代较古的人,也可以引自时代较近的人士,如《左传》中有引"臧文仲有言曰"(文公十七年),有引"先大夫子犯有言曰:'师直为壮,曲为老'"(宣公十二年),有引"臧孙纥有言曰"(昭公七年),有引"叔向有言曰:'怙乱灭国者无后'"(哀公十七年)等等。其中叔向的一条,其说似出于史佚。此外,还有引"训"为证者,如《国语》郑语载史伯对郑桓公说:"训语有之:'夏之衰也……'"(哀公十五年)。《左传》《逸周书》也有引自"夏训有之""夏箴有之""虞人之箴"等,这些大概属于申叔时所说的"训典",我们就不一一述及了。

在人文取向为主的文化中,经典的成立不能依赖神性的因素,人们必然从历史理性中寻求真理和实践的指导。中国文化的实践理性不是采取唯一神教的形态,因此人的行为的法则就自然地或必然地要更多诉诸历史经验。所谓历史经验当然是基于历史上发生的经验事件，但所谓诉诸历史经验，是指已经由理性对历史现象的个别事例进行总结、抽象而得出的规律性的法则。因此，即使是一句格言，也已经是理性对经验提升的结果。实践的理性分为两种，一方面是道德价值的信念，另一方面是存亡成败的智慧。人不断地努力谋求把握实践的步骤和方向，在中国古代，这种努力，以前是靠各种占卜，现在则更多诉诸史志。这也是理性进步的表现。

五 "闻之曰"的记述

其实，春秋时期，特别是在君臣之间，更多的是用"闻之曰"来引证权威的论述，作为一种加强论证的方式。因此，有大量的引述前人之语，未加指明出处，而径用"闻之曰"引导出来。

这些以"闻之曰"方式的称引极为普遍，按其被称引的语句的内容，我们可以大致分为几类。为了叙述的方便，我们先来看《左传》的材料：

第一类是有关鬼神的论断。如：

> 史嚚曰："虢其亡乎！吾闻之：'国将兴，听于民；将亡，听于神。'神，聪明正直而壹者也，依人而行。虢多凉德，其何土之能得？"（庄公三十二年，252—253页）

> 公曰："吾享祀丰絜，神必据我。"对曰："臣闻之，'鬼神非人实亲，惟德是依'，故周书曰'皇天无亲，惟德是辅'……"（僖公五年，309页）

第六章 经典

对曰:"臣闻之:'神不歆非类,民不祀非族。'君祀无乃殄乎?"(僖公十年,334页)

这些论断涉及神与民、神与德、神与族的关系,强调民事和德行的重要性,我们前章已经分析过它们思想上的意义。

第二类是有关礼制的论断。如:

公曰:"鲁可取乎?"对曰:"不可,犹秉周礼。周礼,所以本也。臣闻之:'国将亡,本必先颠,而后枝叶从之。'鲁不弃周礼,未可动也。"(闵公元年,257页)

管仲言于齐侯曰:"臣闻之:'招携以礼,怀远以德,德礼不易,无人不怀。'"(僖公七年,317页)

臧文仲言于公曰:"国子为政,齐犹有礼,君其朝焉!臣闻之:'服于有礼,社稷之卫也。'"(僖公三十三年,497页)

初,臼季使,过冀,见冀缺耨,其妻饁之,敬,相待如宾。与之归,言诸文公曰:"敬,德之聚也。能敬必有德,德以治民,君请用之。臣闻之:'出门如宾,承事如祭,仁之则也。'"(僖公三十三年,501—502页)

对曰:"臣闻之:'君能制命为义,臣能承命为信。'信载义而行之为利,……"(宣公十五年,760页)

叔向曰:"子叔子知礼哉!吾闻之曰:'忠信,礼之器也;卑让,礼之宗也。'辞不忘国,忠信也;先国后己,卑让也。诗曰:'敬慎威仪,以近有德。'夫子近德矣。"(昭

公二年，1229 页）

且臣闻之曰："事死如事生，礼也。"于是乎有朝聘而终……（哀公十五年，1692 页）

这些关于礼制原则、规范，礼的精神、礼的要义的论断，我们在后面几章中还会详加讨论。

第三类是有关道德、德性的论断，如：

春，刻其桷，皆非礼也。御孙谏曰："臣闻之：'俭，德之共也；侈，恶之大也。'先君有共德，而君纳诸大恶，无乃不可乎？"（庄公二十四年，229 页）

于是晋国之盗，逃奔于秦，羊舌职曰："吾闻之：'禹称善人，不善人远'，此之谓也夫。诗曰……"（宣公十六年，768 页）

刘子曰："吾闻之：'民受天地之中以生，所谓命也。'是以有动作礼义威仪之则，以定命也。能者养以之福，不能者败以取祸……"（成公十三年，860 页）

皇皇者华，君教使臣曰，必咨于周。臣闻之："访问于善为咨，咨亲为询，咨礼为度，咨事为诹，咨难为谋。"臣获五善，敢不重拜！（襄公四年，933—934 页）

吾闻之："生于乱世，贵而能贫，民无求焉，可以后亡"，敬共事君与二三子，生在敬戒，不在富也。（襄公二十二年，1068 页）

豹闻之："大上有立德，其次有立功，其次有立言。"

虽久不废,此之谓不朽。(襄公二十四年,1088页)

侨闻之:"君子有四时,朝以听政,昼以访问,夕以修令,夜以安身。"于是乎节宣其气,勿使有所壅闭湫底以露其体,兹心不爽,而昏乱百度。今无乃壹之,则生疾矣。侨又闻之:"内官不及同姓,其生不殖。"(昭公元年,1220页)

楚子入于郢,初,斗辛闻吴人之争宫也,曰:"吾闻之:'不让则不和,不和不可以远征。'吴争于楚,必有乱;有乱,则必归。焉能定楚?"(定公五年,1553页)

吴子将许之,伍员曰:"不可,臣闻之:'树德莫如滋,去疾莫如尽。'……"(哀公元年,1605页)

这些涉及德性、德政、道德的根源及教化的方法。其中刘康公所"闻之"的"民受天地之中以生",和叔孙豹所"闻之"的"大上有立德"对后来的影响很大。照《左传》所叙,这些话其实不是刘康公、叔孙豹的发明,而是他们称引并且赞赏的前人的论断。

第四类是关于治国的道理:

晋侯问于师旷曰:"石何故言?"对曰:"石不能言,或凭焉。不然,民听滥也。抑臣又闻之曰:'作事不时,怨讟动于民,则有非言之物而言。'今宫室崇侈,民力雕尽,怨讟并作,莫保其性,石言,不亦宜乎?"(昭公八年,1300页)

秦伯谓郤芮曰:"公子谁恃?"对曰:"臣闻亡人无党,有党必有雠。夷吾弱不好弄……"公谓公孙枝曰:"夷吾其定乎?"对曰:"臣闻之,'唯则定国'。诗曰'不识不知,顺帝之则',文王之谓也。"(僖公九年,330—331页)

王怒,将以狄伐郑,富辰谏曰:"不可,臣闻之:大上以德抚民,其次亲亲,以相及也。昔周公吊二叔之不咸,故封建亲戚,以蕃屏周……"(僖公二十四年,420页)

阳子患之,使谓子上曰:"吾闻之:'文不犯顺,武不违敌。'子若欲战,则吾退舍。子济而陈,迟速唯命。"(僖公三十三年,504页)

叔仲惠伯谏曰:"臣闻之:'兵作于内为乱,于外为寇。寇犹及人,乱自及也。'今臣作乱而君不禁,以启寇雠,若之何?"(文公七年,563页)

崔杼谏曰:"不可。臣闻之'小国间大国之败而毁焉,必受其咎。'君其图之。"(襄公二十三年,1077页)

陈文子曰:"齐将有寇。吾闻之:'兵不戢,必取其族。'"(襄公二十四年,1090页)

对曰:"铖闻之,国无道而年谷和熟,天赞之也。鲜不五稔。"(昭公元年,1215页)

民知争端矣,将弃礼而征于书,锥刀之末,将尽争之。乱狱滋丰,贿赂并行,终子之世,郑其败乎?肸闻之,"国将亡,必多制",其此之谓乎?(昭公六年,1276页)

火之作也,子产授兵登陴,子大叔曰:"晋无乃讨乎?"子产曰:"吾闻之,'小国忘守则危',况有灾乎?国之不可

小,有备故也。"(昭公十八年,1399页)

这些"闻之曰"的内容广泛涉及制度、法治、文武、攻守、兵寇、灾备、保民、定国等等。其中"大上以德抚民""国将亡,必多制"都因载于《左传》而流行于后世。

第五类是有关成败的经验,如:

> 吴公子光曰:"诸侯从于楚者众,而皆小国也,畏楚而不获已,是以来。吾闻之曰:'作事威克其爱,虽小必济。'……七国同役而不同心,帅贱而不能整,无大威命,楚可败也。"(昭公二十三年,1445页)

> 郑伯闻之,见虢叔,曰:"寡人闻之:'哀乐失时,殃咎必至。'今王子颓歌舞不倦,乐祸也。"(庄公二十年,215页)

> 公使让之,士蒍稽首而对曰:"臣闻之:'无丧而戚,忧必雠焉;无戎而城,雠必保焉。'寇雠之保,又何慎焉?"(僖公五年,303—304页)

> 先轸曰:"秦不哀吾丧,而伐吾同姓,秦则无礼,何施之为?吾闻之:'一日纵敌,数世之患也。'谋及子孙,可谓死君乎?"(僖公三十三年,497页)

> 是行也,诸大夫欲召狄,郤成子曰:"吾闻之,'非德莫如勤',非勤何以求人?能勤有继,其从之也。诗曰……"(宣公十一年,713页)

与治国方面的"闻之曰"着重在具体的措置不同,有关成败的论述是一般性的、方法的。不过两者也有交叉的地方。

最后,第六类是有关生活经验的总结,如:

> 范武子将老,召文子曰:"燮乎,吾闻之,'喜怒以类者鲜',易者实多。诗曰……"(宣公十七年,774 页)
>
> 叔孙曰:"豹闻之:'服美不称,必以恶终。'……"(襄公二十七年,1127 页)
>
> 子大叔曰:"……吉也闻之:'弃同、即异,是谓离德。'诗曰……"(襄公二十九年,1158 页)
>
> 闻钟声焉,曰:"异哉。吾闻之也,'辩而不德,必加于戮',夫子获罪于君以在此,惧犹不足,而又何乐?"(襄公二十九年,1166—1167 页)
>
> 文子曰:"……且吾闻之,'能信不为人下',吾未能也。诗曰……"(昭公元年,1202 页)
>
> 子高曰:"吾闻之:'以险侥幸者,其求无厌。'偏重必离。……"(哀公十六年,1703 页)
>
> 狄伐郑,取栎。王德狄人,将以其女为后,富辰谏曰:"不可。臣闻之:'报者倦矣,施者未厌。'狄固贪惏,王又启之。女德无极,妇怨无终,狄必为患。"(僖公二十四年,425 页)

这些"闻之曰"往往和"诗曰"一起被称述,显示出这些被"闻之"的言论被视为与"诗经"具有相同的权威。从《左传》

第六章 经典

这些材料的时间分布上看,以僖公时为最多,其次为襄公、昭公时。

这些被"闻之"的言说出于何处?应当有不少出于古书,如哀公十五年的"闻之曰"说"臣闻之:事死如事生,礼也"。按《礼记·祭义》云"文王之祭也,事死者如事生",《中庸》云"事死如事生,事亡如事存",都与《左传》的"闻之"相同,故杨伯峻认为,《左传》所引的这一个"闻之"是出于古礼经。[1] 又如臼季说:"臣闻之:出门如宾,承事如祭,仁之则也",《论语·颜渊》有孔子的话"出门如见大宾,使民如承大祭",这显然与臼季所引称者同出一源,盖亦出于古礼经。其他的"闻之曰"可能多出于申叔时所说的故志、训典、令、语等。此外,"闻之曰"与"古人有言曰"的不同是,可能在"闻之曰"中有不少不是来自引述者的直接阅读,而是引述者闻之于父师长辈的一些口耳相传的格言。

再来看看《国语》中的例子。《国语》中的"闻之曰"类亦复不少。其中以道德德性、治国之方、君臣规范三类为主。

先看道德类的"闻之曰":

> 臣闻之曰:"毁则者为贼,掩贼者为藏,窃宝者为宄,用宄之财者为奸。"(卷四鲁语上,176页)
>
> 臣闻之曰:"怀和为每怀,咨才为诹,咨事为谋,咨义

---

[1] 参看杨伯峻《春秋左传注》四,1692页。

为度,咨亲为询,忠信为周。"(卷五鲁语下,186页)

此事与《左传》襄公四年所载为一事,惟《左传》所说为五德,《国语》所说为六德。

> 骊姬曰:"妾亦惧矣,吾闻之外人之言曰:'为仁与为国不同。为仁者,爱亲之谓仁;为国者,利国之谓仁。……'"(卷七晋语一,275页)

这些话已达到相当高的水平,应当实际出于优施所教,骊姬自己应该没有这样的水平。

> 申生曰:"……吾闻之:'仁不怨君,智不重困,勇不逃死。'"(卷八晋语二,291页)
>
> 里克曰:"不可。克闻之:'夫义者利之足也,贪者怨之本也。'……"(卷八晋语二,303页)
>
> 小妾闻之曰:"畏威如疾,民之上也;从怀如流,民之下也;见怀思威,民之中也。"(卷十晋语四,342页)
>
> (范文子)曰:"吾闻之:'唯厚德者能受多福,无德而服者众,必自伤也。'"(卷十二晋语六,418页)
>
> 吾闻之:"天道无亲,唯德是授"。(卷十二晋语六,421页)
>
> 臣闻之:"君子哀无人,不哀无贿;哀无德,不哀无宠;哀名之不令,不哀年之不登。"(卷十五晋语九,499

第六章 经典

页)

襄子曰:"吾闻之:'德不纯而福禄并至,谓之幸。'"(卷十五晋语九,499页)

子高曰:"不然,吾闻之:'唯仁者可好也,可恶也,可高也,可下也。'"(卷十八楚语下,卷586页)

这些都是有关道德的一些说法。其中既有关于"仁""智""勇"等德性的论述和规定,也有关于义利、德福关系的讨论,而且有关于君子人格的论述。

再来看治国之方的部分:

臣闻之曰:"武不可觌,文不可匿,觌武无烈,匿文不昭。"(卷二周语中,57页)

臣闻之曰:"善有章,虽贱,赏也,恶有衅,虽贵,罚也。"(卷四鲁语上,164页)

吾闻之曰:"大国道,小国袭焉,曰服。小国傲,大国袭焉,曰诛。"(卷八晋语二,296页)

臣闻之曰:"仁有置,武有置。仁置德,武置服。"(卷八晋语二,313页)

文子曰:"……吾闻之曰:'善人在患,弗救不祥;恶人在位,不去亦不祥',必免叔孙。"(卷十四晋语八,469页)

和闻之曰:"盲不辅曲,明不规暗,拱木不生危,松柏不生埤。"(卷十四晋语八,473页)

郑厉公见虢叔，曰："吾闻之，'司寇行戮，君为之不举'，而况敢乐祸乎？"（卷一周语上，28页）

臣闻之："道而得神，是谓逢福；淫而得神，是谓贪祸。"（卷一周语上，32页）

吾闻之："国德而邻于不修，必受其福。"（卷三周语下，92页）

对曰："获闻之：'处大教小，处小事大'，所以御乱也。"（卷四鲁语上，159页）

臣闻之："班相恤也，故能有亲。"（卷四鲁语上，162页）

对曰："君闻之：'爱亲明贤，政之干也。礼宾矜穷，礼之宗也。礼以纪政，国之常也。失常不立，君所知也。'"（卷十晋语四，347页）

叔詹谏曰："臣闻之：'亲有天，用前训，礼兄弟，资穷困，天所福也。'"（卷十晋语四，349页）

对曰："臣闻之：'国家之将兴也，君子自以为不足。其亡也，若有余。'"（卷十五晋语九，498页）

臣闻之："武实昭文之功。"（卷十六郑语，523页）

这些论述广泛涉及文武、赏罚、兴亡、外交、礼制等各种治国的问题。

现在来看君臣规范的部分：

对曰："臣闻之：'为臣必臣，为君必君。'"（卷二周语

第六章 经典

中,76页)

太子曰:"吾闻之羊舌大夫曰:'事君以敬,事父以孝。'……"(卷七晋语一,265页)

然吾闻之:"为人子者,患不从,不患无名。为人臣者,患不勤,不患无禄。"(卷七晋语一,274页)

范文子不欲,曰:"吾闻之:'为人臣者,能内睦而后图外。'"(卷十二晋语六,416页)

臣闻之:"为人臣者,君忧臣劳,君辱臣死。"(卷二十一越语下,658页)

君臣关系在春秋时代已经成为一个很重要的问题,越到后期越是如此。像"为臣必臣,为君必君"的提法,与后来孔子的"君君、臣臣"的讲法是一致的,孔子可能也曾了解前人的这些说法。

最后,来看生活经验和规范的部分:

庆郑曰:"郑也闻之曰:'军败,死之;将止,死之。'"(卷九晋语三,332页)

臣闻之曰:"无功庸者,不敢居高位。"(卷十三晋语七,442页)

臣闻之曰:"三世事家,君之;再世以下,主之。"事君以死,事主以勤,君之明令也。(卷十四晋语八,451页)

公父文伯卒,其母戒其妾曰:"吾闻之:'好内,女死

之;好外,士死之。'"(卷五鲁语下,211页)

文伯之母闻之,怒曰:"吾闻之先子曰:'祭养尸,飨养上宾'……"(卷五鲁语下,203页)

且吾闻之:"甚精必愚。"(卷七晋语一,268页)

偃也闻之:"战斗,直为壮,曲为老。"(卷十晋语四,379页)

蠡闻之:"上帝不考,时反是守,强索者不祥。"(卷二十一越语下,648页)

臣闻之:"得时无怠,时不再来。"(卷二十一越语下,652页)

臣闻之:"圣人之功,时为之庸。得时不成,天有还形。天节不远,五年复返。小凶则近,大凶则远。"先人有言曰:"伐柯者其则不远。"(卷二十一越语下,656页)

在《国语》的这些材料中,见于晋语的占了大多数,这可能和《国语》作者与三晋地区有密切联系有关,而不等于说晋人对权威言说资源的需求比其他国家更强。

以上列举这些"闻之曰",其实,春秋时代的称引有许多形式,如还有"有之曰"等,如《国语》中有"周制有之曰""周之秩官有之曰""先王之教曰""先民有言曰"及"先王之令有之曰"(皆周语中),还有"铭有之曰"(晋语一),"西方之书有之曰"(晋语四),"礼志有之曰"(晋语四),"祭典有之曰"(楚语上)等等,我们就不加赘述了。

第六章 经典

六 《诗》与《书》

以上我们不厌其烦地列举出春秋时代人们各种"引证""称引"的材料,意在彰显出这个时代对权威性言说资源的强烈需求,而这种需求乃是思想文献化、文献经典化的根本动力。正是由于有这种强烈的需求,人们才注重把思想记录下来,把前代传下来的文献当作经典,在重要的谈话中频频引用。所以,从前面列述的五种,可以看到春秋时代人们"引经据典"的多种不同方式。

这多种多样的"引证"形式,固然可以看作"引经据典"的一种表达方法,但多样的、分散的"引据"并不能使每一被引据的对象都变成在文化史上恒久固定的经典。引据的实践,必须通过重复地凝聚于某些文本,来造成真正的经典化。而《诗》与《书》,就是在这样的过程中所形成的经典。我们在上节已经看到,《左传》中的人物在引用"闻之曰"之后,往往同时复引"诗曰"为进一步的论证,其实独立地引证"诗曰"和"书曰"也是这个时代所常见的。把《诗》《书》作为某种终极性的权威文献,在春秋已经开始,而且成为后来儒家文献的特征,早期儒家文献如《孝经》《缁衣》《大学》《中庸》等,都是以大量频繁地引证"诗曰"为其文献特色。

在文明史上,各个民族最初的历史,总是由"口耳相传"的方法流传下来,而在有了文字之后,才将先前口传的内容记载下来,这些便成为传说。而在口耳相传的传说中有一部分是关乎神的故事,即是神话,后来用文字记录下来,加以文饰,更加生动。传说以记事为主,而在文字产生之后,记言的文献亦渐渐增多。《汉书·艺文志》云:"古之王者世有史官,君举必书,所以慎言行、昭法式也。左史记言,右史记事;事为《春秋》,言为《尚书》。"徐旭生指出:"文字的发展却远远落后于语言的发展,所以当日的文字,只能记事,不便于记言。可是当日的重要的语言也会有一部分流传下来,又经过了不少的年岁,文字更加丰富,才达到可以详细记录语言的阶段。"①

在中国古代文化中,文本经典的形成或确定,与教育过程中教本的确定有密切关系。《国语》记楚庄王事提供了明确的资料,可以使我们了解这一过程:

> 庄王使士亹傅太子箴,辞曰:"臣不才,无能益焉。"……王卒使傅之。问于申叔时,叔时曰:"教之春秋,而为之耸善而抑恶焉,以戒劝其心;教之世,而为之昭明德而废幽昏焉,以休惧其动;教之诗,而为之导广显德,以耀明其志;教之礼,使知上下之则;教之乐,以疏其秽而镇其浮;教之令,使访物官;教之语,使明其德,而知先王之务用明德于民也;教之故志,使知废兴者而戒惧焉;教之训典,使知族类,行比义焉……"(卷十七楚语上,527—528页)

---

① 徐旭生:《中国古史的传说时代》,文物出版社,1985年,19页。

第六章 经典

其中列举了"春秋""世""诗""礼""乐""令""语""故志""训典"共九类文献,这些都是用来把贵族子弟培养成全才的精英所必需的文献。这表明,这些文献不仅有知识上的重要性,而且具有思想文化意义上的权威性。所以申叔时所说虽然是就教授楚国太子而言,但他所提到的文献体系的重要性,在春秋时代应有普遍性。因为,中原各国尤其是鲁国、郑国等,在教育方面只能比楚国更加重视传统的文本,而不会落后于楚,如:

> 晋侯使韩宣子来聘,且告为政,而来见,礼也。观书于大史氏,见易象与鲁春秋,曰:"周礼尽在鲁矣!吾乃今知周公之德,与周之所以王也。"(昭公二年,1226—1227页)

陈梦家云:"'观书'之'书',旧释为书册,但'观书'与'见易象与鲁春秋'是分举二事,左传有其例,……所以昭公二年一节,应释为'观尚书于大史氏,并见易象与鲁春秋'。"[1] 可见鲁国的文化在当时是公认为最发达的。鲁春秋是鲁国史,据孟子说:"晋之《乘》,楚之《梼杌》,鲁之《春秋》,一也,其事则齐桓晋文,其文则史。"[2] 可见各国都有史书,但不仅记录本国事迹,亦记当时大国之事也。《左传》中郑国大夫引称的"郑书"(襄公三十年、昭公二十八年),应当也属于这一类的书册。

---

[1] 陈梦家:《尚书通论》,中华书局,1985年,19页。
[2] 《孟子・离娄下》,此句前还有"诗亡而后春秋作"一句。

《礼记》各篇虽不能早于战国，但其中述事，多有本于春秋者，其《内则》云：

> 十年，出就外傅，居宿于外，学书计，衣不帛襦袴。礼帅初，朝夕学幼仪，请肄简谅。十有三年，学乐、颂诗，舞勺。成童舞象，学射御。二十而冠，始学礼，可以衣裘帛，舞大夏。

这里的"书""记""乐""诗""礼"应当也都是教育过程中必修的文献。此外，春秋时期还有三坟、五典、八索、九丘等等文献（见于昭公十二年传），可见这个时期的文献已经大大积累起来。

申叔时所说的九类文献，其中的"春秋""诗""礼""乐"不必解释了，其他各种，据韦昭注，"世"是先王之世系，"令"是先王之法令，"故志"是所记前世成败之书，"语"是治国之善语，"训典"是五帝之书。①

楚非中原，故申叔时上面的说法中，对"诗""书"未加特别强调。特别是，在这九类中没有提"书"，这似乎是很奇怪的。其实，所谓"训典"可能就是（或包括）"书"，《尚书》中本来就有"典""训"，如《尧典》《伊训》等；《逸周书》中多是"训"。《左传》中的"夏训有之""训语有之曰"也应当属于"训"的范围。从《国语》可见，楚国王族对《诗》《书》也很

---

① 《国语》周语上还有所谓"必问于遗训"，此亦为训之一种。《左传》中还有"先王之礼辞有之"（襄公十二年）。这些也都是称引前人的说法。

熟悉，如楚昭王问于观射父的问题之一，就是《周书》中重黎绝地天通的故事，说明楚昭王对《尚书》相当熟悉。

其实，从春秋时期的历史来看，"诗"的使用是春秋礼乐文化中最重要而且是最普遍的一项。《左传》襄公二十九年载，吴公子季札访问（聘）鲁国，鲁国的大夫请他观听周乐，为他歌周南、召南、邶、鄘、卫、齐、豳、秦、魏、大雅、颂等诗，还请他观看大武、大夏诸侯舞。而季札边看边评，从他的评论中可以看出这位远道而来的吴国的公子对周的礼乐文化亦了解甚深，表示他在吴国也曾学习过礼乐文化的知识。

七 引《书》

下面，我们先来看春秋时代人们对"书"的称引。《左传》的引书次数，据顾栋高《春秋大事表》，有22次；但据陈梦家《尚书通论》，《左传》引书共有46条，以下，我们列举其中一部分（君子曰所引书皆不举），以见其大概：

> （鲁庄）公曰："不可，我实不德，齐师何罪？罪我之由。夏书曰：'皋陶迈种德，德，乃降。'姑务修德，以待时乎！"（庄公八年，173—174页）①
>
> （晋）卜偃称疾不出，曰："周书有之：'乃大明服。'己则不明，而杀人以逞，不亦难乎？"（僖公二十三年，403

---

① 此条引自《大禹谟》。

页)①

（晋）赵衰曰："……诗、书，义之府也；礼、乐，德之则也；德、义，利之本也。夏书曰：'赋纳以言，明试以功，车服以庸。'君其试之！"（僖公二十七年，445—446页）②

（晋臼季）对曰："……康诰曰：'父不慈，子不祗，兄不友，弟不共，不相及也。'"（僖公三十三年，502页）

（晋宁嬴）曰："以刚，商书曰：'沈渐刚克，高明柔克。'夫子壹之，其不没乎！"（文公五年，541页）③

晋郤缺言于赵宣子曰："……子为正卿，以主诸侯，而不务德，将若之何？夏书曰：'戒之用休，董之用威，劝之以九歌，勿使坏。'……"（文公七年，563页）④

（鲁）季文子大史克对公曰："……故虞书数舜之功，曰：'慎徽五典，五典克从'，无违教也；曰：'纳于百揆，百揆时序'，无废事也；曰：'宾于四门，四门穆穆'，无凶人也。"（文公十八年，642页）⑤

（晋）中行桓子曰："使疾其民，以盈其贯，将可殪也。周书曰'殪戎殷'，此类之谓也。"（宣公六年，688页）⑥

（晋）羊舌职说是赏也，曰："周书所谓'庸庸祗祗'

---

① 此条引自《康诰》。
② 此条引自《皋陶谟》。
③ 此条引自《洪范》。
④ 此条亦见于《大禹谟》。
⑤ 此条引自《尧典》。
⑥ 此条引自《康诰》。

第六章　经典

者，谓此物也夫。"（宣公十五年，765页）①

（楚）庄王欲纳夏姬，申公巫臣曰："不可。君召诸侯，以讨罪也；今纳夏姬，贪其色也。贪色为淫，淫为大罚。周书曰'明德慎罚'，文王所以造周也。"（成公二年，803页）②

或谓（晋）栾武子曰："圣人与众同欲，是以济事，……商书曰'三人占，从二人'，众故也。"（成公六年，830页）③

（晋）韩厥言于晋侯曰："……周书曰'不敢侮鳏寡'，所以明德也。"（成公八年，839页）④

（晋）范文子立于戎马之前，曰："君幼，诸臣不佞，何以及此？君其戒之。周书曰'惟命不于常'，有德之谓。"（成公十六年，890页）⑤

（周）单子语诸大夫曰："……怨之所聚，乱之本也。多怨而阶乱，何以在位？夏书曰'怨岂在明，不见是图。'将慎其细也。'"（成公十六年，895页）⑥

在《左传》中，襄公、昭公时引书最多：

---

① 此条引自《康诰》。
② 同上。
③ 此条引自《洪范》。
④ 此条引自《康诰》。
⑤ 同上。
⑥ 此条见于《五子之歌》。

（晋魏绛）辞曰："……书曰：'居安思危。'思则有备，有备无患。敢以此规。"（襄公十一年，994页）①

晋侯曰："卫人出其君，不亦甚乎？"（师旷）对曰："或者其君实甚。……故夏书曰：'遒人以木铎徇于路，官师相规，工执艺事以谏。'"（襄公十四年，1016—1018页）②

武仲（鲁臧纥）曰："……若上之所为，而民亦为之，乃其所也，又可禁乎？夏书曰'念兹在兹，释兹在兹，名言兹在兹，允出兹在兹，惟帝念功'，将谓由己壹也。"（襄公二十一年，1057页）③

（晋祁奚）曰："诗曰：'惠我无疆，子孙保之。'书曰：'圣有谟勋，明征定保。'夫谋而鲜过，惠训不倦者，叔向有焉。"（襄公二十一年，1060页）④

（卫）大叔文子闻之，曰："……书曰：'慎始而敬终，终以不困。'诗曰：'夙夜匪解，以事一人。'今宁子视君不如弈棋，其何以免乎？"（襄公二十五年，1109页）⑤

（鲁）公作楚宫，穆叔曰："大誓云：'民之所欲，天必从之。'……"（襄公三十一年，1184页）

（卫）公曰："善哉！何谓威仪？"（北宫文子）对曰："有威而可畏谓之威，……周书数文王之德，曰'大国畏其

---

① 《周官》作"居宠思危"。
② 此条引自《胤征》。
③ 此条见于《大禹谟》。
④ 此条引自《胤征》。
⑤ 《蔡仲之命》此句作："慎厥初，惟厥终，终以不困。"

第六章 经典

力,小国怀其德',言畏而爱之也。"(襄公三十一年,1194页)①

退会,(郑)子羽谓子皮曰:"……大誓曰:'民之所欲,天必从之。'三大夫兆忧,忧能无至乎?"(昭公元年,1204页)

(齐)子旗曰:"……周书曰,'惠不惠,茂不茂',康叔所以服弘大也。"(昭公八年,1303页)②

(郑)子皮尽用其币。归,谓子羽曰:"非知之实难,将在行之。夫子知之矣,我则不足。书曰'欲败度,纵败礼',我之谓矣。"(昭公十年,1319页)③

(晋)叔向曰:"……夏书曰'昏、墨、贼、杀',皋陶之刑也,请从之。"(昭公十四年,1367页)

定哀之后的引书就不再列举了。陈梦家谓:"引书者国籍,晋十五,鲁七,最多。其次郑卫,卫四郑三。……又周书中多引康诰,夏书中多有佚文,商书均见盘庚和洪范。"④从上面所列举的引书之例可见,所引书的言辞都是关乎道德教训和社会规范,说明以礼乐整合社会的文化正在发生变化,社会的变化要求礼乐文明分化出道德等不同领域。

再来看《国语》中引书的一些例子,其中《周语》引书

---

① 《武成》作:"大邦畏其力,小邦怀其德。"
② 《康诰》作:"惠不惠,懋不懋。"
③ 此条见丁《太甲中》。
④ 陈梦家:《尚书通论》,18页。

最多:

> 内史过归,以告王曰:"晋不亡,其君必无后。且吕、郤将不免。"王曰:"何故?"对曰:"夏书有之曰:'众非元后何戴?后非众,无与守邦。'在汤誓曰:'余一人有罪,无以万夫;万夫有罪,在余一人。'在盘庚曰:'国之臧,则惟女众。国之不臧,则惟余一人,是有逸罚。'如是则长众使民,不可不慎也。"(卷一周语上,35页)①
>
> (富辰)对曰:"……夫礼,新不间旧,王以狄女间姜、任,非礼且弃旧也。王一举而弃七德,臣故曰利外矣。书有之曰:'必有忍也,若能有济也。'……"(卷二周语中,50—51页)②
>
> (单)襄公曰:"……故圣人贵让。且谚曰:'兽恶其网,民恶其上。'书曰:'民可近也,而不可上也。'诗曰:'恺悌君子,求福不回。'"(卷二周语中,84页)③
>
> 景王二十一年,将铸大钱,单穆公曰:"……夏书有之曰:'关石、和钧,王府则有。'"(卷三周语下,121页)④
>
> (智伯国)对曰:"……夏书有之曰:'一人三失,怨岂在明?不见是图。'周书有之曰:'怨不在大,亦不在小。'夫君子能勤小物,故无大患。"(卷十五晋语九,502页)⑤

---

① 所引夏书一条见于《大禹谟》。
② 《君陈》作:"必有忍,其乃有济。"
③ 《五子之歌》作:"民可近,不可下。"
④ 此条见于《五子之歌》。
⑤ 同上。

（郑桓）公曰："周其弊乎？"（史伯）对曰："殆于必弊者也。泰誓曰：'民之所欲，天必从之。'今王弃高明昭显，而好谗慝暗昧……"（卷十六郑语，515页）

八　引《诗》

《左传》引诗赋诗，据曾勤良计，凡256条。不过其中赋诗占七十余条，则引诗仍有一百八十余条。① 可知引诗远多于赋诗。引诗之多，不可毕举，现举出典型的几类，以为说明。

有学者把《左传》引诗之方分别为"断章取义""摭句证言""先引以发其下""后引以承其上""意解以申其意""合引以贯其义"等。② 其实，所引诗句，不论在讲论之前，或在讲论之尾，无论断章、意解，都首先预设了"诗"作为经典文本的权威性，都是用以加强言论的说服力量，都是以诗经（当时并无诗经之称，但为行文方便，此下径称"诗"为诗经，读者幸留意焉）作为被称引的论据。

《诗经》是春秋文化中最为突出的要素。春秋时代，习诗诵诗是士以上阶层的最重要的通识教育科目，如孔子教其子孔鲤：

---

① 顾栋高表谓载赋诗之事者28次，引尚书之事者22次，占筮引易之事者17次，盖有一次宴享赋诗数首者。

② 参看杨向时《左传赋诗引诗考》，中华丛书，1972年，64页。但张素卿言："时人言语引诗的事例，始见于桓公六年，止于哀二十六年，共计九十七则，一二二句次。襄、昭之世五十八则，占全部事例的半数以上，引诗最为频繁。"（《左传称诗研究》，台湾大学出版委员会，文史丛刊八十九，1991年，118页）

>鲤趋而过庭,曰:"学诗乎?"对曰:"未也。""不学诗,无以言。"鲤退而学诗。(《论语·季氏》)

可见,"诗"是春秋时代文化交往和语言交往的基本方式和手段,至少是贵族礼仪交往所必需的修辞手段。"不学诗,无以言"表明"诗"的掌握对当时诸侯国之间的交往活动尤为重要,它既代表本国的文化水平,又是礼仪文化共同体内表达要求、意愿的共同方式。故孔子曰:"诵诗三百,授之以政,不达;使于四方,不能专对;虽多,亦奚以为!"(《论语·子路》)孔子还认为学诗可以"迩之事父,远之事君"(《论语·阳货》)。

《左传》引诗一二百条,兹举若干,以见其大略:

>惠公在秦曰:"先君若从史苏之占,吾不及此夫!"韩简侍,曰:"龟,象也;筮,数也。物生而后有象,象而后有滋,滋而后有数,先君之败德,及可数乎?史苏是占,勿从何益?诗曰:'下民之孽,匪降自天。僔沓背憎,职竞由人。'"(僖公十五年,365页)①

>邾人以须句故出师,公卑邾,不设备而御之。臧文仲曰:"国无小,不可易也;无备,虽众不可恃也。诗曰:'战战兢兢,如临深渊,如履薄冰。'又曰:'敬之敬之,天惟显思,命不易哉。'先王之明德,犹无不难也,无不惧也,况我小国乎?"(僖公二十二年,395页)②

---

① 此引诗为小雅之十月之交。
② 此引诗为小雅之小旻。

第六章 经典

季文子曰："齐侯其不免乎？己则无礼，而讨于有礼者，曰：'女何故行礼？'礼以顺天，天之道也，己则反天，而又以讨人，难以免矣。诗曰：'胡不相畏？不畏于天。'君子之不虐幼贱，畏于天也。在周颂曰：'畏天之威，于时保之。'不畏于天，将何能保？"（文公十五年，614 页）①

晋郤成子求成于众狄，众狄疾赤狄之役，遂服于晋。秋，会于欑函，众狄服也。是行也，诸大夫欲召狄，郤成子曰："吾闻之，非德莫如勤，非勤何以求人？能勤有继，其从之也。诗曰：'文王既勤止'，文王犹勤，况寡德乎？"（宣公十一年，713 页）②

晋侯以乐之半赐魏绛，……辞曰："夫和戎狄，国之福也。八年之中，九合诸侯，诸侯无慝，君之灵也，二三子之劳也，臣何力之有焉？抑臣愿君安其乐而思其终也。诗曰：'乐只君子，殿天子之邦。乐只君子，福禄攸同。便蕃左右，亦是帅从。'夫乐以安德，义以处之，礼以行之，信以守之，仁以励之，而后可以殿邦国，同福禄，来远人，所谓乐也。"（襄公十一年，993—994 页）③

卫献公自夷仪使与宁喜言，宁喜许之。大叔文子闻之曰："乌呼！诗所谓'我躬不说，遑恤我后'者，宁子可谓不恤其后矣，将可乎哉？殆必不可。君子之行，思其终也，思其复也。书曰：'慎始而敬终，终以不困。'诗曰：'夙夜

---

① 此引诗为小雅之雨无正。
② 此引诗为周颂。
③ 此引诗为小雅之采菽。

匪解，以事一人。'……"（襄公二十五年，1108—1109页）①

（声子）对曰："……归生闻之，善为国者，赏不僭而刑不滥。赏僭则惧及淫人，刑滥则惧及善人。若不幸而过，宁僭无滥。与其失善，宁其利淫。无善人则国从之，诗曰'人之云亡，邦国殄瘁'，无善人之谓也。故夏书曰'与其杀不辜，宁失不经'，惧失善也。商颂有之曰：'不僭不滥，不敢怠皇，命于下国，封建厥福。'此汤所以获天福也。"（襄公二十六年，1120页）②

叔向曰："子叔子知礼哉！吾闻之曰：'忠信，礼之器也，卑让，礼之宗也。'辞不忘国，忠信也；先国后己，卑让也。诗曰'敬慎威仪，以近有德'，夫子近德矣。"（昭公二年，1229页）③

郑子产作丘赋，国人谤之，……子产曰："何害？苟利社稷，死生以之。且吾闻'为善者不改其度，故能有济也'。民不可逞，度不可改，诗曰：'礼义不愆，何恤于人言？'吾不迁矣。"（昭公四年，1254—1255页）④

韩宣子之适楚也，楚人弗逆。公子弃疾及晋境，晋侯将亦弗逆，叔向曰："楚辟我衷，若何效辟？诗曰：'尔之教矣，民胥效矣。'从我而已，焉用效人之辟？书曰：'圣

---

① 此引诗为小雅之小弁。
② "诗曰"引自大雅之瞻卬。
③ 引自大雅之民劳。
④ 杜注："逸诗也。"

作则。'无宁以善人为则,而则人之辟乎?"(昭公六年,1279页)①

卫襄公卒,晋大夫言于范献子曰:"卫事晋为睦,晋不礼焉,庇其贼人而取其地,故诸侯贰。诗曰:'脊令在原,兄弟急难。'又曰:'死丧之威,兄弟孔怀。'兄弟之不睦,于是乎不吊;况远人,谁敢归之?"(昭公七年,1293—1294页)②

叔向曰:"子野(师旷字)之言君子哉!君子之言,信而有征,故怨远于其身。小人之言,僭而无征,故怨咎及之。诗曰'哀哉不能言,匪舌是出,唯躬是瘁。哿矣能言,巧言如流,俾躬处休',其是之谓乎!"(昭公八年,1301页)③

齐有彗星,齐侯使禳之,晏子曰:"无益也,……君无秽德,又何禳焉?若德之秽,禳之何损?诗曰:'惟此文王,小心翼翼。昭事上帝,聿怀多福。厥德不回,以受方国。'君无违德,方国将至,何患于彗?诗曰:'我无所监,夏后及商。用乱之故,民卒流亡。'若德回乱,民将流亡,祝史之为,无能补也。"(昭公二十六年,1479—1480页)④

《国语》引"诗云""诗曰"者亦不少,盖《左传》重在记事,《国语》重在记言,固尤为明显。

---

① 引自小雅之角弓。
② 引自小雅之棠棣。
③ 引自小雅之雨无正。
④ 此二诗中前者为大雅之大明,后者为佚诗。

九　经典与经典化

中国文化中，"经"的概念适用于内部的各个传统，如儒家有五经、十三经，佛、道亦各有自己的称"经"之书。不过，在西方文化里面，习惯上把佛道的经典用 scripture 来翻译，而将儒家的经典用 classics 来翻译。前者意为"圣典"，后者意为"古典"。西方人的这种分别并非全无理由。在西方文化中内在地有此种分别，scripture 一词本来与基督教有密切关联，而 classics 在西方是指希腊—罗马的人文古典遗产。

但是宗教学家也都承认，儒家经典在多数中国人和大部分历史时代是被作为圣典而接受的（received scripturally），因此，在中国，儒家经典的功能对于个人或集团生活来说，与世界其他圣典传统是相同的。如史密斯（W. C. Smith）指出，中国儒家的经典及其接受，既可一般地比于世界上的各种圣典，又可特殊地比于西方古典的情形。事实上，在西方学界，也有主张把基督教《圣经》中各书称为 classics 者，亦有主张把希腊—罗马古典认定为西方的"理想—理性—人文"运动的 scripture。[①]这都显示出古典与圣典两个概念的重合性和复杂性。

在早期文明时代，在书写文本出现之前，会有一个长时期的口述传统，在口述话本（oral texts）中某些言说是被作为权威性的东西来传述的。最早的文献往往是将这些口述的内容转

---

① 以上参看史密斯《何谓圣典》（英文本），179、183、184 页。

第六章 经典

变为文字的记述。在中国文化中,"经"指书写文本而言,所谓"经"是指具有极大权威性和崇高地位的文献,在这个意义上,经书与宗教学所谓的"圣典"相当接近。"圣典"(scripture)本意是"圣书"(sacred book),常指宗教文献,但作为学术概念也可以包含各个文明传统中与圣书功能相当的文本。因此,圣典可以是礼书、法典、传说、神话、史记、赞神之歌、祷神之文等等,各种圣书之间在形式、风格、主题、内容诸方面差异甚大。从而,"圣典"必然与有文字的文明的经典文本(classic texts)难解难分。这些经典文本在各自文明体中都有其文化、社会和宗教的功能,其例如荷马的《伊利亚特》、中国的五经四书等,它们都在一定的文化区域长久地被崇敬、享有权威,具有无可争议的经典属性(scriptural qualities)。

经典的神圣权威性不是先验地决定的,而是在共同体的文化生活实践中历史地实现的,是在人与人、人与历史的关系中建立起来的。在中国,更是在文化交往、语言交往和礼仪实践中建立起来的。一个经典之成为经典,在且仅在于群体之人皆视其为神圣的、有权威的、有意义的,在这个意义上,经典的性质并非取决于文本的本身,而取决于它在一共同体中实际被使用、被对待的角色和作用。① 我们从"引证"来了解春秋时代对经典的需求,和诗书在春秋文化的地位,正是基于这样的理由。

虽然"经典"的概念和经典的意识的出现有利于古典的保

---

① 宗教的经典的成立,往往由教团会议来决定,不论犹太教、基督教和佛教都有过此类情形。但归根到底,信众群体的使用才是最根本的。此点受惠于与李炽昌教授讨论,特此致谢。

存传承，但经典意识及其表现说明，它的原初动因并不是为了保存古典。从大量的"引证"实践来看，被引证的言说都是规范性的、教训性的，这表明经典意识的出现突出体现了文化对价值权威的要求。

即使在文字和文本经典出现以后，"口传"仍然是经典化的一个重要的实现方式。大量的"闻之""闻之曰"显示出，引证者获得被引证的内容的途径，不一定是以往的阅读，而且可能来自聆听他人的传述。"诗"的情形应很明显，很多人对"诗"的熟悉可能不是通过书册的阅读，而是得自礼仪交往中的赋诗和歌吟。故经典发生作用不一定只是通过沉默的阅读，而可以是公共仪式等。因此诵诗的功能除了礼乐文化本身的要求之外，很明显的，诵诗本身就是一种诗的传播方式，一种普及和强化其权威的文化实践。

如果以比较文化和比较宗教的"经典"研究作为参照来看，可以这样说，诗书所代表的文本的权威化和经典化的形成，是在春秋时代。而这一经典化过程的特色在于，它是文明的经典，而不是宗教的经典。在这里，被经典化的文本并不是某一特定宗教传统的圣书，并不代表某一种特殊的信仰，更不是某一个民族的信仰。佛经是印度诸宗教之一佛教的经典，《圣经》（特别是新约）是基督教的宗教信仰，而诗书则是中华文明的经典，与希腊经典的性质接近。基督教是诞生于西亚的一个宗教，但基督教的传播可以跨越洲际限制；佛教产生于南亚，但可以成为东亚大陆的重要信仰；诗书是中国文化的核心经典，但也可以成为古代朝鲜半岛、日本列岛的经典成分。春秋时代虽然还

第六章 经典

没有"经典"的概念，但从当时人们对诗书的称引来看，诗书无疑在春秋已经获得了经典的地位。文明的经典与宗教的经典的分别是，宗教的经典可以由于宗教的变化而变为与母文明无关，如佛教。文明的经典则不会因为文明体内部不同宗教的消长起伏而受影响。又因为它的权威不是建立在一种最高的超自然存在的权威的基础上，故不受宗教信仰的改变的影响。它会随着文明的整体移植而进入另一个文明之中（韩国与日本），而不是（也很难）通过一个教派的传播而传播于母文明之外。宗教的经典的传播，则不需要依赖母文明的整体移植，而可以仅仅凭借其自己的吸引力而传播到其他的文明。

就其发生学上来看，诗书的经典化是形成于中国文化的一个重要时期，一个人文精神跃动和蓬勃成长的时期。诗书的经典化的特点，是一方面在引证的实践中把诗书经典化，另一方面又在引证中把诗书加以伦理化、训诫化。称引诗书的文化实践表明，当时知识人不仅把诗书视为经典、用为经典，而且以诗书的言辞为伦理教训，不管被称引的语句在诗书原来的文本中是否具有完全的伦理意味。这样一种使用诗书的情形大概一直持续到秦汉。[1]

---

[1] 在中国文化中，经典化与建制的因素也有关系。如"诗"，除了《楚语》所说的太子教育的因素外，国家亦有掌诗之官。《周礼》春官宗伯谓大师"教六诗，曰风、曰赋、曰比、曰兴、曰雅、曰颂"，又言瞽蒙"掌九德六诗之歌，以役大师"。《礼记·王制》言"命大师陈诗，以观民风"，又说"乐师辨于声诗"，还说"乐正崇四术，立四教，以顺先王诗书礼乐以造士，春秋教以礼乐，冬夏教以诗书。王大子王子、群后之大子，卿大夫元士之适子，国之俊选，皆造焉。"可见，诗之职掌由大师、乐师主之，诗教之主掌亦由乐正负责，在制度上诗书成为精英必须学习的知识科目。

上面的论述表明，中国文化的伦理资源，在春秋时代，主要以诗书为经典文本，将其中的语句加以伦理化的解释，以满足价值、规范的需要。这是解释活动能动地建构道德资源的一个例子。这种情形在春秋后期儒家学派建立以后依然不变，先秦儒家文献中固然开始把"子曰"的德性论述作为经典，但诗书的经典地位并不受影响，而且正是儒家继承了春秋时代称引诗书、以诗书为经典的传统，传承诗书、解释诗书，在话语中称引诗书，一直到汉代前期仍然如此。

　　总起来说，春秋时代"记言"之文显著增多，"引证"实践大量涌现，这些既是文化的进步，也凸显了一个已经相当人文化的文化对价值权威的迫切需求。引证文本的本身就是实际的经典化实践，更多地、更权威地、更集中地引述某些文本，这些文本就被经典化了。《周易》《尚书》《诗经》不待汉代已经成为文化的经典，这应当是没有疑义的。所以，引证的实践是某些文本经典化过程的重要途径。在一个非宗教主导的文化中，如何形成经典始终是很重要的课题。

第七章　礼治

> 夫礼，天之经也，地之义也，民之行也。
>
> ——《左传》昭公二十五年

在上面一章"经典"中，由于我们是以引诗为中心，集中讨论了西周到春秋时代权威性言说的需求和《诗》《书》文本的经典化问题，所以我们没有涉及春秋时代"歌诗""赋诗""乐舞"的问题。本章的讨论，先从歌诗、赋诗、乐舞开始，以呈现春秋前期礼乐文化的一般状态；而后集中讨论春秋后期礼乐文化的危机和演变。

一　歌舞

春秋的礼乐制度与我们在前书中"礼乐"一章所说基本一

致,但前书有关"乐"的叙述较少具体的演证。而春秋礼乐文化有《左传》这样的文献为之具体呈现,使我们可以了解得更为具体细致。其中,最值得提出来的,是礼乐实践中的赋歌诵诗以及乐舞。

春秋时代,行燕飨之礼,而歌诗为享燕仪式的重要组成部分。《仪礼·燕礼》对此种仪式曾有记载:

> 乐正先升,北面立于其西。小臣纳工,工四人,二瑟,小臣左何瑟,面鼓执越,内弦右手,相入。升自西阶,北面东上坐,小臣坐授瑟乃降;工歌《鹿鸣》、《四牡》、《皇皇者华》,卒歌……笙入,立于县中;奏《南陔》、《白华》、《华黍》……乃间歌《鱼丽》,笙《由庚》;歌《南有嘉鱼》,笙《崇丘》;歌《南山有台》,笙《由仪》。遂歌乡乐,周南:《关雎》、《葛覃》、《卷耳》。召南:《鹊巢》、《采蘩》、《采苹》。大师告于乐正曰:正歌备。
>
> ……若以乐纳宾,则宾及庭奏《肆夏》。宾拜酒,主人答拜而乐阕。公拜受爵而奏《肆夏》。公卒爵,主人升,受爵以下而乐阕。什歌《鹿鸣》,下管新宫,笙入三成,遂合乡乐。若舞则《勺》。

《仪礼》的"乡饮酒礼""乡射礼"也有类似奏歌舞乐的节目(此处节目二字用古义,非现代汉语之用)。歌诗是在宴集场合配乐歌诗,成为整个宴集礼仪的一部分。而歌诗的过程可以分为两个部分,一为正歌,一为纳宾之歌。所谓正歌,是指宴会

第七章　礼治

主体阶段的乐歌，其中又分为四节：一是以瑟伴奏，歌小雅的《鹿鸣》《四牡》《皇皇者华》三首（晋侯享叔孙豹亦歌此三首）。二是以笙伴奏，奏《南陔》《白华》《华黍》三首（此三首为逸诗）。三是以瑟和小笙相间伴奏，以瑟伴奏歌小雅的《鱼丽》《南有嘉鱼》《南山有台》三首；以笙伴奏歌《由庚》《崇丘》《由仪》（此三首亦为逸诗）。四是乡乐，所歌都是国风，歌周南的《关雎》《葛覃》《卷耳》三首，歌召南的《鹊巢》《采蘩》《采𬞟》三首。正歌奏完之后，还有纳宾之歌，纳宾之歌比较简单，其中两次奏《肆夏》，《肆夏》为周礼钟乐九夏之二，是钟鼓乐。最后歌小雅的《鹿鸣》。燕礼的奏乐歌诗，是固定化的仪式程序，一般来说客人无须做出反应。

但是，春秋时代多数享宴场合，是由主人安排乐歌，以表达某种意愿，这时，客人既要能理解主人在此一脉络之下所以奏歌此诗的深意，又需要作出适当的反应。比如：

> 穆叔如晋，报知武子之聘也。晋侯享之。金奏《肆夏》之三，不拜。工歌《文王》之三，又不拜。歌《鹿鸣》之三，三拜。韩献子使行人子员问之曰："子以君命辱于敝邑。先君之礼，藉之以乐，以辱吾子。吾子舍其大，而重拜其细，敢问何礼也？"
>
> 对曰："《三夏》，天子所以享元侯也，使臣弗敢与闻。《文王》，两君相见之乐也，使臣不敢及。《鹿鸣》，君所以嘉寡君也，敢不拜嘉！《四牡》，君所以劳使臣也，敢不重拜！《皇皇者华》，君教使臣曰：'必咨于周。'臣闻之：'访

问于善为咨，咨亲为询，咨礼为度，咨事为诹，咨难为谋。'臣获五善，敢不重拜？"（襄公四年，932—934页）

叔孙穆子访问晋国，这是对知武子访问鲁国的回访。晋侯以享礼接待他，先令乐工以钟鼓奏《肆夏》之三，可是穆叔并没有拜谢。① 然后令乐工歌"诗"大雅的《文王之什》首三章，穆叔还是没有拜谢。其后，令歌小雅的《鹿鸣之什》首三章，穆叔拜谢三次。② 韩献子不明白，派人去问他。叔孙豹来自鲁国，深知周礼，所以他对每一次的奏乐歌诗的反应都尽量要求合于礼。晋国礼乐文化毕竟不如鲁浸润之深，所以在享礼上，虽然金奏歌诗，享之乐之，却未能尽合于礼，而对叔孙豹之所以应答者也不能真正了解。叔孙加以说明：《肆夏》之三是天子享诸侯之乐，《文王》是两君相见之乐，我作为臣子，当然不敢领受。而《鹿鸣之什》首三章分别是《鹿鸣》《四牡》《皇皇者华》，其中《鹿鸣》之歌是晋侯用以致意于鲁君的，我作为鲁国的代表怎么敢不拜受呢；《四牡》之歌是晋侯用以慰劳我远道而来，我必当拜谢；《皇皇者华》是晋侯用来教诲我的德行，我当

---

① 肆夏为钟乐，观穆叔之答，奏肆夏时亦应有歌诗相配，有学者认为同时歌《周颂·清庙之什》末章，参看杨向时《左传赋诗引诗考》，25页。
② 所歌文王之三，杜注："文王之三，大雅之首，《文王》《大明》《绵》。"即《诗经·大雅·文王之什》的首三章。所歌鹿鸣之三，杜注："小雅之首，《鹿鸣》《四牡》《皇皇者华》。"

第七章 礼治

然要再拜而谢了。① 照《仪礼》所说,歌《鹿鸣》《四牡》《皇皇者华》是燕飨礼正歌的固定程序,则叔孙穆子应当无须一一拜谢。叔孙穆子对这三首的三拜,似乎说明鲁国所奉行的礼并未以此三首为固定的节目。当然,穆子所说,也可以看作一种诠释,通过他个人的、非常规的诠释以表现他对"礼乐"的特别讲求。

襄公二十九年,吴国的公子季札来聘于鲁国,《左传》载此事甚详:

> 吴公子札来聘,见叔孙穆子,说之。……请观于周乐。使工为之歌周南、召南,曰:"美哉!始基之矣,犹未也,然勤而不怨矣。"为之歌邶、鄘、卫,曰:"美哉渊乎!忧而不困者也。吾闻卫康叔、武公之德如是,是其卫风乎?"为之歌王,曰:"美哉!思而不惧,其周之东乎?"为之歌郑,曰:"美哉!其细已甚,民弗堪也,是其先亡乎?"为之歌齐,曰:"美哉!泱泱乎!大风也哉!表东海者,其太公乎?国未可量也。"为之歌豳,曰:"美哉!荡乎!乐而不淫,其周公之东乎?"为之歌秦,曰:"此之谓夏声,夫能夏则大,大之至也,其周之旧乎?"为之歌魏,曰:"美哉!沨沨乎!大而婉,险而易行,以德辅此,则明主也。"为之歌唐,曰:"思深哉!其有陶唐氏之遗民乎?不然,何

---

① 穆叔所谓咨之五善,亦由《皇皇者华》有云"载驰载驱,周爰咨诹""载驰载驱,周爰咨谋""载驰载驱,周爰咨询"。又叔孙穆子聘晋一事,亦载于《国语》卷五鲁语下。

其忧之远也？非令德之后，谁能若是？"为之歌陈，曰："国无主，其能久乎？"自郐以下无讥焉。为之歌小雅，曰："美哉！思而不贰，怨而不言，其周德之衰乎？犹有先王之遗民焉。"为之歌大雅，曰："广哉！熙熙乎！曲而有直体，其文王之德乎！"为之歌颂，曰："至矣哉！直而不倨，曲而不屈，迩而不偪，远而不携，迁而不淫，复而不厌，哀而不愁，乐而不荒，用而不匮，广而不宣，施而不费，取而不贪，处而不底，行而不流。五声和，八风平，节有度，守有序，盛德之所同也。"

见舞象箾、南籥者，曰："美哉！犹有憾。"见舞大武者，曰："美哉！周之盛也，其若此乎！"见舞韶濩者，曰："圣人之弘也，而犹有惭德，圣人之难也。"见舞大夏者，曰："美哉！勤而不德，非禹，其谁能修之！"见舞韶箾者，曰："德至矣哉！大矣，如天之无不帱也，如地之无不载也，虽甚盛德，其蔑以加于此矣。观止矣，若有他乐，吾不敢请已。"（襄公二十九年，1161—1165 页）

季札为吴王寿梦之子，到鲁国访问，要求观赏周乐。因为鲁国保存周礼最多，又传承三代乐舞，礼乐文明在诸侯国中最为发达，季札来自远离中原的吴国，所以请求观赏之。不过，从上面的记述来看，季札虽然来自吴国，但他显然已经饱受中原文化的熏陶，修养甚高，所以他的评论和鉴赏力已达相当高的水平。他先后对演奏的乐、诗、舞加以品评，不仅显示出他的美学欣赏能力，而且显示出他对上古传统、周人历史和各国政情

第七章 礼治

都颇为了解。

二 赋诗

所谓赋诗，是指春秋时期诸侯、卿大夫在燕礼、享礼、朝礼、聘礼以及会盟等等正式交往的仪式场合，口赋《诗经》中的诗句以互相表达意愿，既完成为一种仪式，又以此为一种特殊的外交辞令，进行交流。《左传》中记录的行礼赋诗之事，数以百计，以下列举若干显著之例来说明。

赋诗与歌诗不同，歌诗是以乐伴奏而歌咏之，而赋诗则无歌，故班固云"不歌而颂亦曰赋"（正义引）。更重要的，如燕礼中的歌诗，常常是循照固定的礼节条目，是纯粹礼仪性的、固定化的。而宴享中的赋诗则是参加者自己根据情境而自选诗经的诗句来表达意愿。看下面的例子：

> 秦伯将享公子，公子使子犯从，子犯曰："吾不如衰之文也，请使衰从。"乃使子余从。秦伯享公子如享国君之礼，子余相如宾。……明日宴，秦伯赋《采菽》，子余使公子降拜。秦伯降辞。子余曰："君以天子之命服命重耳，重耳敢有安志，敢不降拜？"成拜卒登，子余使公子赋《黍苗》。子余曰："重耳之仰君也，若黍苗之仰阴雨也……"秦伯叹曰："是子将有焉，岂专在寡人乎？"秦伯赋《鸠飞》，公子赋《河水》，秦伯赋《六月》，子余使公子降拜，秦伯降辞。子余曰："君称所以佐天子匡王国者，以命重

耳，重耳敢有惰心，敢不从德？"（《国语》卷十晋语五，359—360页）

享礼与宴宾是分开的，晋公子重耳流亡到秦国，秦伯以国君之礼享之，在享礼上没有赋诗。① 次日宴宾，秦伯赋《采菽》，其诗曰"君子来朝，何赐予之"，子余（赵衰）让重耳下堂拜谢，秦伯也下堂辞谢，子余说，《采菽》是王赐诸侯命服之乐，您以此赋，我们怎敢不降拜。拜后重新上堂，子余让重耳赋《黍苗》，该诗中有"芃芃黍苗，阴雨膏之"，子余解释赋此诗的意思是，重耳仰仗秦国，如同黍苗仰仗阴雨一样。其实赋此诗的意思本来不必解释，秦伯也自能明白，子余做此解释主要是为了以此为引子，具体说明重耳复国的志向。秦伯赋《鸠飞》，诗中说"我心忧伤，念昔先人"，秦穆公女穆姬是晋怀公妻，秦伯赋此诗表示念在穆姬情分，会帮助重耳。重耳赋《河水》，用"沔彼流水，朝宗于海"表示如能返国，必朝事于秦。秦伯又赋《六月》，以诗中的"以佐天子"表示他相信重耳返国后定能做成一番事业。子余再次让重耳降拜，并说《六月》是讲尹吉甫辅佐周宣王的事，秦伯以此鼓励重耳，重耳怎敢不听从您的意旨呢。秦、晋两国的政治交易就在这样雍容典雅的礼仪上用赋诗为工具而达成了。

  公如晋，及晋侯盟，晋侯飨公，赋《菁菁者莪》，庄叔

---

① 亦有享时赋诗，而宴时不赋者，如"宋公享昭子，赋《新宫》，昭子赋《车辖》。明日宴，饮酒，乐……"（昭公二十五年，1455页）

第七章 礼治

以公降拜,曰:"小国受命于大国,敢不慎仪?君贶之以大礼,何乐如之?抑小国之乐,大国之惠也。"晋侯降,辞。登,成拜。公赋《嘉乐》。(文公三年,531页)

《菁菁者莪》为小雅中一篇,其中说"既见君子,乐且有仪",晋侯在燕飨时赋此诗,表示对鲁国国君的欢迎。庄叔相礼,即专任协助礼事之责,便引导鲁君拜谢之,云"敢不慎仪";鲁君又赋《嘉乐》,《嘉乐》是大雅中一首,中云"保右命之,自天申之",鲁君以此祝福晋侯。

冬,公如晋朝,且寻盟。卫侯会公于沓,请平于晋。公还,郑伯会公于棐,亦请平于晋。公皆成之。郑伯与公宴于棐,子家赋《鸿雁》,季文子曰:"寡君未免于此。"文子赋《四月》,子家赋《载驰》之四章;文子赋《采薇》之四章,郑伯拜。公答拜。(文公十三年,598—599页)

鲁文公朝会于晋国,为与晋国结盟修好,并帮助卫国向晋国请和。鲁文公在归途中遇到郑国的国君郑伯,郑伯宴享文公,郑国大夫子家赋《鸿雁》,诗中说"燕燕于飞,肃肃其羽""爰及矜人,哀此鳏寡",意为问候文公的道路奔波之劳,且请求文公怜恤郑国的寡弱,帮忙向晋国请和。季文子代文公做答,赋《四月》,此诗是抱怨出行辛苦的诗,赋此诗意谓鲁国亦寡弱,且远行劳顿,不欲再赴晋国。子家又赋《载驰》之四,此章中说"控于大邦,谁因谁极",赋诗之意是依靠大国,有求大国。

于是季文子再赋《采薇》之四,其中说"岂敢定居,一月三捷",表示不敢求安逸,允诺返于晋国为郑请和。所以郑伯拜谢,文公答拜。可见,赋诗之交,不仅是一种礼仪行为,也包含着实质的应答。

  卫侯如晋,晋人执而囚之于士弱氏。秋七月,齐侯、郑伯为卫侯故如晋。晋侯兼享之,晋侯赋《嘉乐》。国景子相齐侯,赋《蓼萧》;子展相郑伯,赋《缁衣》。叔向命晋侯拜二君,曰:"寡君敢拜齐君之安我先君之宗祧也,敢拜郑君之不贰也。"国子使晏平仲私于叔向曰:"晋君宣其明德于诸侯,恤其患而补其阙,正其违而治其烦,所以为盟主也。今为臣执君,若之何?"叔向告赵文子,文子以告晋侯。晋侯言卫侯之罪,使叔向告二君。国子赋《辔之柔矣》,子展赋《将仲子兮》,晋侯乃许归卫侯。(襄公二十六年,1116—1117页)

襄公二十五年卫国的宁喜杀卫侯剽,迎卫献公复国。襄公二十六年晋侯听晋国孙文子之言而扣押了到晋国访问的卫献公。所以此年秋天齐、郑二国之君到晋国访问,欲救卫侯。晋国以享礼接待,赋《嘉乐》。《嘉乐》中说"嘉乐君子,显显令德",晋侯用此表示对齐侯和郑伯的欢迎。国子代表齐侯赋《蓼萧》,子展代表郑伯赋《缁衣》,其中都暗示晋国看在齐国、郑国的面子上归还卫侯。从这样一个线索来看,国子可能是用《蓼萧》中所说的"既见君子""宜兄宜弟",一方面答谢晋侯,一方面指

第七章 礼治

明晋国和郑国是兄弟,希望晋国可以给大家面子。而子展可能是用《缁衣》中的"适子之馆兮"表达对晋国的忠心。叔向了解二君的来意,但知晋侯并不想放卫侯,于是假装认为二君是以这两首诗中的其他诗句颂扬晋侯,让晋侯拜谢之。① 国子一看对方似乎没有了解用诗的意思,就让晏子把真正的意思直接告诉叔向,晋侯就让叔向转告卫侯的过失所在。国子赋《辔之柔矣》,其中说"马之刚矣,辔之柔矣",劝告晋侯要以宽柔安诸侯。子展赋《将仲子兮》,用其中的"岂敢爱人,畏人之多言"即人言可畏的道理劝告晋侯。最后晋侯才同意释放卫侯。

以上三例是公享公之礼,双方赋诗以表达意愿。在《左传》中,更多的是公享大夫,大夫赋诗以答的例子,如:

> 晋范宣子来聘,且拜公之辱,告将用师于郑。公享之。宣子赋《摽有梅》。季武子曰:"谁敢哉!今譬于草木,寡君在君,君之臭味也。欢以承命,何时之有?"武子赋《角弓》。宾将出,武子赋《彤弓》。宣子曰:"城濮之役,我先君文公,献功于衡雍,受彤弓于襄王,以为子孙藏。匄也,先君守官之嗣也,敢不承命!"(襄公八年,959—960页)

范宣子到鲁国访问,答谢鲁侯之朝晋。鲁侯宴享范宣子,宣子赋召南的《摽有梅》。诗中说,如不嫌弃,请嫁给我,宣子以此诗邀鲁共同讨伐郑国。季武子响应说,晋侯如同花朵,鲁侯如

---

① 谓叔向假意不明,此说取于杨伯峻,见《春秋左传注》三,1116页。

同嗅味，表示鲁将跟随晋；又赋《角弓》，用诗中的"兄弟婚姻"表示承允范宣子之请。宣子将出门，武子又赋《彤弓》，以其中的"我有嘉宾"祝福客人。

> 季武子如晋拜师，晋侯享之。范宣子为政，赋《黍苗》。季武子兴，再拜稽首，曰："小国之仰大国也，如百谷之仰膏雨焉；若常膏之，其天下辑睦，岂唯敝邑？"赋《六月》。（襄公十九年，1047页）

《黍苗》为小雅中的一篇。季武子到晋国，感谢齐国出兵，晋侯以享礼待之，晋国的范宣子赋《黍苗》，对季武子的远道而来表示慰问。季武子遂赋《六月》，赞美晋侯。

> 冬，季武子如宋，报向戌之聘也。褚师段逆之以受享，赋《常棣》之七章以卒。宋人重贿之。归，复命，公享之，赋《鱼丽》之卒章，公赋《南山有台》，武子去所，曰："臣不堪也。"（襄公二十一年，1054页）

襄公十五年时宋国的向戌曾来鲁国寻盟，故二十一年鲁国的季武子回访宋国。宋国享宴鲁国的客人，武子赋《常棣》之七，取诗中"如鼓瑟琴""兄弟既翕"之义，称美两国的友好。季武子回到鲁国，襄公也享宴以劳之，武子赋《鱼丽》的最后一章，归美于君。襄公则赋《南山有台》，取其中"乐只君子，邦家之基"以称赞武子，故武子闻赋避席，表示不敢当之。这些是本

第七章　礼治

国君主享宴大夫的例子。

晋国的赵孟在郑国与郑国的七大夫的赋诗应酬,犹能代表当时卿大夫以赋诗会友的文化:

> 郑伯享赵孟于垂陇,子展、伯有、子西、子产、子大叔、二子石从。赵孟曰:"七子从君,以宠武也。请皆赋,以卒君贶。武亦以观七子之志。"子展赋《草虫》,赵孟曰:"善哉,民之主也,抑武也,不足以当之。"伯有赋《鹑之贲贲》,赵孟曰:"床笫之言不踰阈,况在野乎?非使人之所得闻也。"子西赋《黍苗》之四章,赵孟曰:"寡君在,武何能焉。"子产赋《隰桑》,赵孟曰:"武请受其卒章。"子大叔赋《野有蔓草》,赵孟曰:"吾子之惠也。"印段赋《蟋蟀》,赵孟曰:"善哉,保家之主也,吾有望矣。"公孙段赋《桑扈》,赵孟曰:"'匪交匪敖',福将焉往?若保是言也,欲辞福禄,得乎?"(襄公二十七年,1134—1135页)

赵孟(名武,文子)自宋国返国,经过郑国,郑伯以礼招待他,七位大夫作陪,赵孟请七大夫各赋一诗,既以成其礼仪,又借以了解各人的心志。子展赋《草虫》,诗中说"未见君子,忧心忡忡","亦既见止""我心则降",意谓未见赵孟时为国心忧,见到赵孟是君子,觉得晋国能够信赖。赵孟赞美他是人民的好领导人,又说自己不敢当君子之美。印段赋《蟋蟀》,诗中说"无以大康,职思其居,好乐无荒,良士瞿瞿",赵孟听后称赞他为能治理国家的好领导人。而伯有赋《鹑之贲贲》,此诗本来是讽刺卫宣姜的淫乱,所以赵孟响应说男女之情不出于门,我是外来的使者,是不敢与闻于此的。宴会之后,赵孟私下对叔向又作了一些评论:

> 卒享,文子告叔向曰:"伯有将为戮矣,诗以言志,志诬其上而公怨之,以为宾荣,其能久乎?……其余,皆数世之主也。子展其后亡者也,在上不忘降。印氏其次也,乐而不荒。乐以安民,不淫以使之,后亡,不亦可乎!"(襄公十七年,1135页)

伯有所赋诗中有"君",赵孟认为伯有对君不敬,将来可能作乱。对子展和印段评价最高,认为他们的氏族定能久长。

过了数年,赵孟再次过郑国:

> 夏四月,赵孟、叔孙豹、曹大夫入于郑,郑伯兼享之。子皮戒赵孟,礼终,赵孟赋《瓠叶》。子皮遂戒穆叔,且告之。穆叔曰:"赵孟欲一献,子其从之。"子皮曰:"敢乎?"穆叔曰:"夫人之所欲也,又何不敢?"及享,具五献之笾豆于幕下。赵孟辞,私于子产曰:"武请于冢宰矣。"乃用一献。赵孟为客,礼终乃宴,穆叔赋《鹊巢》,赵孟曰:"武不堪也。"又赋《采蘩》,曰:"小国为蘩,大国省穑而用之,其何实非命?"子皮赋《野有死麕》之卒章,赵孟赋《常棣》,且曰:"吾兄弟比以安,尨也可使无吠。"穆叔、子皮及曹大夫兴,拜……(昭公元年,1208—1210页)

第七章 礼治

赵孟等三人过郑，郑伯欲享之，先由子皮向客人通告之，赵孟赋《瓠叶》，表示希望从简，一献即可。飨礼上，郑伯仍然备以五献，赵孟再次向子产请求只行一献，盖以此次是过郑，非专来聘郑也。飨礼毕乃宴请之，叔孙豹赋《鹊巢》，赞美晋国和赵孟有安鲁之功，赵孟答说不敢当也。叔孙豹又赋《采蘩》，子皮赋《野有死麇》，都是称美赵孟。赵孟赋《常棣》，取其四章的"兄弟阋墙，外御其侮"的意思，表示晋鲁郑兄弟好合，共同对外。从这些材料可见，当时各国的卿大夫在礼典之上，以诗代言，各为其国，可谓用心良苦。

> 晋侯使韩宣子来聘，且告为政，而来见，礼也。……公享之，季武子赋《绵》之卒章，韩子赋《角弓》。季武子拜，曰："敢拜子之弥缝敝邑，寡君有望矣。"武子赋《节》之卒章。既享，宴于季氏，有嘉树焉，宣子誉之。武子曰："宿敢不封殖此树，以无忘《角弓》。"遂赋《甘棠》。宣子曰："起不堪也，无以及召公。"（昭公二年，1226—1228页）

鲁昭公即位，晋侯派韩宣子来聘，宣子在鲁国观书，见《易》《象》《春秋》，赞叹周礼尽在于鲁。及昭公享之时，季武子先赋《绵》之卒章，赞美晋侯及宣子。宣子赋《角弓》，取其中兄弟相亲之意而响应之。季武子拜谢，说希望两国以后更加亲密，而且再赋《节南山》的卒章，以感谢晋国。亨礼之后，宴于季氏之家。

昭公时韩宣子亦曾到郑国，当时伯有等人已死，子产与子皮之子罕即婴齐、公孙段之子子旗、印段之子子柳等六卿与韩宣子也有一段赋诗的交往：

> 晋韩起聘于郑，郑伯享之。……郑六卿饯宣子于郊。宣子曰："二三君子请皆赋，起亦以知郑志。"子齹赋《野有蔓草》，宣子曰："孺子善哉！吾有望矣。"子产赋郑之《羔裘》，宣子曰："起不堪也。"子大叔赋《褰裳》，宣子曰："起在此，敢勤子至于他人乎？"子大叔拜，宣子曰："善哉！子之言是！不有是事，其能终乎？"子游赋《风雨》，子旗赋《有女同车》，子柳赋《萚兮》。宣子喜，曰："郑其庶乎！二三君子以君命贶起，赋不出郑志，皆昵燕好也。二三君子，数世之主也，可以无惧矣。"宣子皆献马焉，而赋《我将》。子产拜，使五卿皆拜，曰："吾子靖乱，敢不拜德！"（昭公十六年，1376—1381页）

这情形很像襄公二十七年晋国赵孟与郑国七大夫赋诗行礼的情形，说明郑国虽是小国，但礼乐文化的水平甚高。此次是六位卿大夫为宣子送行，是大夫享大夫，宣子如赵孟故事，请六卿各自赋诗，以观其志。婴齐赋《野有蔓草》，取其"邂逅相遇，适我愿兮"，宣子称善。子产赋诗《羔裘》，盖取其"彼其之子，邦之彦兮"，赞美宣子为晋国的栋梁，宣子答谢，曰不足以当之。子大叔赋诗《褰裳》，诗中说"子惠思我，褰裳涉溱；子不我思，岂无他人"，意思是说感谢您远道而来对郑国表示关心，

第七章　礼治

如果您不照顾郑国，我们就只好寻求别人的帮助了。宣子马上说，我在晋国执政，一定保护郑国，不必费力他求。子大叔拜谢，宣子表示子大叔的警戒很重要。其余三位大夫也都赋诗称美宣子，表达见贤君子之乐。六大夫所赋诗，都出于郑诗，所以六大夫赋诗完毕，宣子说，郑国一定会兴盛，诸位奉国君之命赐宴送我，所赋之诗全都是郑诗，又皆表示亲密和友好，各位的氏族一定能世守其职。宣子自己赋《我将》，取其"仪型文王，日靖四方""畏天之威，于时保之"，晋强郑弱，韩宣子表示晋将保护郑国之意，[①] 所以子产和五卿拜谢。

由上面的例子，我们可以真正了解孔子所说的"不学诗，无以言""不可使于四方"的意义。上举各例，既有诸侯国之间国君与国君享礼的情形，也有公与大夫、大夫与大夫之间宴享的情形。西周到春秋贵族仪典上赋诗的场景，雍容典雅，彬彬有礼，充分显示出礼乐文化的华贵气象和它所达到的卓越水平。从《左传》我们还了解到，赋诗也是春秋时代不少贵族妇女所掌握的一种表达文化，甚至也是国人表达政治意见的一种方式。[②] 所以，歌诗待宾和赋诗言志，不仅是西周上层社会礼乐

[①] 杜注："取其'日靖四方，我其夙夜，畏天之威'，言志在靖乱，畏惧天威。"杨伯峻更谓："盖亦取'于时保之'，保小国也。"参看杨书1382页。又，本章所述各例赋诗之意，皆参合杜预和杨伯峻春秋左传之注、竹添光鸿《左传会笺》、杨向时《左传赋诗引诗考》、曾勤良《左传引诗赋诗之诗教研究》。

[②] 妇女赋诗，如穆姜赋《绿衣》之卒章（成公九年），许穆夫人赋《载驰》（闵公二年），公父文伯之母赋《绿衣》之二章（鲁语下）等。民人赋诗，如卫人因庄姜而赋《硕人》（隐公三年），郑人恶高克而赋《清人》（闵公二年），秦国人因哀于牛氏三子而赋《黄鸟》（文公六年）等。

文化所流行的交往方式和表达方式，而且影响到国人生活中的表达习惯。这种赋诗以言志的活动，乃是春秋发达的礼乐文化的突出表现。

赋诗也可以说是春秋贵族社会中的一种高度文明的交往游戏，它要求参与这个游戏的人对《诗经》数百篇的诗句极为熟悉，不仅可以自己信口拈出，而且能迅速了解对方所赋诗句的出处和含义；要求赋诗者对"断章取义"的称引艺术有高度的把握，能够根据各种复杂的情境用赋诗来应对变化和表达意愿。而这一切引诗赋诗的活动，都无疑是以《诗经》在当时已经成为具有固定体系、具有稳定权威的文字文本为前提。也可以想见，参与这种游戏的训练必然是从少年时代开始，经历长久的反复实践，才能达到可以运用自如的程度。同时，用诗又必须和行礼的知识相互配合，以呈现一个君子的完整形象。"合于礼"不仅是用诗的一个形式标准，也是检验用诗者心志的伦理原则，如国君不可以以两君相见的乐诗以待使臣，臣也不可随意接受对方的乐诗而不顾身份。诗乐之用是对人的礼乐知识同道德品性的一种检验。

赋诗引诗，作为表达的方式，在知礼守礼的原则下，强调委婉有致，巧妙得体，美而不谄，正而不阿，辞强不激，忠直平和，婉转恳切，美人逊己，往往片言之间，折冲樽俎，而能化解纷争。这既是一种很高的表达技巧，也是一种高度文明的体现。德国社会学家埃利亚斯写了《文明的进程》，专门讨论所谓文明的社会起源和心理起源，他所研究的对象是中世纪产生的礼貌概念、中世纪的社交礼仪，以及文艺复兴时期人的行为，

第七章 礼治

如就餐、吐痰、擦鼻涕等,注重了解文明习惯的养成。其实,这些东西比起西周春秋贵族社会的礼仪文明和诗乐文明,可谓小巫见大巫。

不过,这一切虽然是西周至春秋礼乐文化发达时期的表现,但是,如果仅仅限于这种华丽高雅的形式交往,那就会使得形式的意义多于实质的意义,贵族文化中都会有这种倾向。这在社会稳定的时期还看不出其中的问题,可是到了社会制度解体、既有规范失序的情况下,上层社会典雅的交往形式和政治—伦理秩序的破坏、混乱就会形成强烈反差,其中的问题和偏差就会凸显起来。而针对这些偏差应运而生的新的思想也就随之产生。我们在下面将要看到的,正是这样一幅图景。

三 "礼"与"仪"

春秋时代,鲁国一直被公认为周代礼乐文化的忠实的传承者、保存者和代表者。昭公初年,晋国的韩宣子聘鲁而感叹"周礼尽在鲁矣",此一事最能说明鲁国的文化地位:

> 二年春,晋侯使韩宣子来聘,且告为政,而来见,礼也。观书于大史氏,见《易》《象》与《鲁春秋》,曰:"周礼尽在鲁矣!吾乃今知周公之德与周之所以王也。"公享之,季武子赋《绵》之卒章,韩子赋《角弓》。……(昭公二年,1226—1227页)

大史掌文献书册，韩起得见《周易》及《鲁春秋》等，叹为观止。如果把这一事和四年前（襄公二十九年）吴国公子季札在鲁国观赏奏乐歌诗的事合并而观，可知鲁国当时所保存的礼乐文化确实洋洋大观。照这样说来，鲁国人应当是最"知礼"的了。

然而，昭公五年鲁昭公访问晋国，在晋国已经出现了对"礼"的重新思考：

> 公如晋，自郊劳至于赠贿，无失礼。晋侯谓女叔齐曰："鲁侯不亦善于礼乎？"对曰："鲁侯焉知礼！"公曰："何为？自郊劳至于赠贿，礼无违者，何故不知？"对曰："是仪也，不可谓礼。礼，所以守其国，行其政令，无失其民者也。今政令在家，不能取也。有子家羁，弗能用也。奸大国之盟，陵虐小国；利人之难，不知其私。公室四分，民食于他；思莫在公，不图其终。为国君，难将及身，不恤其所。礼之本末将于此乎在，而屑屑焉习仪以亟，言善于礼，不亦远乎？"君子谓叔侯于是乎知礼。（昭公五年，1266页）

鲁国保存周之礼乐最多，鲁昭公即位时间不长，他在访问晋国的各种仪典之上，其进退应对都能合于礼数，这说明他对礼制的仪节度数素有了解，也显示鲁国礼乐文化的基础的深厚。昭公与晋侯相见，本无失礼之处，但晋臣女叔齐却批评昭公不懂得"礼"。可见，"礼"的观念在这个时候已经出现了突破性的

第七章　礼治

变化，而这种突破就在于注重"礼"与"仪"的区分。在这个区分中，"礼"的意义渐渐发生了某种变化，礼不再被作为制度、仪式、文化的总体，被突出出来的是"礼"作为政治秩序的核心原则的意义。昭公时的另一个材料也明确地显示出这种发展，这一次是晋国的赵简子在郑国被上了一课：

> 子大叔见赵简子，简子问揖让、周旋之礼焉。
> 对曰："是仪也，非礼也。"
> 简子问："敢问何谓礼？"
> 对曰："吉也闻诸先大夫子产曰：'夫礼，天之经也，地之义也，民之行也。'天地之经，而民实则之。则天之明，因地之性，生其六气，用其五行。气为五味，发为五色，章为五声。淫则昏乱，民失其性。是故为礼以奉之；为六畜、五牲、三牺，以奉五味。为九文、六采、五章，以奉五色。为九歌、八风、七音、六律，以奉五声。为君臣、上下，以则地义。为夫妇、外内，以经二物。为父子、兄弟、姑姊、甥舅、昏媾、姻亚，以象天明。为政事、庸力、行务，以从四时。为刑罚威狱，使民畏忌，以类其震曜杀戮。为温慈惠和，以效天之生殖长育。
> 民有好恶、喜怒、哀乐，生于六气，是故审则宜类，以制六志。哀有哭泣，乐有歌舞，喜有施舍，怒有战斗。喜生于好，怒生于恶。是故审行信令，祸福赏罚，以制死生。生，好物也；死，恶物也。好物，乐也；恶物，哀也。

哀乐不失，乃能协于天地之性，是以长久。"①

简子曰："甚哉！礼之大也！"

对曰："礼，上下之纪，天地之经纬也，民之所以生也，是以先王尚之。故人之能自曲直以赴礼者，谓之成人。大，不亦宜乎！"

简子曰："鞅也，请终身守此言也。"（昭公二十五年，1457—1459页）

子大叔论礼的这番讲话，具有非常重要的意义。他的立论相当整齐：第一，就统一性而言，"礼"是天、地、人的普遍法则，所谓天之经、地之义、民之行。这是广义的礼。第二，就分别性而言，"天经""地义"代表宇宙自然的法则，作为"民行"的"礼"是人世社会仿效自然的法则而建构的，所谓"天地之经，民实则之"。这是狭义的礼。第三，"礼"的这种"则天因地"的特质，表现为"礼"的诸种规定都是与自然存在的类型和节度相对应的，如天地有六气、五行、五味、五声等，礼便设有种种规则，"以奉五味""以奉五色""以则地义""以象天明"。第四，礼的要义是上下之纪、人伦之则，而不是仪节度数。一言以蔽之，礼是法天则地的产物，礼是天经地义的体现，礼是伦理关系的法则。这篇讲话，其实就是一篇出色的哲

---

① 按此处说"喜生于好，怒生于恶"，郭店楚简《性自命出》亦云"怒生于恶"，"喜生于性"，与子大叔之说一脉相承，应该是春秋后期至战国前期流行的一般观念。可参看拙作《荆门楚简之性自命出篇初探》，载《郭店楚简研究》（《中国哲学》第二十辑），辽宁教育出版社，1999年，293—314页。

学论文，在哲学史上应当占有一特殊的地位。

子大叔这个讲话是在昭公二十五年，时年孔子34岁，"三十而立"。可见，在春秋后期，"礼"与"仪"的分辨越来越重要。礼与仪的分别，用传统的语言来说，就是"礼义"与"礼仪"的分别。礼仪是礼制的章节度数车旗仪典，而礼义则是指上下之纪、伦常之则，是君臣上下、夫妇内外、父子兄弟、甥舅姻亲之道所构成的伦理关系原则。"礼政"是礼制系统中包括政治、行政、刑罚等统治手段的政治原则。礼与仪的分别，在后来的《礼记》中则表达为"礼之本"和"礼之文"的区别。"本"表示根本性的原则，"文"是指原则借以表现的具体形式。

赵简子为晋国卿大夫，他本族的赵武曾于襄公二十七年和郑国的子大叔等七大夫赋诗，赵氏对礼乐文化已是相当了解。但自赵武与七卿赋诗，到赵简子问礼于子大叔，已经过了五十多年，此间礼乐文化已经变化，社会文化正处在一个剧烈变动的时代，文化危机此起彼伏，社会转型已见端倪，礼、仪之辨正是社会文化的现实变化在人们思想中的观念反映。

四 封建的隐患

礼的观念在春秋前期到后期的变化，是与春秋中期以来的社会变化深刻地联系在一起的。为了分析春秋社会的变化，我们需要引入两个概念：我们把一个社会组织体系分为两大部分，一个是统治结构，另一个是更迭制度。统治结构是指政治—社会统治的等级结构，在春秋时代，各个诸侯国的主要结构即

"公—卿—大夫"为主的多级封君体制，其中公、卿、大夫都是权力位置；而这个结构既包括不同权力位置之间的关系，也包括每一权力位置和人民、土地的属从关系。更迭制度则是指统治结构中每个权力位置如何递补、继承的制度安排。在西周春秋时代，统治结构和更迭制度都属于"礼"或"礼制"的范畴，与这些结构制度相适应的道德规范也属于"礼"的范畴。

春秋中期以前，社会体系是相对稳定的"宗法的封建领主制"。"宗法的"是指公、卿、大夫、士之间一般有宗法亲属关系。公在这里泛指国君（其实际的爵称可能是侯、伯或子），国君这个权力位置是家族世袭的，不管兄终弟及还是长子继承。卿、大夫的权力位置的继任更迭一般采取世官制度，也是族内继任的。卿大夫的权力位置不仅代表着政治和行政的一定权力，而且代表着对邑地与民人的一定占有。所以，政治和经济资源的占有都是族内继承的。

童书业指出：

> 天子军功，盖主要为周初事，即普通所谓"封建"。其后天子之亲族愈众，无甚多之土地封之，则以为"内诸侯"、王室大夫，或甚至下降为士矣。"诸侯立家"，周初自亦有之，然大家之立当在西周晚期诸侯国渐大以后。在此以前，之后之亲属或有发为附庸者矣，如鲁有什子。晋之狐氏出于唐叔，而为大戎之君。……自西周晚期以来，诸侯国出现卿大夫之大族，大致迄初期中叶，是"诸侯立家"之时矣。（如鲁之展氏、臧氏出自孝公，三桓出自桓公，东

第七章　礼治

门氏出自庄公，郑之七穆出自穆公。）晋之强宗……韩、赵、魏、范、中行、知、郤、先等大族亦皆形成于西周末至春秋中叶。……春秋初，卿大夫之族尚罕闻置"侧室""贰宗"；至春秋中叶，卿大夫之族强大，乃多置"侧室""贰宗"焉。①

宗法封建制本是周礼体制的主导制度之一，春秋社会变动不仅表现在公室与大夫的势力消长和地位升降，也表现在一般宗法关系上。宗法本来是亲属制度，封建则是财富—劳动力的占有制度。这个制度是在周初殖民封建过程中所建立的。《左传》中说："天子建国，诸侯立家，卿置侧室，大夫有贰宗，士有隶子弟，庶人、工、商，各有分亲，皆有等衰。是以民服事其上，而下无觊觎。"（桓公二年，94页）这里的"建""立""置"都是将财富和民人向下的一种再分配。天子建国即周天子封建各诸侯，诸侯立家即诸侯国君立卿大夫，"卿立侧室"是卿大夫立下级的卿或大夫。大夫有贰宗，即大夫立下级大夫。这种建、立、置都不是单纯的命官之度。正如天子封建诸侯，是将一个确定领域的土地、民人封赐给被封建者一样，诸侯立卿亦意味着在赋予管理权力的同时，给予占有一块土地和管理此土地的民人的权力。而卿置侧室、大夫有贰宗，其权力也都是包含着同样性质的财富和民人的分配。由此，形成了一个从上到下的封建封君体系。在西周时代，按宗法制的理想规定，诸侯的宗

---

① 童书业：《春秋左传研究》，上海人民出版社，1980年，121页。

子继承诸侯的权力位置，其他的儿子立为卿；卿之宗子可以世官传承，而卿之别子则被立为侧室。这些都是同姓。但从西周末春秋初开始，也有建立了军功的异姓被立为大夫，而这些异姓大夫的后代也是依照宗法原则进行官位和利益的承续。所以，所谓"宗法的封建制"是在上面所说"一般""理想"的意义上而言的。

因此，春秋的早期，仍然是宗法系统扩大的时期，卿大夫的宗法性宗族、家族都在发展，在各国出现了大世族，"如鲁之展氏、臧孙氏、郈氏等出自孝公，三桓出自桓公，东门氏出自庄公。齐之管氏、鲍氏、崔氏、庆氏等，亦强大于春秋前中期。郑之七穆出自穆公。宋之戴、庄、桓等大族皆形成于春秋前期"。① 卿大夫世族内部也是实行宗法的分封之制，从卿大夫到侧室贰宗，与诸侯一样，这些宗法世袭的大小封主都占有土地和人民。

张荫麟曾将周代的封建社会描写为"宝塔式"的社会组织②：周代的社会组织是，在周王室的属下，有各级诸侯；每一个诸侯对王室称"臣"，而对其属下则为"君"。每一个诸侯是其区域的统治者兼领主，诸侯对王室的义务是按期纳贡朝觐、出兵助王征伐。同时，周王在畿内，诸侯在国内，又各把大部分的土地分给同姓的卿、大夫作为采邑。这些卿大夫对侯国君主称"臣"，卿大夫除参与诸侯国国家政治管理外，也要每年对诸侯纳贡供役。同时卿大夫又是他属下的民人的"主"，是该封

---

① 童书业：《春秋左传研究》，344 页。
② 参看张荫麟《中国史纲》（上古篇），三联书店，1962 年，26 页。

第七章 礼治

区内政治上和经济上的世袭领主，该封地的人民对他纳租税、服力役和兵役。

王畿内的小封君基本上是王族，各诸侯国的卿大夫在西周时也多是国君的同族，称为"公族"。这说明周初各级封建是以宗法为基本原则。但是，至迟在公元前7世纪初，这种纯粹的宗法体制已经打破，齐桓公（前651—前643）时的名臣管仲即非公族，齐景公（前547—前490）时的名臣晏婴亦非公族。晋国在献公（公元前676—前643年）时把公族几乎诛逐净尽，后来的贵族多属异姓，或来自别国。[①]

如同把周王称为"王室"、诸侯称为"公室"，大夫的世袭家业则可称为"氏室"。氏室在人口上是统治阶级的主体，氏室的领地，或以邑计，或以县计，大氏室的封邑往往以百计。卿大夫的权力和占有模式与诸侯相同，大夫也同样可以用相同的原则处置自己的土民，如把食邑的一部分给予一个庶子，让此庶子以此一部分土民另立一个世家，称为"侧室"或"贰宗"；也可以把一部分土民分给大夫所宠信的异姓人作为他们的赏邑。氏室拥有的各邑皆有邑宰，管理氏室家务的为家宰，家宰在职时亦有食邑，去职时则把邑还给大夫。侧室和贰宗是大夫的同姓亲属，但他们已另立一个世家，故在宗法上他们的"家"是小宗，大夫的家是大宗。而在政治上，大夫是"主"，他们是"陪臣"。[②]

根据童书业的看法，卿大夫分置侧室、贰宗，盛行于春秋

[①] 张荫麟：《中国史纲》（上古篇），28页。
[②] 同上书，53、54页。

的后期,这一时期天子、诸侯的政治地位下降,天子无权,政在大夫,这也同时意味着在宗法上"大宗"的地位下降。在这个变化的潮流中,不仅诸侯不理会周天子的权威,在诸侯国内,侧室、贰宗也常常冒出于政坛,甚至凌驾于公卿大夫之上。在《左传》中可以看到不少侧室为卿,贰宗为大夫的例子,如晋国的赵穿为赵氏的侧室,但在当时已成为卿。这些侧室、贰宗往往有室、有家、有邑、有臣,其后代在春秋战国的地位日渐重要。① 显示出春秋时代的宗法政治秩序日渐破坏。

"室"作为"宗""家"的基本单位,可以说是指当时宗法制的大家庭,与"族"不同。室的主要财产为田,室的范围虽然较小,但实为当时贵族能比较自由支配的财产和人力,所以"室"之富为"家"之基,从而为"宗"之基。大贵族之室有室老,即家宰,这是最高的家臣,其下还有臣属、隶仆。大贵族的臣很多,其身份为士。春秋中叶后,大夫皆有封邑,只是有大有小,有多有少而已。大夫的邑也有邑宰,这些邑宰之下也有臣僚,家臣亦称大夫为"君""主"。家臣中的宰也有封邑,家臣中大者甚至成"氏",如阳虎即亦称"阳氏"。这种大的"室""家"在春秋常常成为"国"之祸和"宗"之患,春秋中叶以后,大贵族的家宰甚至干预国政和其他大贵族的家政,如鲁国的叔孙氏的家宰竖牛乱叔孙氏,季氏的家宰南遗接受竖牛的贿赂而使国人助竖牛为乱,季氏家宰阳虎专鲁之政而威胁鲁君和三桓等等。②

---

① 参看童书业《春秋左传研究》,153—154页。
② 同上书,158页。

第七章 礼治

众所周知，春秋中期到后期，社会开始发生变化，如果从以上的分析概念来看，春秋后期的社会变动，还不是表现在公、卿、大夫、士、家臣、宰的这种统治结构的破坏上面，而是在谁做卿、谁做大夫，或者谁掌握国、家的权力上面，即表现在既有的更迭制度的破坏。旧的世袭制度逐步蚀变，渐渐破坏，其破坏的基本形式是"以下反上"，即原来在权力位置序列中下一级的占有者，以不同方法扩大自己的实际权力和占有领域，最后得以取代上一级的占有者位置。特别是国君的权力位置，从原来的有序继承渐渐变为无序继承，继承的实现往往听凭于欲望和力量，而倾向于不受制度和规范的约束。整部春秋史，在某种程度上，就是这样一个愈演愈烈的历史。

五　宗法政治的解体

宗法政治的解体来自两个方面。一个是"内外"的，即同姓和异姓权力关系的变化，一个是"上下"的，即上下不同权力位置的关系的变化。

这种政治—社会的危机，首先表现在宗法体制遇到的"内外"方面的挑战，即同姓的公族主政渐变为异姓大夫主政。"宗法的贵族制"渐渐变成"部分宗法的贵族制"或"非宗法的贵族制"。鲁宣公二年，晋国赵盾专政，便是异姓大夫主政的首例。晋文公重耳得以掌国，狐偃、赵衰出力甚大，故文公复国后，二人皆为大夫。狐氏本出于唐叔，晋献公又娶狐氏女，故狐氏差不多是同姓。赵衰则是异姓。在文公时，作三军，狐偃将上军，赵衰为卿，赵氏的地位始终不如狐氏。但到赵盾时，赵氏的侧室赵穿杀了灵公，赵盾却仍然派赵穿迎立新君，此所以董狐坚持要写"赵盾弑其君"，亦由此可见作为异姓的赵盾势力之大。此后赵盾又要求"使屏季以其故族为公族大夫"，故童书业认为："异姓大夫代为公族，晋公室之弱，自此始矣。"①又说："此为春秋史上一大事，自此晋国政权渐下移，大夫专政……卒致三家分晋之局。"②

诸侯国出现了卿大夫大族，是西周晚期以后的现象，从西周末到春秋中期，可谓"诸侯立家"的时期，如鲁国的展氏、臧氏、三桓、郑国的七穆、晋国的韩、赵、魏、范、中行、知、郤等大族，卫国的石氏、孙氏、齐国的国、高、管、鲍、崔、陈氏等等，都是在这一时期中所立。在春秋初年，卿大夫甚少置立侧室、贰宗者，至春秋中叶，卿大夫之族渐渐强大，纷纷置立侧室贰宗，如鲁国的孟孙氏分出子服氏，晋国的羊舌氏为大夫而分有贰宗。宗法制发展的本身，也包藏了破坏宗法制的种子。卿大夫宗族的发展壮大，构成了对公室公族的挑战，酝酿了"上下"关系的失调。

整个春秋时代是一个"大夫"的时代（战国则为"士"的时代）。西周结束，周礼之秩序已见出衰落之象。繻葛之战，周天子的威严已不复存在，诸侯力量日渐强大。而至春秋中叶，诸侯政权又渐渐为大夫所掌握；春秋末年，大夫专政已经是司空见惯的事了。

---

① 引自童书业《春秋左传研究》，61页。
② 同上书，60页。

第七章 礼治

首先，周之王室与中原诸侯一样，在春秋中叶以后，政权也渐渐下移到大夫即"内诸侯"之手中，如景王时政权落在单、刘二氏，景王欲杀单、刘而不果，单、刘的专政遂引起王子朝与王子猛之乱，累年始定。终春秋之世，周之政权常在王臣之手。①

鲁国自庄公之卒，其三弟相争，最后季氏胜利而立僖公，僖公以季氏为上卿，封费和汶阳给季氏。此后季孙、叔孙、孟孙三家并立，而季孙为首。及文公卒，东门氏一度掌握政权，②宣公死后，季文子逐去东门氏，从此政权始终在三家之手。尤其是季氏，鲁国"政在季氏"数世，是三家中的中心。三家通过"做三军""舍中军"，尽分公室之军赋而贡于公，鲁君则仅仅有"公徒"，势力大弱于三家。这就导致昭公力图去除季氏，但三家合攻昭公，使得昭公只好出奔，而死在外国。③鲁国的三家大夫专于鲁政，但其各家之内也频频发生家乱，其大者，如季孙氏有南氏和阳虎之乱，叔孙氏有竖牛及侯犯之乱，孟孙有公孙宿之乱。季氏家臣阳虎甚至一度专鲁国之政，也就是所谓"陪臣执国命"。鲁国政治秩序的破坏，于此可见。所以昭公时晋国的叔侯说鲁君不懂得礼，正是指此而言。

卫国在春秋中叶，孙、宁二氏亦曾专权，灵公时司寇齐豹与大夫北宫喜作乱，杀灵公之兄，灵公出奔。后来北宫氏灭齐

---

① 参看童书业《春秋左传研究》，359、396 页。
② 《左传》"鲁文公薨，东门则杀适立庶，鲁君于是乎失国"（昭公三十二年），鲁政下逮始于宣公时。
③ 童书业：《春秋左传研究》，96 页。

氏，迎灵公回国。庄公时，欲去旧臣，大夫和国人联合逐走庄公。庄公走死之后，出公复位，大夫和国人又逐之，立庄公之弟悼公。

郑国的政权在春秋中叶为七穆之族所掌握，卿族之间互相争夺，更迭执政。宣公七年，子良执政；成公九年，子罕执政；襄公四年，子驷执政；襄公末期，伯有执政；襄公二十九年，子皮执政；襄公三十年，子皮授权子产执政；至昭公二十年子产死，子大叔执政；定公五年，驷颛执政；十五年，罕达执政；哀公十八年，驷弘执政。① 子产之政颇合民意，又能保护郑国利益，但其形态仍然是"政在卿族"的形态。宋国在春秋中叶以后，卿族亦强大，宋元公时，华、向两大族作乱，大杀公族，甚至劫持宋君。其后，宋又有司马向魋及大尹专政之乱。②

齐国在春秋之初，公族国、高二氏为正卿，辅佐公室。管仲、鲍叔牙在齐桓公时虽掌国政，但因出身下级之士，故在爵位上不能不让于国、高。齐桓公卒后，政权仍然掌握在公室。但至襄公时，就有崔杼杀高厚而兼其室的事出现，不久崔又杀齐君，立景公而自己相之，且使庆封为左相，于是形成崔、庆二氏专政。不久庆封灭崔氏，独专齐国之政。至齐简公时，陈氏弑简公，陈成子掌握政权。陈氏是鲁庄公时（二十二年）自陈奔齐，鲁昭公三年晏子对晋国的叔向说"齐其为陈氏矣"，大概已经看出陈氏将坐大的苗头。到战国初，"齐国之政皆归田常，田常于是尽诛鲍、晏、监止及公族之强者，而割齐自安平

---

① 童书业：《春秋左传研究》，333、97页。
② 同上书，98页。

第七章 礼治

以东之琅邪，自为封邑，封邑大于平公之所食"①，田氏终于取国代齐。

随着春秋社会的变动，宗法关系的原有秩序开始渐渐瓦解。晋国的例子亦然。《左传》宣公二年："初，骊姬之乱，诅无畜群公子，自是晋无公族。及成公即位，乃宦卿之适而为之田，以为公族。又宦其余子，亦为余子，其庶子为公行。晋于是有公族、余子、公行。"（宣公二年，663—665页）这是说，晋成公即位的时候，晋国已经没有公族了，所以只好封卿的嫡长子为公族，而晋国之卿多为异姓。本来，"公族，公室之枝叶也，若去之，则本根无所庇荫也"（文公七年），公族是国君最亲近的亲属集团，失去了这样一个基础，国君在政治上的力量就必削弱。所以童书业说"此直以异姓异氏代公族，晋公室之卑始此"。②晋国政治的宗法性质于是改变。春秋中叶以后，晋国也成为卿大夫专权的一个大国，晋悼公之立，大夫迎于清原，悼公说："抑人之求君，使出命也。立而不从，将安用君？二三子用我今日，否亦今日。"（成公十八年，906页）这是说人之所以需要君，是要听从其命令。如果立一个君，而不听从其命令，要这个君何用？可见当时晋国卿族强大，公室难以作为的情形。栾氏亡后，范氏当国，范宣子竟然自认为范氏即为"不朽"，足见其志得意满的大夫专权心态。③范宣子卒，赵文子为政，襄公三十一年传："既而政在大夫，韩子懦弱，大夫多贪。……及

---

① 《史记·田敬仲完世家》。又所述参《春秋左传研究》，101—103页。
② 童书业：《春秋左传研究》，329页。
③ 此襄公二十四年事，详见本书关于祭祀一章的讨论。

赵文子卒,晋公室卑,政在侈家,韩宣子为政,不能图诸侯。"(襄公三十一年,1184页)昭公三年时叔向对晏子说:"虽吾公室,今亦季世矣。戎马不驾,卿无军行,公乘无人,卒列无长。……栾、郤、胥、原、狐、续、庆、伯,降在皂隶,政在家门,民无所依。"(昭公三年,1136页)这是韩宣子为政时的情形,是时晋国的卿族已只有六家,韩、赵、中行、魏、范、知,所谓"六卿",此外还有大夫中的强族,如"羊舌四族,皆强家也"。韩宣子之后,魏献子为政,灭羊舌氏、祁氏二大夫强族,于是"晋益弱,六卿皆大"(《史记·晋世家》)。魏献子卒,范献子为政,范献子之后,赵简子为政。宣公十三年,范氏、中行氏伐赵氏,知氏、韩氏、魏氏奉晋公以伐范氏、中行氏,于是范氏、中行氏伐公。由于国人助晋公,范、中行二氏失败。到鲁哀公五年,晋国大政尽入知、赵、韩、魏四家手中。[①]《史记》云:"出公十七年,知伯与赵、韩、魏共分范、中行地以为邑。出公怒,告齐、鲁,欲以伐四卿。四卿恐,遂反攻出公。出公奔齐,道死,故知伯乃立昭公曾孙骄为晋君,是为哀公。……当是时,晋国政皆决知伯。"(卷三十九,晋世家第九)然而,至晋哀公四年,赵襄子、韩康子、魏桓子共杀知伯,尽并知氏之地,乃成三家分晋之局面,进入战国时代。

鲁国的三桓还是宗法贵族主政,只是卿大夫压倒了国君;但其他诸侯国,主政的同姓卿大夫,渐渐让位于异姓的大夫。旧的宗法贵族的这种没落,在卫国表现为"九世之卿族,一举

[①] 以上参看童书业《春秋左传研究》,105页。

而灭之"(襄公二十五年),晋国的旧族栾、郤、狐等八族,昭公时已经"降在皂隶",其叔向之宗十一族,只剩下羊舌氏一支。社会的变动之大,由此可见。

六 礼的政治化

孔子一语道破春秋后期政治秩序的变化和危机,他说:

> 天下有道,则礼乐征伐自天子出。天下无道,则礼乐征伐自诸侯出。自诸侯出,盖十世希不失矣;自大夫出,五世希不失矣;陪臣执国命,三世希不失矣。
> 天下有道,则政不在大夫。天下有道,则庶人不议。(《论语·季氏》)

礼乐征伐不出于天子,而出于诸侯;政不在国君,而在大夫;甚至政不在大夫,而在陪臣。这一切就是孔子当时所看到的普遍的政治现实,在他看来无疑是政治乱象。春秋时代天子、诸侯、大夫、陪臣关系的变动,打破了以往权力转移和利益分配的制度安排——"礼",全然改变了旧有的礼制秩序,孔子将此种情形称为"天下无道"。

张荫麟曾经用一个比喻说明此种变化对于宗法封建制度的必然性:

> 这个大帝国的命运也就如一个累世同居的大家庭差不

多。设想一个精明强干的始祖,督率着几个少子,在艰苦中协力治产,造成一个富足而亲热的、人人羡慕的家庭。等到这些儿子各个娶妻生子之后,他们对于父母,和他们彼此之间,就难免形迹稍为疏隔。到了第三代,祖孙叔侄,或堂兄弟之间,就会有背后的闲话。家口愈增加,良莠愈不齐。到了第四、第五代,这大家庭的分子就会有仇怨、有争夺、有倾轧,他们也许拌起嘴、打起架,甚至闹起官司来。至迟在东周的初期,整个帝国里已有与此相类的情形。充满了这时代的历史的,是王室和诸侯间的冲突,诸侯彼此之间的冲突,公室和氏室间的冲突,氏室彼此间的冲突。

但亲者不失为其亲,宗族或姻戚间的阋争,总算容易调停,总留点余地。例如前705年,周桓王带兵去打郑国,打个大败,并且被射中了肩膊。有人劝郑庄公正好乘胜追上去,庄公不答应,夜里却派一位大员去慰劳桓王,并且探问伤状……又例如前554年,晋师侵齐,半路听说齐侯死了,便退还。这种顾念旧情,不为已甚的心理,加上畏惧名分,虽干犯而不敢过度干犯的矛盾心理,使得周室东迁之后三百年间的中国,尚不致成为弱肉强食的世界。这两种心理是春秋时代之所以异常于后来战国时代的地方……姬姓国相灭的例尤少,而这少数的例中,晋国作侵略者的占去大半。再看列国的内部,大夫固然有时还逐君弑君,却还要找一个比较合法的继承者来作傀儡。许多国的君主的权柄固然是永远落在强大的氏室,但以非公室至

第七章　礼治

亲的大夫而篡夺或僭登君位的事，在前403年晋国的韩赵魏三家称侯以前，尚未有所闻……宗族和姻戚的情谊经过的世代愈多，便愈疏淡，君臣上下的名分最初靠权力造成，名分背后的权力一消失，名分便成了纸老虎。光靠亲族的情谊和君臣的名分去维持的组织，必不能长久。①

在这种历史情境中，"礼"的政治化、原则化就是势有必至的了。所谓礼的政治化，就是指，"礼"由礼乐文明的体系愈来愈被理解为、强调为政治的合理性秩序，强调为伦理的原则和规范。晋臣女叔齐对鲁侯的"不知礼"批评，其核心是在变动的社会中强调保持稳定不变的政治秩序，强调礼所规定的政治秩序和政治关系才是"礼"的根本要义。用女叔齐的话来说，政令在家不在公，公室四分，这些都是失于礼的表现；政令不出于国君而出于大夫，这就在根本上失了礼。在这种情形下，礼乐文化保留得再多，也仍然是守其礼仪，而不是知礼的根本。子大叔把这个意思以更加理论化的形式表达出来，即"礼"主要不是指揖让进退的仪式仪节，而是指"君臣上下、夫妇内外、父子兄弟，甥舅姻亚"的伦理关系规范与原则，以及这些规范原则的充分表现。由于西周春秋的制度是宗法的、伦理的政治，所以这种"礼"的理解，在政治上就是指按照这些伦理原则实行有序的政治统治。在他看来，这一切不仅是人伦人世之道，而且根本上是反映着"天之经""地之义"。所以，子大叔总括

---

① 张荫麟：《中国史纲》（上古篇），57—58页。

"礼"的意义是:"礼,上下之纪,天地之经纬也。"这个礼仪之辨的出现,绝非仅仅是思想观念自身独立的进步,它联系着极为现实的社会背景。

春秋后期的社会已经与前期不同,如政治结构和功能开始出现某种变化,如官职由王公的臣仆向司马、司军、司政一类职能性官僚转变,国家职能属性的职官逐渐被重视。① 而礼制性职官如太宰等实际地位降低,在结构上显示出礼乐的礼制国家向政制国家转变的开始。与此相联的,是税制、赋制、刑书等诸方面也都发生了类似的变化。只是这些变化要积累到战国其意义才能看得更为清楚。但是,在社会性质上,春秋后期财富的领主式占有性质和主要构造并未改变,春秋时代首先发生改变的,是宗法贵族的领主占有,趋向于非宗法贵族的领主占有;旧的宗法政治秩序备受破坏和挑战。春秋时代是宗法政治和宗法封建的解体之初,还看不到完整的、新的制度创新的出现。与此相应,一方面,社会生活依然浸润于礼乐文化的氛围之中,异姓执政的赵文子、韩宣子、赵简子对礼乐文化的认同和造诣,尤能表现出这一点;另一方面,政治生活秩序的"礼崩乐坏"成了春秋后期的特征,社会变迁无情地推动着文化的变迁。

社会—文化变迁使得西周最津津乐道的"威仪"全然改观。本来,周礼的威仪是宗法政治秩序的体现,它表征着,礼乐文化并非仅仅是诵诗乐舞,它也包含政治权威的严肃性:

---

① 童书业说:"春秋官制之变,一言以蔽之,乃由王公大臣及臣仆式之官吏向司民、司军、司政官吏之转变。"(《春秋左传研究》,339页)

第七章 礼治

　　（北宫文子）对曰："有威而可畏，谓之威；有仪而可象，谓之仪。君有君之威仪，其臣畏而爱之，则而象之，故能有其国家，令闻长世。臣有臣之威仪，其下畏而爱之，故能守其官职，保族宜家。顺是以下皆如是，是以上下能相固也。卫诗曰'威仪棣棣，不可选也'，言君臣、上下、父子、兄弟、内外、大小皆有威仪也。……故君子在位可畏，施舍可爱，进退可度，周旋可则，容止可观，作事可法，德行可象，声气可乐，动作有文，言语有章，以临其下，谓之有威仪也。"（襄公三十一年，1194—1195页）

然而，到了春秋中后期，情况已经发生很大改变，"君"（国君）对臣（大夫）已无威仪，"臣"对于君不再"畏而爱之"，因此"君"也就无法"有其国家、令闻长世"。同时，"臣"（大夫）的属下对于大夫也不再"畏而爱之"，导致大夫不再能"守其官职、保族宜家"。固有的上下规范不再有效，所谓上下不相固，旧的秩序面临解体。面对这一切，春秋后期最有见识的士大夫都认为末世即将来临，对政治的变化怀抱着极深的忧患。试想，西周以来如齐国、晋国这样的大国，即将面临国家解体（三家分晋），或几百年的一姓诸侯国家将被别的姓氏所取代（田氏代齐），这对西周以来的政治制度，是多么巨大的颠覆。士大夫的忧患是再自然不过的了。

此种情形最鲜明地表现在昭公初年晏子与叔向的对话之中：

　　晏子受礼，叔向从之宴，相与语。叔向曰："齐其何如?"晏子曰:"此季世也,吾弗知齐其为陈氏矣。公弃其民,而归于陈氏。齐旧四量,豆、区、釜、钟。四升为豆,各自其四,以登于釜,釜十则钟。陈氏三量皆登一焉,钟乃大矣。以家量贷,而以公量收之。山木如市,弗加于山;鱼、盐、蜃、蛤,弗加于海。民参其力,二入于公,而衣食其一。公聚朽蠹,而三老冻馁。国之诸市,屦贱踊贵。民人痛疾,而或燠休之。其爱之如父母,而归之如流水,欲无获民,将焉辟之?箕伯、直柄、虞遂、伯戏,其相胡公、大姬已在齐矣。"

叔向曰:"然。虽吾公室,今亦季世也。戎马不驾,卿无军行,公乘无人,卒列无长。庶民罢敝,而宫室滋侈。道殣相望,而女富溢尤;民闻公命,如逃寇仇。栾、郤、胥、原、狐、续、庆、伯,降在皂隶。政在家门,民无所依。君日不悛,以乐慆忧。公室之卑,其何日之有?谗鼎之铭曰:'昧旦丕显,后世犹怠。'况日不悛,其能久乎?"

晏子曰:"子将若何?"叔向曰:"晋之公族尽矣。肸闻之,公室将卑,其宗族枝叶先落,则公室从之。肸之宗十一族,唯羊舌氏在而已。肸又无子,公室无度,幸而得死,岂其获祀?"(昭公三年,1234—1237页)

昭公三年,孔子十二岁。死后得到祭祀,这本来是春秋卿大夫们的终极关怀,叔向此时却已经对死而获祀不抱希望,这种对政治前途的深切忧患与悲凉之感,足以说明宗法政治解体带给那些代表旧制度和旧文化的精英大夫的深刻冲击。

第七章 礼治

照晏子所说的齐国的情形，和叔向所说的晋国的情形，他们都认为政治的危机来自两个大的方面，一个是政治—行政的，一个是社会—经济的。其具体表现如下：

国君的昏乱。如齐国"公弃其民"，国君严重剥削人民，使得人民三分之二的所得被国君收走；国君大量积聚的财物都已腐朽，而老人们却挨冻受饿；国君以严刑治民，造成屦贱踊贵的局面。晋国亦然，国君的宫殿愈发华丽，而庶民日益贫穷，道路上到处是饿死的人。国君不加悔过，反而以乐度日。人民听到国君的命令，赶快逃跑，好像遇到强盗一样。这是国君不修德政引起的与人民的矛盾。

新贵族的兴起。齐国的陈氏以大斗借粮食给人民，而以小斗收回，又在市场上以平价、低价出售山木海产，陈氏这些爱民如父母的举动，得到人民的普遍拥护，与国君的豪夺民力成为鲜明的对照。陈氏的经济力量从何而来，他所代表的是否新兴地主阶级，很值得研究。

旧贵族的没落。如果说齐国的危机主要是国君与人民的矛盾、国君与新兴贵族的矛盾，那么，在晋国，社会变动的一个突出现象是旧贵族的没落。栾、郤等八氏皆为姬姓，八氏之先，晋文公时皆为卿大夫，此时八氏已经"降为皂隶"，这八个贵族的氏族完全没落，成为庶人。故叔向叹息曰"晋之公族尽矣"。当然，叔向的讲法也可能有所夸张，但这些旧日的公族今天至少是降在"士"以下了。叔向的宗族包括十一个氏族，在鲁昭公时只剩下羊舌氏一支还保留着贵族的地位，其余各支如果不是"降为皂隶"，也无疑是没落了。

公室衰微，异姓大夫专政。叔向说："虽吾公室，今亦季世也。戎马不驾，卿无军行，公乘无人，卒列无长……公室之卑，其何日之有？"杨伯峻解释说："四句言晋公室之军备废弛，作战之马已不驾兵车，诸卿已不领公室之军，公室之车乘亦无御者与戎右。"公室的衰卑，与"政在家门"是互为因果的。而在晋国，卿大夫专权的"家门"指的就是异姓的韩、赵诸氏。

这几个方面共同作用的结果，给当时先进的大夫的印象，就是"公室之季世"已经无可挽救地到来了。"公室"即掌握政治—经济权力的国君及其亲属集团，"季世"即末世，"公室之季世"即以前占有权力位置的君主及其亲族，即将退出权力位置，他们的权力位置将被别人所取代，政治上的根本变化就要来临。

七　礼治秩序与政治衰朽

在此种情况之下，晋国的范宣子和郑国的子产采取的对策是，公布成文法，理顺各种秩序。郑国的子产在郑简公三十年（鲁昭公六年，公元前 536 年）把郑国的"刑书"铸在鼎上公布。晋国的叔向写信给子产表示反对：

> 郑人铸刑书。叔向使诒子产书，曰："始吾有虞于子，今则已矣。昔先王议事以制，不为刑辟，惧民之有争心也。犹不可禁御，是故闲之以义，纠之以政，行之以礼，守之以信，奉之以仁；制为禄位，以劝其从；严断刑罚，以威

第七章 礼治

其淫。惧其未也，故诲之以忠，耸之以行，教之以务，使之以和，临之以敬，莅之以疆，断之以刚；犹求圣哲之上、明察之官、忠信之长、慈惠之师，民于是乎可任使也，而不生祸乱。民知有辟，则不忌于上。并有争心，以征于书，而徼幸以成之，弗可为矣。

夏有乱政，而作禹刑；商有乱政，而作汤刑；周有乱政，而作九刑：三辟之兴，皆叔世也。今吾子相郑国，作封洫，立谤政，制参辟，铸刑书，将以靖民，不亦难乎？诗曰：'仪式刑文王之德，日靖四方。'又曰：'仪刑文王，万邦作孚。'如是，何辟之有？民知争端矣，将弃礼而征于书，锥刀之末，将尽争之。乱狱滋丰，贿赂并行，终子之世，郑其败乎？肸闻之，'国将亡，必多制'，其此之谓乎！"（昭公六年，1274—1276页）

"不为刑辟"，杨伯峻注"辟，法也。刑辟即刑律"。《说文》亦云："辟，法也。"古代所谓法亦主要是刑律。这封信在春秋社会思想史上的意义也很重要。叔向虽然和晏子都为当时社会危机而深深忧虑，但叔向仍然坚持用"礼治"而不用"法治"来解决社会面临的问题。而这个问题的核心是"使民"（用民）。事实上，使民的问题是中国早期政治思想史的一个主题。叔向认为，放弃礼治而实行法治的结果是：第一，民有争心，即放纵了人民的争利之心。第二，民不忌上，人民的行为只考虑法、律，不会再有出于由礼治而来的对统治者的敬畏之心的服从。第三，徼幸成风，人民放弃以"礼"为规范的结果是，行为不再受道德观念的约束，而是以不被法律追究到为基准。第四，乱狱繁多，贿赂风行。

叔向所说的这些法治的后果，归结起来，就是"弃礼用刑"之后，人不再有道德心，而一个没有道德心的社会是很难维持的。叔向应该已经看到这是一个礼治秩序日趋解体的时代，春秋的礼治秩序正在向一种新的秩序转变，这个新的政治秩序含有更多的刑法秩序的特征。而叔向自己，仍然主张巩固礼治秩序来响应现实的挑战。在他看来，"民有争心"是政治统治的最大敌人，而礼治的要义在于消解争心：等级制度是要使人民没有争心；礼义、礼政、礼仪都是为了实现对人民行为的软约束；统治者的仁信德行，是要为人民立出道德的表率，使人民效法而行；等级分配的制度也是为了鼓励人民顺从；而刑罚是用以威吓那些企图逾越规范的人。在此基础上，统治者还以各种形式的道德教化和行政管制而达到"民可使而不生乱"。他认为，这一套综合性的礼治秩序，其治国安邦的效能是单纯的法治秩序所不能相比的。

子产本来是很懂得礼治的要义的人，从子大叔所引用的子产的话"夫礼，天之经，地之义，民之行也"便可见。但子产从郑国的现实出发，没有接受叔向的意见，他以实用主义的态度回答叔向："若吾子之言。侨不才，不能及子孙，吾以救世也。既不承命，敢忘大惠！"（昭公六年，1277页）连子产这样的贤明大夫，对传统的礼乐文化有深刻理解的人，都不再相信纯粹的礼治能够应付这个"公室之季世"的局面，社会变化之大，可以想见。

第七章 礼治

在叔向写信给子产的二十几年之后,晋国自己也在晋顷公十三年,也就是鲁昭公二十九年(公元前513年)"铸刑鼎":

> 晋赵鞅、荀寅帅师城汝滨,遂赋晋国一鼓铁,以铸刑鼎,著范宣子所为刑书焉。(昭公二十九年,1504页)

这显示出从礼治秩序转向新的秩序,在现实上已经是大势所趋。

就宗法政治体系的破坏而言,我们不能完全站在旧秩序和旧贵族的立场来看待。事实上,在一个规模和结构远远超过氏族社会的、成熟而复杂的、外部冲突频繁的封建国家,"任贤"的结果必然与宗法的体制发生矛盾。一个国家要生存和发展,要应对复杂的内外挑战,在用人方面,必然要超越宗法制的限制,采取"任贤使能"的政策,并且把他们纳入到封建体系中来。如在政事或战事方面有功的异姓,被赐封土地和民人,使得他们在政治上、经济上获得与宗法贵族相等的地位。

周代以来的以宗法贵族领主占有制为根本结构的礼治秩序,其自身包含着内在的矛盾,宗法政治在春秋所遭遇到的变化几乎是有其必然性的。其中,除了张荫麟所说的亲情之衰以外,最主要的是礼治结构中"亲亲"与"尚贤"的分歧。周代的封建制本来是以"亲亲"为其轴心原则,即周王分封其亲族为诸侯,诸侯分封其亲族为卿大夫,卿大夫分封其亲族为贰宗等,各级封君皆由子孙世袭。宗法制的政治意义就在于,以亲属系统形成一个稳定的统治体系,整个统治阶级内部具有血缘的亲和性,统治阶级的权力和利益的分配、转移、继承都以血缘的亲疏为转移。周初采取这种制度应当是有理由的。

但是,周初即有异姓贤臣受封,如姜氏封于齐。更重要的,"世袭制只是用来稳定和维护已取得的政权"①,理想的宗法封建制是一个凝固的世袭系统,然而,在内外军政形势紧张的情况下,为了克服内忧,抵御外患,必然要不拘亲疏而鼓励任用有才能的人,也必然会根据其贡献提升其官职,给予其分封的利益。春秋时代从一开始就是一个诸侯国之间冲突、兼并的时代,国家之间的征战频繁发生,用人的需求在这种军政形势下甚为突出;突破"亲亲"的原则,在任用军政人才方面实行"尚贤"的方针,也更显迫切。凡是冲破宗法制的约束大胆起用异姓人才的国家,就往往在诸侯间的竞争中胜人一筹。② 因此,国家的生存本身,决定了宗法政治是不可能彻底的,宗法原则也不可能成为不变的治国原则。有能力的异姓之才必然要在"尚贤"的道路上进入统治阶级,甚至主政执政。当异姓功臣成为贵族后,政治结构的宗法性即随之降低,这是国家理性的体现,是宗法政治在国家利益面前必然遇到的异己力量。在这种情况下,不顾宗法制的限制,在政权建构中容纳来自异姓的精英,无疑是政治理性化的表现。事实上,这也是周初以来贤明政治家的共识。因此,异姓进入封建结构,并不是周代和春秋的主要问题。

王国维曾认为,"尊尊、亲亲、贤贤,此三者治天下之通义

---

① 迪韦尔热:《政治社会学——政治学要素》,华夏出版社,1987年,274页。
② 钱穆即认为晋国大夫多用异姓,故其得材器较鲁、卫多用宗臣为优。参看其《国史大纲》,商务印书馆(香港),1995年,63页。

第七章 礼治

也。周人以尊尊、亲亲而义,上治祖祢,下治子孙,旁治昆弟,而以贤贤之义治官。故天子诸侯世,而天子诸侯之卿大夫士皆不世。盖天子诸侯,有土之君也;有土之君不传子不立嫡,则无以弭天下之争。卿大夫士者,图事之臣也,不任贤,无以治天下之事。"[1] 其实,《左传》所载之春秋制度并非如此:

> 无骇卒,羽父请谥与族。公问族于众仲,众仲对曰:"天子建德,因生以赐姓,胙之土而命之氏。诸侯以字为谥,因以为族。官有世功,则有官族。邑亦如之。"公命以字,为展氏。(隐公八年,60—62页)

春秋初期,卿大夫赐氏尚少,无骇是公孙之子,未曾受氏,故死后为之请氏。无骇为公孙展之孙,故以其祖父之字"展"为其氏。[2] 众仲的回答是春秋初期的通例,即命氏和封土是一回事,所谓"胙之土而命之氏"。周王给诸侯命氏,是以封土之名为之命氏。而诸侯给大夫命氏,则以这个大夫的字命之为其族氏。命氏即同时封土赐田。世功与官族为一事,表示世官,断不能只做一任某官即得以此官名为族氏之名。所以童书业说:"既有世族,必有世禄世官,无待多言矣。"[3] 殷周的各种官职,其基本情形是,一经最初的某人担任某职之后,子孙相承,其管理技能和专官知识也成为父子相传的家族世业的财产。所以,

---

[1] 王国维:《观堂集林》二册,中华书局,1991年,472页。
[2] 此处取杜注之说。
[3] 童书业:《春秋左传研究》,147页。

世袭社会里不仅身份财产家族世袭,技能知识也家族相传。世官制自然形成知识传承的家族方式。从而,官守同时亦是某种知识之守,春秋时代依然如此。① 正惟如此,古代王者册命臣下与臣下受命之时,皆需称其祖先之德,直到西汉,史官之守仍然为家世之传。

在制度上,我们也许找不到关于卿大夫世袭的明文规定,但西周春秋的宗法封建和世袭占有制度,在逻辑上、事实上都延伸到卿大夫。在这一点上王国维的说法并不准确。但王国维看出其中的问题所在,即卿大夫应当以"贤贤"为原则,而不应以"亲亲"为原则。春秋时代的问题,正是多出于此。

不过,以上所说的异姓精英由"尚贤"而进入政权结构和贵族系统,是循着完全合法的途径,从而在道义上、原则上都不受责难。而大夫专政、家臣干上等等,不论其为同姓异姓,就是性质不同的政治行为了。站在春秋时代的政治体制内来看,大夫专政、家臣干上不仅是对宗法秩序的不合法的挑战,而且也是凭借实力对现成政治秩序的非法挑战;它所要破坏的是上下的正常关系,它既不合礼也不合法。这才是春秋时代人们最为关切的问题。

当然,如果说,这些"以下反上"的同姓或异姓贵族得到了民人的拥护,那就表示这种"作乱"并不只是某些个人欲望的膨胀所引起的个别行为,而是反映着社会的某种变化、利益关系的某种变动,特别是新的利益集团的某种要求。如《左传》

---

① 参看曾资生《中国政治制度史》(先秦),香港龙门书店,1969年,57、59页。

第七章 礼治

襄公二十九年所说的"大夫皆富，政将在家"，就表示大夫家族财富的大量积累，与公室财富的衰落，是大夫专政的一个经济背景。当然，在春秋后期，大夫家族财富的大量积累，究竟来源于新工具技术的使用，或新的土地资源的扩大，或某种新的经济组织关系的出现，或商品化程度的发展，我们在经济与社会层面还不能看得很清楚。浮在我们眼前可以清楚看到的，是宗法政治的解体，在政治结构意义上的宗法的解体。当然这并不是在社会层面掌握亲疏制度的宗法制的解体，社会组织和贵族阶级仍然以宗法制为主导形态。

亨廷顿指出，体现政治体制有各种形式和规模，如城邦国家、部落国家、世袭制国家、封建国家、官僚制国家、贵族政体、寡头独裁制、神权政治国家等等。但他认为，大致上，政治体制可分为两类，一种是封建制国家，一种是官僚制国家。在封建制国家中，权力比较分散，官职和权力是由贵族阶级世袭的，等级严密，人的社会地位很难改变。在官僚制国家中，国君比封建制国君拥有更多的权力，可以直接和间接地任命所有官员，社会和政治亦有流动性，故官僚政治国家权力趋于集中。封建国家往往权力分散，职能混合，对土地和任命的所有权在封建国家中是分散的和世袭的，君主无法控制大部分土地，贵族对于其任命拥有独立于君主的权威。[①] 亨廷顿又指出，政治秩序是指一种价值，"政通人和，具有合法性、组织性、有效性、稳定性"。而政治冲突加剧，动乱层出不穷，政变连连发

---

① 亨廷顿：《变化社会中的政治秩序》，三联书店，1989年，134—135页。

生,这种动荡与混乱乃是"政治衰朽"的特征。[1] 从政治秩序到政治衰朽,常常是因为社会急剧变革,新的社会集团打破旧有秩序。春秋后期的政治,可以说就是以政治衰朽为基本特征的。而历史现实中的政治衰朽不是抽象的,它总是某种特定形态的政治发生衰朽,没有一般的政治衰朽。春秋后期的政治衰朽,是礼制和宗法政治的衰朽,它与社会变动和新的社会集团的兴起相关联,潜藏着社会秩序转型的意义。

八 从礼乐到礼政

现在,让我们再回到"礼"的问题上来。我们来简单回顾春秋时期人们对于"礼"的看法。

> (齐)公曰:"鲁可取乎?"(仲孙)对曰:"不可。犹秉周礼。周礼,所以本也。臣闻之:'国将亡,本必先颠,而后枝叶从之。'鲁不弃周礼,未可动也。君其务宁鲁难而亲之。亲有礼,因重固,间携贰,覆昏乱,霸王之器也。"(闵公元年,257页)

春秋时代,从一开始,就日益成为一个竞争和兼并的时代,尽管有周礼的约束。这里就是个明显的例子,齐国在春秋初期就有取鲁之意,齐侯想乘鲁国有乱的时候侵占鲁国,被齐大夫仲

---

[1] 亨廷顿:《变化社会中的政治秩序》,三联书店,1989年,1—4页。

第七章 礼治

孙劝阻而止。仲孙提到周礼,他认为鲁国秉持周礼,又说"周礼,所以本也",是以周礼为治国之本。不过仲孙所建议的"霸王"措施就不见得合乎周礼了。

> 成风为之言于公曰:"崇明祀,保小寡,周礼也。"(僖公二十一年,392页)

齐国的仲孙主张,应当攻击和占领那些有内部矛盾的国家,有昏乱之政的国家。而成风的主张,崇祀明神,保护弱小的国家,是合乎周礼的。特别是其"保小寡"之说主张扶助弱小,反对欺凌弱小,他所理解的周礼的精神已经是价值化的,在这个意义上,周礼已经具有道义原则的意义了。

> 二十三年夏,公如齐观社,非礼也。曹刿谏曰:"不可。夫礼,所以整民也。故会以训上下之则,制财用之节,朝以正班爵之义、帅长幼之序,征伐以讨其不然。诸侯有王,王有巡守,以大习之。非是,君不举矣。"① (庄公二十三年,225—226页)

这是说,君之出行,如朝、会、征伐,是礼之所有,而国君到外国去观看祀神,这就不合于礼了。从他的讲法还可以看出,在他的理解中,礼的功能和目的是达到上下有则、财用有节、

---

① "夫礼,所以整民也",《国语》作"夫礼,所以正民也"。(《国语》卷四鲁语上,153页)

长幼有序、班爵有等的等级秩序。

晏子曾与齐侯讨论齐国的政情,并谈到礼治:

> 齐侯与晏子坐于路寝。公叹曰:"美哉室!其谁有此乎?"晏子曰:"敢问,何谓也?"公曰:"吾以为在德。"对曰:"如君之言,其陈氏乎!陈氏虽无大德,而有施于民。豆、区、釜、钟之数,其取之公也薄,其施之民也厚。公厚敛焉,陈氏厚施焉,民归之矣。诗曰:'虽无德与女,式歌且舞。'陈氏之施,民歌舞之矣。后世若少惰,陈氏而不亡,则国其国也已。"公曰:"善哉,是可若何?"对曰:"唯礼可以已之。在礼,家施不及国,民不迁,农不移,工贾不变,士不滥,官不滔,大夫不收公利。"公曰:"善哉!我不能矣。吾今而后知礼之可以为国也。"对曰:"礼之可以为国也久矣,与天地并。君令、臣共、父慈、子孝、兄爱、弟敬、夫和、妻柔、姑慈、妇听,礼也。君令而不违,臣共而不贰;父慈而教,子孝而箴;兄爱而友,弟敬而顺;夫和而义,妻柔而正;姑慈而从,妇听而婉;礼之善物也。"公曰:"善哉,寡人今而后闻此礼之上也。"(昭公二十六年,1480 页)

我们记得,前面曾讨论过晏子和叔向在昭公三年的谈话,在那次谈话中,晏子就提到陈氏以大量贷出,而以小量收进,百姓皆得其利,故归之如流水。晏子担心最终会导致"齐其为陈氏"的局面。而在这次与齐景公的谈话中,晏子说:"陈氏虽无大

第七章 礼治

德,而有施于民。豆、区、釜、钟之数,其取之公也薄,其施之民也厚。公厚敛焉,陈氏厚施焉,民归之矣。诗曰:'虽无德与女,式歌且舞。'陈氏之施,民歌舞之矣。后世若少惰,陈氏而不亡,则国其国也已。"可见这里晏子与齐景公所讨论者,与晏子和叔向讨论的是同一个问题。所不同的,是晏子这一次为齐景公提出了对抗陈氏收买民心的对策。不过,也许是记录未详,晏子在这番讲话中没有提到要公室改变"厚敛于民""公聚朽蠹"的昏败之政,只是强调以礼治国的重要性。晏子所强调的礼治主要为两个方面,一方面是礼制的规范,"家施不及国",即大夫的施善不能超出其氏族的范围,超出这个范围就是收买民心,不合于礼。与此相关的规范在礼制中有许多规定,这些规定力图使各级各类的人们把他们的活动限制在一个特定的范围之内,以避免形成有可能对抗公室的普遍力量。另一方面则强调作为"礼"的要义的伦理原则,君臣、父子、兄弟都有确定的相对准则,君令而臣恭,父慈而子孝,兄爱而弟敬;只要这些伦理准则不被破坏而能支配人心,宗法秩序和政治秩序便都能得到保障。齐国的早期政治家管仲早亦说过"为君不君,为臣不臣,乱之本也",晏子是齐国政治家中比较主张礼治的人,表明他受"礼"的影响较深。而晏子在春秋后期所理解的礼也越来越伦理化了,他所突出的是礼作为治国之"道"的意义。

这种重视礼的政治—伦理的意义的观念,自春秋中期以来已不断出现,如晋重耳过曹,曹伯不欲礼重耳,负羁谏劝之曰:

> 臣闻之，爱亲明贤，政之干也；礼宾矜穷，礼之宗也。礼以纪政，国之常也。失常不立，君所知也。（《国语》卷十晋语四，347页）

礼以纪政，表明这些贤明的大夫都视礼的政治、行政的意义过于礼的礼宾、仪式的意义。

> 随武子曰："……其君之举也，内姓选于亲，外姓选于旧；举不失德，赏不失劳；老有加惠，旅有施舍；君子小人，物有服章；贵有常尊，贱有等威。礼不逆矣。德立、刑行、政成、事时、典从、礼顺，若之何敌之！"（宣公十二年，724—725页）

这也是说"礼"的顺逆，主要看宗法等级的原则能否在政治—行政体系中贯彻，显示出晋国的随武子也是着重把"礼"理解为礼政的原则。① 又如叔向也说过：

> 礼，政之舆也。政，身之守也。怠礼，失政；失政，不立。是以乱也。（襄公二十一年，1063页）

---

① "礼政"的概念是我用来区别于礼义、礼乐的古代政治学概念，春秋时代虽然没有将礼与政连用为辞，但是以礼为"政之干""政之舆"的思想已很普遍。而后代已有此种用法，如"教风密微，礼政严严"（《魏书》卷二十一下献文六王列传）。

第七章 礼治

这也是强调礼非单纯的礼仪,叔向认为礼以载政,礼是政事的载体,政事是国君所以立而不乱的根据。郑国的子皮也说过"礼,国之干也"(襄公三十年,1177页),以礼为治国的根本。

春秋时代的这种发展,使得"礼政"的论述越来越丰富,以至成为春秋礼论的一个重要特征。春秋时代的礼仪之辨,表明西周以来的"礼乐"为主的礼文化发展,已经转变为一种对"礼政"的注重。礼之被关注,不再主要因为它是一套极具形式化仪节和高雅品位的交往方式,人对"礼"的关注已从"形式性"转到"合理性"。形式性的仪节体系仍然要保存,但代表这个时代的贤大夫们更加关心的是"礼"作为合理性原则的实践和表现。从《左传》各种"礼也"和"非礼也"的评论可见,人们更多的是把礼作为规范、衡量人的行为的正义原则。在这种情况下,礼乐文化的结构、模式虽未根本改变,礼乐文化的框架及其要素仍然存在,如各种朝聘礼仪,赋诗歌舞等等;但是,宗法关系危机四起,政治秩序转为政治衰朽,这促使有智之士对礼文化的传承加以反思,他们不再注重于仪章度数,不再"屑屑焉学仪",而要求把礼作为守国、行政、得民的根本原则。由于宗法—政治秩序的破坏,至少在表现上是由欲望的膨胀所造成,所以,礼被更多地强调为"上下之纪",而且产生了最早的关于礼来源天地经纬的哲学论证。把宗法—封建秩序合礼化的理论努力,通过这一时期的"礼"的观念的发展而充分体现出来。这就使得西周以来的礼文化发生了一种由"仪"向"义"的转变,从礼仪、礼乐到礼义、礼政的变化,强调礼作为政治秩序原则的意义。从而,"礼"越来越被政治化、原则化、价值化、伦理化。这并不是说礼完全变成了某种政治秩序和社会秩序的原则;而是说,礼乐度数作为一般文化被有变化地保留下去的同时,礼的这些面向被极大发展了,这个时代要求把礼的精神、礼的要义揭示出来、提炼出来。[①] 而思想家关注的焦点,不再关注那些华丽典雅的仪典文化,而更关注现实生活世界的混乱与安宁。

---

① 因此,相对地,礼乐度数的方面渐渐衰落,到孔子的时代有不少礼的仪节已无可考,孔子要花相当大的努力来学习、研究、收集这些古礼。《仪礼》的制作恐怕正是在这种礼崩乐坏的背景下力图保存古礼而编著的。

第八章　德政

> 道之以德，齐之以礼。
>
> ——《论语·为政》

我们在前面看到，春秋时代的占卜文化和祭祀文化都出现了道德意识与神话思维抗衡的情形，即主张吉凶福祸不决定于神秘的联系，而决定于人的行为是否道德。如韩简主张败德不及数，穆姜所说无德不能无咎，子服惠伯认为易不可以占险；又如范文子以德为福之基，夏父弗忌主张明德为昭；以及内史过、晏子认为神的意志以道德和民生为标准，宫之奇主张鬼神无亲、惟德是依等等。至于经典使用的伦理化，礼义概念强调礼作为伦理原则和规范的意义，也都在不同方面显示出古代道德思维的发展。本章从德教与德政，从政治文化中的道德因素的发展，来继续有关的讨论。

一　务德

西周的政治文化本来重视明德、敬德、务德，从西周文献在这一方面的记载来看，西周的敬德思想与春秋的德政思想一脉相承，政治文化中的这一方面在春秋时代得到了进一步的发展。

从政治思想上来说，"德"可与其他多个概念构成对待关系，如德与兵、德与罚、德与力，等等。我们先来看西周的一个材料：

> 穆王将征犬戎，祭公谋父谏曰："不可，先王耀德不观兵。……先王之于民也，懋正其德而厚其性，阜其财求，而利其器用，明利害之乡，以文修之，使务利而避害，怀德而畏威，故能保世以滋大。……是先王非务武也，勤恤民隐而除其害也。"（《国语》卷一周语上，1—3页）

这里就是德与兵相对，祭公谋父强调，周人自祖先以来，在对内对外的政策方面，一贯都是以德服人，而不是以兵服人，注重为人民兴利除害，尽量避免劳民出征，以达到"近无不听，远无不服"。

春秋时代各诸侯国也都继承了周朝的这些思想，只是各国程度不同：

第八章　德政

  公问于众仲曰:"卫州吁其成乎?"对曰:"臣闻以德和民,不闻以乱。以乱犹治丝而棼之也。……夫州吁弑其君,而虐用其民,于是乎不务令德,而欲以乱成,必不免矣。"(隐公四年,36页)

卫国的州吁弑君而立,鲁隐公问众仲,你看州吁能成功吗?众仲认为,政治家的成功在于以德和民,如果不务德而乱用兵,一定要失败。

  公曰:"不可,我实不德,齐师何罪?罪我之由,《夏书》曰:'皋陶迈种德,德乃降。'姑务修德以待时乎!"秋,师还,君子是以善鲁庄公。(庄公八年,173—174页)

鲁庄公的弟弟请求伐齐师,庄公不同意,他说齐师无罪,而我们自己修德不够,我们应当不断修德,等待别的时机。

  子鱼言于宋公曰:"……今君德无乃犹有所阙,而以伐人,若之何?盍姑内省德乎!无阙而后动。"(僖公十九年,383—384页)

宋国伐曹国,久而未克,子鱼主张撤兵。[①] 他说现在久围不克,

---

 ①　按《左传》原文只云"宋人围曹,讨不服也,子鱼言于宋公",未言久围不克。但据子鱼所说文工伐崇三旬不降,而劝宋公退兵,可知子鱼之说是因久围不克所发。

恐怕是我们的国君在修德方面还有缺欠,国君应该退兵,先内省自己的德行如何,等到在修德方面没有阙失时再作行动。

> 晋侯欲勿许,司马侯曰:"……晋、楚唯天所相,不可与争。君其许之,而修德以待其归。若归于德,吾犹将事之,况诸侯乎?若适淫虐,楚将弃之,吾又谁与争?……恃险与马,不可以为固也,从古以然。是以先王务修德音以亨神人,不闻其务险与马也……而不修政德,亡于不暇,又何能济?君其许之。纣作淫虐,文王惠和,殷是以陨,周是以兴,夫岂争诸侯?"乃许楚使。(昭公四年,1246—1247页)

这里提出了修德、修政德、修德音,司马侯认为山川之险和兵马之众,都不能保证战胜敌人,关键还在于力修政德,惠和待民;历史上殷以败德而亡,周以明德而兴,就是明显的例子。

"德"在对外关系中,尤指一种宽大为怀、和平为重,有实力而不欺人的做法和态度,如:

> 齐侯曰:"以此众战,谁能御之?以此攻城,何城不克?"(屈完)对曰:"君若以德绥诸侯,谁敢不服?君若以力,楚国方城以为城,汉水以为池,虽众,无所用之。"(僖公四年,292—293页)

这里所说的就是德与力的问题,齐侯让楚国的屈完参观齐师的

第八章 德政

人马众多，屈完则指出，以德服人才能使人服，以力服人只能引来反抗。

> 公曰："然则莫如和戎乎？"对曰："和戎有五利焉……以德绥戎，师徒不勤，甲兵不顿，四也。鉴于后羿，而用德度，远至迩安，五也。"（襄公四年，939页）

晋侯欲伐戎，魏绛谏劝，主张用宽大和平的态度与戎搞好关系，亦可免于劳师动众，他还主张在一切对外关系中，都应当用德，以达到远者来，近者安。

> 知武子谓献子曰："我实不德，而要人以盟，岂礼也哉？非礼，何以主盟？姑盟而退，修德息师而来，终必获郑，何必今日？我之不德，民将弃我，岂唯郑？若能休和，远人将至，何恃于郑？"乃盟而还。（襄公九年，969页）

以德和远人，在春秋时代已经是一个传统了。"德"是当时诸侯国之间关系的重要规范原则之一，无德不可以伐人，无德不可以和戎，无德不可以主盟。

> 冬，楚子期伐陈，吴延州来季子救陈，谓子期曰："二君不务德，而力争诸侯，民何罪焉？我请退，以为子名，务德而安民。"乃还。（哀公十年，1656页）

春秋时代诸侯争霸,延州来季子认为凡用军人兵争霸者,都是害民的行为,好的政治理想应当是务德而安民。

前面引述的退兵修德的说法中,都同时把"修德"和"淫虐"作对比,淫虐就是统治者生活荒淫而虐待人民。以下再来看德政方面的其他论述:

> 楚子伐陆浑之戎,遂至于雒,观兵于周疆。定王使王孙满劳楚子。楚子问鼎之大小、轻重焉,对曰:"在德不在鼎。昔夏之方有德也,远方图物,贡金九牧,铸鼎象物,百物而为之备,使民知神、奸。……桀有昏德,鼎迁于商,载祀六百。商纣暴虐,鼎迁于周。德之休明,虽小,重也。其奸回昏乱,虽大,轻也。天祚明德,有所厎止。成王定鼎于郏鄏,卜世三十,卜年七百,天所命也。周德虽衰,天命未改。鼎之轻重,未可问也。"(宣公三年,669—672页)

这是说,夏代铸九鼎的本意,是把各个方国所贡的青铜铸成大鼎,将九州的百物,以及神物、奸物的形象都铸在鼎上,使人民能了解百物的形色和神物奸物的状象。但自商周以来,九鼎已成为王朝合法性的象征。王孙满指出,鼎的大小并不重要,王朝的真正的政治合法性来于明德,即美善光明的道德,而天命是保佑明德的,一个王朝的明德不失,鼎就不会迁移。周定王已在春秋中期,王孙满的这些讲法是继承了西周的政治思想的。

第八章 德政

> 管仲言于齐侯曰:"臣闻之,招携以礼,怀远以德;德礼不易,无人不怀。"(僖公七年,317页)
>
> 晋郤缺言于赵宣子曰:"……非威非怀,何以示德?无德,何以主盟?子为正卿,以主诸侯,而不务德,将若之何?《夏书》曰:'戒之用休,董之用威,劝之以《九歌》,勿使坏。'九功之德皆可歌也,谓之《九歌》。六府、三事谓之九功。水、火、金、木、土、谷,谓之六府;正德、利用、厚生谓之三事。义而行之,谓之德、礼。"(文公七年,563—564页)

三事之说,强调正德和民生是关联在一起的。前述祭公谋父所说的"懋正其德而厚其性,阜其财求而利其器用",其"性"字即"生"也,也是主张正德、厚生、利用。这个思想在春秋也很普遍,如后来申叔时说"民生厚而德正"(成公十六年传),晏子说"民,生厚而用利,于是乎正德以幅之"(襄公二十八年传),与郤缺的说法都是一致的。可见,三事之说是西周至春秋的一个广为接受且相当普遍的政治思想。

上两例中都有"德礼"连用并提,盖谓正德以行礼。春秋时代不仅"德"与"礼"并用,亦有"德"与"义"连用的例子:

> 王怒,将以狄伐郑。富辰谏曰:"不可。臣闻之,大上以德抚民,其次亲亲,以相及也。昔周公吊二叔之不咸,故封建亲戚以蕃屏周。……庸勋、亲亲、昵近、尊贤,德

之大者也。即聋、从昧、与顽、用嚚，奸之大者也。弃德、崇奸，祸之大者也。郑有平惠之勋，又有厉宣之亲，弃嬖宠而用三良，于诸姬为近，四德具矣。耳不听五声之和为聋，目不别五色之章为昧，心不则德义之经为顽，口不道忠信之言为嚚。狄皆则之，四奸具矣。"（僖公二十四年，420—425页）

周襄王派人到郑国为滑国说情，郑国却把来人扣留，所以襄王发怒，想用狄人伐郑国。富辰谏劝之，他指出，以德抚民和亲近兄弟（之国），是怀柔天下的最根本的措施。他还提出四德和四奸，四德是庸勋、亲亲、昵近、尊贤，四奸是聋、昧、顽、嚚。可见他所说的四德是指政德而言，即四项好的治国政策；而四奸是指人的四种不良的心志行为。其中的"德义之经"即道德原则。

> 冬，楚子及诸侯围宋。宋公孙固如晋告急……赵衰曰："郤縠可，臣亟闻其言矣，说礼、乐而敦《诗》、《书》。《诗》、《书》，义之府也；礼、乐，德之则也；德、义，利之本也。《夏书》曰：'赋纳以言，明试以功，车服以庸。'君其试之！"（僖公二十七年，445—446页）

这是说《诗》《书》是理义的源泉，礼乐是道德的表准，道德是利益的根本，这里就是把"德义"和"利"作为对待，来突出"德"是本，利是末。

第八章　德政

以上这些论述中的"修德""耀德""务德""明德",都是指外用德政,内修德性,类似的例子还有不少,其中把"明德"和"慎罚"对待讨论,也是西周春秋常见的一个表达:

> 庄王欲纳夏姬,申公巫臣曰:"不可。君召诸侯,以讨罪也;今纳夏姬,贪其色也。贪色为淫。淫为大罚。《周书》曰:'明德慎罚',文王所以造周也。明德,务崇之之谓也;慎罚,务去之之谓也。若兴诸侯,以取大罚,非慎之也。君其图之!"(成公二年,803页)

这是继承了西周以来把"德"和"罚"相对的讲法,只是,西周本来的讲法中,明德是对统治者自己而言,慎罚是对被统治者人民而言;而申公这里是以明德为崇其德行,以慎罚为去其不德,都是指楚庄王自己。

以上所述,皆为《左传》中的材料,《国语》等书也有不少论及"德"的材料,以下亦略举数条:

> 过卫,卫文公有邢、狄之虞,不能礼焉。宁庄子言于公曰:"夫礼,国之纪也;亲,民之结也;善,德之建也。国无纪不可以终,民无结不可以固;德无建不可以立。此三者,君之所慎也。今君弃之,无乃不可乎!晋公子善人也,而卫亲也;君不礼焉,弃三德矣……"(《国语》卷十晋语四,345页)

重耳流亡时经过卫国，宁庄子批评卫侯对重耳无礼。结即联结，他认为，"礼"是治国的纲纪，"亲"用以联结人民，"善"用来建立德行，崇礼、亲亲、近善这三项政策即是三德，抛弃三德，是不可以的。

> 悼公与司马侯升台而望曰："乐夫！"对曰："临下之乐则乐矣，德义之乐则未也。"公曰："何谓德义？"对曰："诸侯之为，日在君侧，以其善行，以其恶戒，可谓德义矣。"（《国语》卷十三晋语七，445页）

临下之乐即居高临民的感觉，德义之乐是尊德行义的愉悦。司马侯的回答很像孟子答梁惠王论"独乐"与"同乐"的分别。他对"德义"的解释就是行善去恶。

> 文公问元帅于赵衰，对曰："……夫先王之法志，德义之府也。夫德义，生民之本也。能惇笃者，不忘百姓也。请使郤縠。"公从之。（《国语》卷十晋语四，382页）

前章引过"《诗》、《书》，义之府"，可知此处法志亦书册，皆记载有德义言行的书册。德义是治民的根本，能惇笃德义，不忘百姓的人应当做元帅。

> 以德为本，以义为术，以信为动，以成为心，以决为计，以节为胜。（《逸周书·柔武解》）

第八章 德政

以德为本，以义为术，可以说是上面所述德政思想的原则的概括。

二 安民

上面所说多是有关"德"或"政德"的一些原则的论述。以下来看这些原则的更为具体的展开。从前面的叙述可见，德政、政德都与"民"有关，政治德行或统治者的德行一定表现为与"民"有关的事物上面，如富辰所说"大上以德抚民"、赵衰所说"德义生民之本"、延州来季子所说"务德而安民"。也就是说，政治上的务德与生民有关，政治上的失德一定与淫虐人民有关。

昏庸淫虐的国君治国，人民生活必然困顿，由此人民必生怨詈，更甚则会反抗，所以安民、保民、抚民、恤民、勤民、庇民、不妨民、不害民，始终是古代政治家的重要课题。西周时已经形成了一套对昏庸的国君加以制约的价值观念，如西周穆王时，祭公谋父在劝阻征伐犬戎时，在讲了"耀德不观兵"之后，又讲了下面的话：

> 昔我先王世后稷，以服事虞、夏，及夏之衰也，弃稷不务，我先王不窋用失其官，而自窜于戎、狄之间，不敢怠业，时序其德，纂修其绪，修其训典，朝夕恪勤，宁以敦笃，奉以忠信，奕世载德，不忝前人。至于武王，昭前之光明，而加之以慈和，事神保民，莫弗欣喜。商王帝辛，

大恶于民，庶民不忍，欣戴武王，以致戎于商牧。是先王非务武也，勤恤民隐而除其害也。(《国语》卷一周语上，2—3页)

修德、勤政、忠信、保民，这是周人特别注重的政德，在周人的政治文化中，始终强调武力并非先务，保民才是根本。商纣王恶民的历史教训，是周人最为常用的警戒素材。

我们记得，季梁劝止随侯时，不仅提出"民，神之主也"，而且主张"上思利民，忠也"（桓公六年，111页）。"利民"的思想也见于另处：

> 邾文公卜迁于绎。史曰："利于民，而不利于君。"邾子曰："苟利于民，孤之利也。天生民而树之君，以利之也。民既利矣，孤必与焉。"左右曰："命可长也，君何弗为？"邾子曰："命在养民，死之短长，时也。民苟利矣，迁也，吉莫如之！"遂迁于绎。（文公十三年，597—598页）

邾国要把都城迁于绎邑，史官卜筮后说，如果迁到绎邑对人民有利，对国君不利，意思是国君可能会短寿。邾子则认为，人民的利就是国君的利，国君是上天安排来有利人民的，国君的责任即在利民，利民即是吉。"天生民而树之君以利之也"，虽然，这里的"天"有主宰的意义，但在这个讲法中，人民是目的，国君这个地位是为了满足人民的利益需要。可以看出，这

第八章　德政

个思想已经有了民本思想的萌芽。

> （晏子曰）君民者，岂以陵民？社稷是主。臣君者，岂为其口实，社稷是养。（襄公二十五年，1098页）

晏子这里说，君主不应以其统治地位而欺凌人民，君主的职责是主持国家社稷之事；臣子不是只为自己的衣食，而是以保养国家为任务。可见，"陵民"的问题也是先进政治家当时所关注的问题之一。

> 斗且廷见，令尹子常，子常与之语，问蓄货聚马。归以语其弟，曰："楚其亡乎！不然，令尹其不免乎。吾见令尹，令尹问蓄聚积实，如饿豺狼焉，殆必亡者也……今子常，先大夫之后也，而相楚君无令名于四方。民之羸馁，日已甚矣。四境盈垒，道殣相望，盗贼司目，民无所放。是之不恤，而蓄聚不厌，其速怨于民多矣。积货滋多，蓄怨滋厚，不亡何待。夫民心之愠也，若防大川焉，溃而所犯必大矣……"（《国语》卷十八楚语下，572—575页）

这是说楚国的令尹子常不恤民力，蓄聚不厌，盗贼多有，人民多怨，而这样下去，国、家就会亡败。他指出当时"民之羸馁，日已甚矣，四境盈垒，道殣相望"，用以与统治者大量聚积的财富相对比，后来孟子要求王者实行仁政，也采取这样的对比方法。

> 右尹子革侍,曰:"民,天之生也;知天,必知民矣。"(《国语》卷十七楚语上,550页)

这与上面讲的"天生民而树之君"的思想一致,这里所说的"天生"不是自然主义的意义,而是含有一种主宰安排的意思在其中,也包含一个意思,即民是上天之所爱护者。这是西周的天民合一思想的继续和发展。①

> (伶州鸠)对曰:"上作器,民备乐之,则为和。今财亡民罷,莫不怨恨,臣不知其和也。且民所曹好,鲜其不济也。其所曹恶,鲜其不废也。故谚曰:'众心成城,众口铄金。'"(《国语》周语下,130—131页)

周景王二十三年,王欲铸造大钟,卿大夫多反对,认为既费民资,又不合礼制,王不听。次年大钟铸成,王说钟声甚"和",伶州鸠认为不然,他说如果大王做器而人民都很高兴,这是"和",现在财亡民劳,人民怨恨,哪里是"和"。他还特别提出,人民所喜欢的,没有不成功的;人民所厌恶的,没有不失败的。这种思想已经近于一种历史哲学的概括,中国古代的这类思想相当发达。

---

① "天民合一"论请参看拙作《古代宗教与伦理——儒家思想的根源》,184—185页。

第八章　德政

三　宽政

春秋早期已有"德教"的观念，见于《逸周书》：

> 乡立巫医，具百药，以备疾灾；畜五味，以备百草。立勤人以职孤，立正长以顺幼，立职丧以恤死，立大葬以正同；立君子以修礼乐，立小人以教用兵，立乡射以习容，春和猎耕耘以习迁行。教茅与树艺比长，立职与田畴皆通，立祭祀与岁谷登下厚薄，此谓德教。①

此所谓德教，实即指德政而言，立种种职习以管理民事，如医药、丧葬、礼乐、伦理、农耕、祭祀等。其书又云：

> 五户为伍，以首为长；十夫为什，以年为长；合闾立教，以威为长；合旅同亲，以敬为长；饮食相约，兴弹相庸，耦耕俱耘②，男女有婚，坟墓相连，民乃有亲。③

此颇近《齐语》中管仲对桓公所言。《大聚解》主张"敕刑以宽""振乏救穷"，要求"老弱疾病，孤子寡独，惟政所先"，倡

---

① 《逸周书·大聚解》，《逸周书汇校集注》，上海古籍出版社，1995年，423—426页。
② 俱字原阙，据《逸周书汇校集注》补。
③ 《逸周书·大聚解》，《逸周书汇校集注》，421—422页。

导"祸灾相恤,资丧比服",同时注重教化之事。其基本思想,一方面从地方管理立教,讲究上下之威,一方面从基层社区立教,讲究齿让之敬。而其最终的目的还是实现互助互联的经济生活和民乃有亲的乡族生活。

《逸周书》的《大武解》,亦有类似主张,也在春秋早期:

> 政有四戚五和,……四戚:一内姓,二外婚,三友朋,四同里。五和:一有天无恶,二有人无郄,三同好相固,四同恶相助,五远宅不薄。①

《酆保解》则指出治国之政有多种具体措施,如五祥、六卫等:

> 五祥:一君选择,二官得度,三务不舍,四不行赂,五察民困。六卫:一明仁怀恕,二明智设谋,三明戒摄勇,四明才摄士,五明艺法官,六明命摄政。②

"明武摄勇",《逸周书汇校集注》云"戒"字或作"武","明艺法官"或作"明德摄官"。此篇黄怀信认为在春秋中期。从《逸周书》来看,可以说西周至春秋初,各种主张较为杂乱,还没有总结出一套众所共识的礼治政治的原则。

《周语》中则已有七德之说,亦指德教之政:

---

① 《逸周书·大武解》,220页。
② 《逸周书·酆保解》,272页。

第八章　德政

> 王曰："利何如而内，何如而外？"对曰："尊贵，明贤，庸勋，长老，爱亲，礼新，亲旧。然则民莫不审固其心力以役上令。"（《国语》卷二周语中，50 页）

此在周襄王时，即鲁僖公二十年稍后，但此中所说政教，专就人事结固而言，故强调既礼新，又亲旧；既尊贵，又明贤；既长老，又爱亲。使人心团结，服从上令。

春秋时代，齐、晋、楚政事最为突出，鲁、郑皆以礼乐传统深厚见长。齐、晋、楚在政事方面都有一些系统的说法出现，先看齐国：

> 桓公自莒返于齐，使鲍叔为宰，辞曰："……若必治国家者，则其管夷吾乎！臣之所不若夷吾者五：宽惠柔民，弗若也；治国家不失其柄，弗若也；忠信可结于百姓，弗若也；制礼义可法于四方，弗若也；执枹鼓立于军门，使百姓皆加勇焉，弗若也。"（《国语》卷六齐语，221 页）

这里的五条实际上即是治国的五项原则，既要宽以惠民，又要不失权柄；既要忠信于民，又要制以礼法。桓公听从鲍叔之言，迎管仲而问之国事。管仲讲了几条，一是"四民者勿使杂处"，让士、农、工、商分别居住，使每一阶级只在自己阶层的群体中生长，使得"父兄之教不肃而成"，"子弟之学不劳而能"。这样士之子可恒为士，工之子可恒为工，商之子可恒为商，农之子可恒为农。二是建立乡里制度，五人为伍，五家为轨，勿令迁徙，要促使"伍之人祭祀同福，死丧同恤，祸灾共之。人与人相畴，家与家相畴，世同居，少同游"，"其欢欣足以相死。居同乐，行同和，死同哀"，这样既可得乡治之效，更可使之团结作战。三是注重乡里政教，"正月之朝，乡长复事。君亲问焉，曰：'于子之乡，有居处好学、慈孝于父母、聪慧质仁、发闻于乡里者，有则以告。有而不以告，谓之蔽明，其罪五'"，"于子之乡，有拳勇股肱之力秀出于众者，有则以告。有而不以告，谓之蔽贤"。① 这种举善之制称为选，从乡一级以上更向上推，共有三选，作为国家选贤励德的制度。

再看晋国的政教，文公即位：

> 公属百官，赋职任功。弃责薄敛，施舍分寡。救乏振滞，匡困资无。轻关易道，通商宽农。懋穑劝分，省用足财。利器明德，以厚民性。举善援能，官方定物，正名育类。昭旧族，爱亲戚，明贤良，尊贵宠，赏功劳，事耆老，礼宾旅，友故旧。胥、籍、狐、箕、栾、郤、柏、先、羊舌、董、韩，寔掌近官。诸姬之良，掌其中官；异姓之能，掌其远官。公食贡，大夫食邑，士食田，庶人食力，工商食官，皂隶食职，官宰食加。政平民阜，财用不匮。（《国语》卷十晋语四，371页）

据韦注，胥等十一族为晋国旧族，近官即朝廷之官，中官即内

---
① 见《国语》卷六齐语，233页。

第八章 德政

官,远官即县鄙之官。晋国的经济政策不是我们所关注的范围,我们的着眼点在其"政平民阜"的观念。文公的"昭旧族、爱亲戚、明贤良、尊贵宠、赏功劳、事耆老、礼宾旅、友故旧",竟与周襄王时富辰所说的七德"尊贵、明贤、庸勋、长老、爱亲、礼新,亲旧"全同①,可见这一套政策有相当的代表性。不过,这些政策基本上都属于人事政策。

> (晋悼公)朝于武宫,定百事,立百官,育门子,选贤良,兴旧族,出滞赏,毕故刑,赦囚系,宥闲罪,荐积德,逮鳏寡,振废淹,养老幼,恤孤疾,年过七十,公亲见之,称曰王父,敢不承。(《国语》卷十三晋语七,431页)

晋国在悼公时中兴,应得益于他的政策。门子,大夫之适子。悼公新政的政策中,除了"育门子、选贤良、兴旧族"的人事政策外,也有不少社会政策,如"逮鳏寡、养老幼、恤孤疾"。

现在来看楚国:

> 灵王为章华之台,与伍举升焉,曰:"台美夫!"对曰:"臣闻国君服宠以为美,安民以为乐,听德以为聪,致远以为明。不闻其以土木之崇高彤镂为美,而以金石匏竹之昌大嚻庶为乐,不闻其以观大、视侈、淫色以为明,而以察

---

① 韦注云:庸,用也。勋,功也。长老,尚齿也。(《国语》,50页)

清浊为聪。……夫美也者，上下内外小大远近皆无害焉，故曰美。若于目观则美，缩于财用则匮，是聚民利以自封而瘠民也，胡美之为？夫君国者，将民之与处，民实瘠矣，君安得肥？且夫私欲弘侈，则德义鲜少；德义不行，则迩者骚离而远者距违。天子之贵也，……其有美名也，唯其施令德于远近，而小大安之也。若敛民利以成其私欲，使民蒿焉忘其安乐，而有远心，其为恶也甚矣，安用目观？"（《国语》卷十七楚语上，541—544页）

伍举以"安民""听德""致远"为国君治国的要旨，批评楚王的荒淫生活和"瘠民"之政，并且从道德上加以批评，指出对于公务承担者来说，"私欲"和"德义"是对立的，"私欲弘侈"则必然"德义鲜少"。为上者如果聚敛人民的财利来满足自己的欲望，而使人民得不到安乐，这在政治上不仅不是"美"，反而是"恶"。

楚灵王不仅建章华之台，而且兴建大城，他就此询问范无宇的意见，范无宇认为历史上建大城的国家都反受其害，他还指出：

（范无宇）对曰："……地有高下，天有晦明，民有君臣，国有都鄙，古之制也。先王惧其不帅，故制之以义，旌之以服，行之以礼，辩之以名，书之以文，道之以言……"子晳复命，王曰："是知天咫，安知民则？是言诞也。"右尹子革侍，曰："民，天之生也，知天必知民矣，

第八章 德政

是其言可以惧哉！"（《国语》卷十七楚语上，549—550页）

帅，循也。楚灵王认为范氏只懂得一点天道，不懂民则。然而，建城三年，灵王即被建城所在地的人杀死。所以，实际上不懂民则的正是灵王自己。

灵王死，平王行新政，施舍、宽民、宥罪、举职：

> 楚子使然丹简上国之兵于宗丘，且抚其民。分贫，振穷；长孤幼，养老疾；收介特，救灾患，宥孤寡，赦罪戾；诘奸慝，举淹滞；礼新，叙旧；禄勋，合亲；任良，物官。（昭公十四年，1365页）

这些治国的新政举措，都和周之富辰、晋之文公、悼公相同，表现出当时中原各国和南方各国分享着相同的正统政治文化，即使更为偏处的越国也是如此：

> 王曰："在孤之侧者，觞酒、豆肉、箪食，未尝敢不分也。饮食不致味，听乐不尽声，求以报吴。愿以此战。"包胥曰："善则善矣，未可以战也。"王曰："越国之中，疾者吾问之，死者吾葬之，老其老，慈其幼，长其孤，问其病，求以报吴。愿以此战。"包胥曰："善则善矣，未可以战也。"王曰："越国之中，吾宽民以子之，忠惠以善之。吾修令宽刑，施民所欲，去民所恶，称其善，掩其恶，求以报吴。愿以此战。"包胥曰："善则善矣，未可以战也。"王

曰："越国之中，富者吾安之，贫者吾与之，救其不足，裁其有余，使贫富皆利之，求以报吴。愿以此战。"包胥曰："善则善矣，未可以战也。"王曰："越国南则楚，西则晋，北则齐，春秋皮币、玉帛、子女以宾服焉，未尝敢绝，求以报吴。愿以此战。"包胥曰："善哉，蔑以加焉，然犹未可以战也。夫战，智为始，仁次之，勇次之。不智，则不知民之极，无以铨度天下之众寡；不仁，则不能与三军共饥劳之殃；不勇，则不能断疑以发大计。"越王曰："诺。"（《国语》卷十九吴语，620页）

此事已在春秋之末，即孔子亦已卒数年矣。春秋各诸侯国国君往往都是为了得取民心，用民于战争，而采取德政。但这不等于说这些德政措施没有独立的意义。在越王的动机和目的来说，是求民以报，为其伐吴效力；但其为政的措施是利民得民的，如"疾者问之，死者葬之，老其老，慈其幼，长其孤，问其病"，都是对老弱病残的关心帮助；不仅对老弱幼病者加以关心，对一般民人也采取好的政策，"宽民以子之，忠惠以善之，修令宽刑，施民所欲，去民所恶"，去其严刑，宽其赋税，视民如子，给予人民他们所喜欢的，去除人民所不喜欢的。更有进者，越王还推行"富者安之，贫者与之，救其不足，裁其有余，使贫富皆利"的均平政策，这些都是缓和社会矛盾，增加平民所得的"利民"措施。春秋时代的开明政治家都认识到，采取"施民所欲，去民所恶"的政策，并不能增加公室的财富收入，但采取这样的政策，是达到一个善的政治的基本条件：或是取

第八章 德政

得民人拥护的可靠途径。

所以,虽然许多政治家是出于现实的、功利的"用民于战"的目的而采取德政的措施,但也有一些有识之士是从善的政治的要求本身出发,而主张利民的政策,如下面一例:

> (声子)对曰:"……归生闻之,善为国者,赏不僭而刑不滥。赏僭,则惧及淫人;刑滥,则惧及善人。若不幸而过,宁僭,无滥。与其失善,宁其利淫……古之治民者,劝赏而畏刑,恤民不倦,赏以春夏,刑以秋冬。是以将赏,为之加膳,加膳则饫赐,此以知其劝赏也。将刑,为之不举,不举则彻乐,此以知其畏刑也。夙兴夜寐,朝夕临政,此以知其恤民也。"(襄公二十六年,1120—1121页)

蔡国的声子到晋国访问归来过楚,他说晋国的卿不如楚国,但晋国的大夫贤于楚国;其中的原因是,晋国的大夫很多是楚国人,有卿的才能,而晋国能重用他们这些与族姻无关的人才,这就是尚贤。然后他又指出,如何使用"赏"和"罚",如何对待人民,是为政的根本。正确掌握"赏",善人人才就多。小心掌握"罚",就不会伤害到善人。特别是他提出"与其失善,宁其利淫",应该说达到了较高的水平。

四 治道

早期儒家文献中仍然可以看到上面所说的这些德政、礼治、政教的思想。如《周礼》：

> 以八统诏王驭万民：一曰亲亲，二曰敬故，三曰进贤，四曰使能，五曰保庸，六曰尊贵，七曰达吏，八曰礼宾。[1]

这与前面所说周、晋、楚的七德八政基本相同。又如：

> 以官府之六职辨邦治：一曰治职，以平邦国，以均万民，以节财用；二曰教职，以安邦国，以宁万民，以怀宾客；三曰礼职，以和邦国，以谐万民，以事鬼神；四曰政职，以服邦国，以正万民，以聚百物；五曰刑职，以诘邦国，以纠万民，以除盗贼；六曰事职，以富邦国，以养万民，以生百物。[2]

再如《礼记》：

> 圣人南面而听天下，所且先者五，民不与焉：一曰治亲，二曰报功，三曰举贤，四曰使能，五曰存爱。五者一得于天下，民无不足，无不赡者。五者一物纰缪，民莫得其死。[3]

---

[1] 《周礼·天官·大宰》，参见孙诒让《周礼正义》，中华书局，1987年，77页。
[2] 《周礼·小宰》，同上书，164页。
[3] 《礼记·大传》，参见孙希旦《礼记集解》，中华书局，1989年，905页。

第八章 德政

六礼：冠、昏、丧、祭、乡、相见。七教：父子、兄弟、夫妇、君臣、长幼、朋友、宾客。八政：饮食、衣服、事为、异别、度、量、数、制。①

先王之所以治天下者五：贵有德，贵贵，贵老，敬长，慈幼。②

亲亲也，尊尊也，长长也，男女有别，此其不可得与民变革者也。③

司徒修六礼以节民性，明七教以兴民德；齐八政以防淫，一道德以同俗；养耆老以致孝，恤孤独以逮不足；上贤以崇德，简不肖以绌恶。④

立爱自亲始，教民睦也；立敬自长始，教民顺也；教以慈睦，而民贵有亲；教以敬长，而民贵用命。孝以事亲，顺以听命，错诸天下，无所不行。⑤

总起来说，西周以来的礼政可以归结为以下几个原则，即从宗、明贤、敬德、保民。崇德即重视德政和统治者个人德性的原则，敬宗即包括尊尊、亲亲、昭旧的宗法原则。比起周初的敬德保民，春秋更加多了从宗（《礼记·大传》曰"同姓从宗合族属"）和明贤方面的内容。"从宗"是宗法制度的题中应有之义，"明贤"则反映了政治国家的理性要求。

---

① 《礼记·王制第五之三》，《礼记集解》，398 页。
② 《礼记·祭义》，同上书，1214 页。
③ 《礼记·大传》，同上书，907 页。
④ 《礼记·王制第五之二》，同上书，361 页。
⑤ 《礼记·祭义》，同上书，1215 页。

关于"亲亲"和"明贤"的偏重,《吕氏春秋·长见篇》云:

> 吕太公望封于齐,周公旦封于鲁。二君者,甚相善也。相谓曰:"何以治国?"太公望曰:"尊贤上功。"周公旦曰:"亲亲上恩。"太公望曰:"鲁自此削矣。"周公旦曰:"鲁虽削,有齐者亦必非吕氏也。"

这是说鲁国依照宗周的礼治,治国之道以"亲亲"为主,而齐国则认为"亲亲"必然导致国家的衰弱。齐国的治国之道以"尊贤"为主,鲁国则认为齐国"尚(上)功"的结果将有可能导致吕姓的君主被外人所取代。一个注重稳定,一个注重发展。类似的说法也见于《淮南子·齐俗训》,中云:

> 昔太公望、周公旦受封而相见,太公问周公曰:"何以治鲁?"周公曰:"尊尊亲亲。"太公曰:"鲁从此弱矣。"周公问太公曰:"何以治齐?"太公曰:"举贤而上功。"周公曰:"后世必有劫杀之君。"

《史记·鲁周公世家》也有一段:

> 鲁公伯禽之初受封之鲁,三年而后报政周公,周公曰:"何迟也?"伯禽曰:"变其俗,革其礼,丧三年然后除之,故迟。"太公亦封于齐,五月而后报政周公。周公曰:"何

第八章 德政

疾也？"曰："吾简其君臣礼，从其俗为也。"及后闻伯禽报政迟，乃叹曰："呜呼，鲁后世其北面事齐矣！夫政不简不易，民不有近，平易近民，民必归之。"

此处"及后闻伯禽报政迟乃叹"，应指周公闻报之后而叹。这里的说法与上面两段略有不同，鲁国的治国之方是以礼变俗，变化风俗，革新礼制，强调以礼治国，而齐国的治国之方是变礼从俗，简化礼制，顺从民俗，强调以政治国。鲁国的"变""革"有点革命的意思，齐国的"从"有点渐进的意思。

此事大约出于假托，但这些记述中不仅突出了西周春秋政治的"亲亲"和"明贤"的二元互动，也的确包含了春秋时齐、鲁政治文化的明显分别。事实上，在春秋时代各国的实际政治实践中，尊尊、亲亲、明贤常常是不同程度地结合在一起的。如果说"尊尊""亲亲"是西周时代的主要原则，那么，在春秋开始的诸侯国日益剧烈的内外斗争中，更注意采取"明贤"和"尚功"，乃是势有必至的。后者虽然体现了政治理性和鼓励军功的绩效，但前者则是与维护宗法封建制更具有亲和性的价值。所以，这两者与宗法封建制的内在关系并不相同。

五 规谏

西周开始，在政治文化中出现一种制度化的"规谏"传统，既使得"规谏"成为统治者正己、防民的重要理念，也构成士大夫规谏君主、疏导民情的正当资源。这也是政德的一个重要方面。早期最有名的例子是：

> 厉王虐，国人谤王。邵公告曰："民不堪命矣！"王怒，得卫巫，使监谤者，以告，则杀之。国人莫敢言，道路以目。王喜，告邵公曰："吾能弭谤矣，乃不敢言。"邵公曰："是障之也。防民之口，甚于防川。川壅而溃，伤人必多，民亦如之。是故为川者决之使导，为民者宣之使言。故天子听政，使公卿至于列士献诗，瞽献曲，史献书，师箴，瞍赋，矇诵，百工谏，庶人传语，近臣尽规，亲戚补察，瞽、史教诲，耆、艾修之，而后王斟酌焉，是以事行而不悖。民之有口，犹土之有山川也，财用于是乎出；犹其有原隰衍沃也，衣食于是乎生。口之宣言也，善败于是乎兴，行善而备败，其所以阜财用、衣食者也。夫民虑之于心而宣之于口，成而行之，胡可壅也？若壅其口，其与能几何？"（《国语》卷一周语上，9—10页）

邵公的这些思想即使在现在也仍然是开明的政治智慧，西周就已产生出这样先进的政治思想，确实难得。人民的不满和意见，必须使之能得以宣泄和表达，否则，这些不满和意见的长久积聚就会演变成巨大的冲突而爆发。要使人民的意见和不满得以上达，需要一些制度性的管道，即各级官员、各类职业的人们都能以一种适合于其职业的方式提出对君主和政治的意见。再看一个例子：

第八章 德政

> ……昔卫武公年数九十有五矣,犹箴儆于国,曰:"自卿以下至于师长士,苟在朝者,无谓我老耄而舍我,必恭恪于朝,朝夕以交戒我;闻一二之言,必诵志而纳之,以训导我。"(《国语》卷十七楚语上,551页)

卫武公在位于西周末及春秋初。他发布公告,要卿、大夫、士、师长各级服务于朝廷的人每天向君主提出警戒,使他能够明德保民。

春秋时代的人们也继承了此种思想,如晋国:

> 文子曰:"而今可以戒矣。夫贤者宠至而益戒,不足者为宠骄。故兴王赏谏臣,逸王罚之。吾闻古之王者,政德既成,又听于民,于是乎使工诵谏于朝,在列者献诗使勿兜,风听胪言于市,辨妖祥于谣,考百事于朝,问谤誉于路,有邪而正之,尽戒之术也。"(《国语》卷十二晋语六,410页)

从范文子所说可见,西周政治文化中的诵谏传统也是各个诸侯国所熟悉的。文子强调,贤明的君王总是奖赏规谏的人,而淫逸的君王总是惩罚规谏的人。要充分得到警戒,不仅要规定各级人等向上反映,当政者更要主动到民间收集听取,市场、童谣、道路等都是收取这些信息的途径。

郑国的子产对于乡校的态度也是继承了这一传统的:

>郑人游于乡校，以论执政。然明谓子产曰："毁乡校何如？"子产曰："何为？夫人朝夕退而游焉，以议执政之善否。其所善者，吾则行之；其所恶者，吾则改之，是吾师也。若之何毁之？我闻忠善以损怨，不闻作威以防怨。岂不遽止？然犹防川，大决所犯，伤人必多，吾不克救也。不如小决使道，不如吾闻而药之也。"（《左传》襄公三十一年，1191—1192页）

子产的讲法与邵公完全相同，更为难得的是，邵公是用来向周王建议，而子产用于自己身上。"吾闻忠善以损怨，不闻作威以防怨"，这种对待政治批评的态度，反对威权的压制，注重自我的反省，的确有民主之风。

这些思想即使在南方的楚国也有很大影响。《楚语》载：

>左史倚相曰："……在舆有旅贲之规，位宁有官师之典，倚几有诵训之谏，居寝有亵御之箴，临事有瞽史之导，宴居有师工之诵。史不失书，矇不失诵，以训御之，于是乎作懿戒以自儆也。及其没也，谓之睿圣武公。子实不睿圣，于倚相何害？"（《国语》卷十七楚语上，551页）
>
>（白公谏楚灵王）曰："昔殷武丁能耸其德，至于神明，以入于河，自河徂亳，于是乎三年，默以思道，卿士患之，曰：'王言以出令也，若不言，是无所禀令也。'武丁于是作书，曰：'以余正四方，余恐德之不类，兹故不言。'如是而又使以象梦旁求四方之贤，得傅说以来，升以为公，

第八章　德政

而使朝夕规谏，曰：'若金，用女做砺。若津水，用女作舟。若天旱，用女作霖雨。启乃心，沃朕心。若药不瞑眩，厥疾不瘳。若跣不视地，厥足用伤。'若武丁之神明也，其圣之睿广也，其智之不疚也，犹自谓未乂，故三年默以思道。既得道，犹不敢专制，使以象旁求圣人。既得以为辅，又恐其荒失遗忘，故使朝夕规诲箴谏，曰：'必交修余，无余弃也。'今君或者未及武丁，而恶规谏者，不亦难乎！齐桓、晋文，皆非嗣也，还轸诸侯，不敢淫逸，心类德音，以德有国。近臣谏，远臣谤，舆人诵，以自诰也。……"
（《国语》卷十七楚语上，554—556 页）

武丁默思三年的故事不一定是历史事实，而邵公等人所说的古代规谏制度，即使有理想化的成分，大体上应当有历史的根据。无论如何，西周到春秋的有识之士都已把此种制度和规谏本身看作是具有无可怀疑的价值，使讽谏规劝在政治体系里具有历史的和价值的正当性。在西周春秋的思想家看来，压制人民的意见是政治的恶，而尽力听取人民的意见既是贤明统治者的美德，也是统治者的基本责任。

六　伦理

《左传》文公十八年，说舜举八元，使布五教于四方，父义、母慈、兄友、弟恭、子孝，我们曾经指出，如果这是历史事实，其意义相当重大。《左传》还有六顺之说：

> 石碏谏曰："臣闻爱子，教之以义方，弗纳于邪。骄、奢、淫、泆，所自邪也。四者之来，宠禄过也……且夫贱妨贵，少陵长，远间亲，新间旧，小加大，淫破义，所谓六逆也。君义，臣行，父慈，子孝，兄爱，弟敬，所谓六顺也。去顺效逆，所以速祸也。"（隐公三年，31—33 页）

这六顺、六逆，可以说反映了宗法封建制社会的一般伦理要求，但在这里是作为对统治阶级一般男性成员所提出的伦理政治规范。四邪则是统治者力修明德所特别需要防克的败德。四邪所代表的德行，不是对于特定的伦理关系或对象提出的规范，而是比较个人性的一般的作为统治者的德行。

> 反自召陵，郑子大叔未至而卒。晋赵简子为之临，甚哀，曰："黄父之会，夫子与我九言，曰：'无始乱，无怙富，无恃宠，无违同，无敖礼，无骄能，无复怒，无谋非德，无犯非义。'"（定公四年，1542 页）

这九无是子大叔赠给赵简子的为政修德之方，无谋非德，无犯非义，是说不合德者勿谋之，不合义者勿犯之。另外，从无始乱、无怙富、无恃宠来看，这九无是卿大夫之戒。

第八章　德政

> 晋悼公即位于朝，始命百官，施舍、已责，逮鳏寡，振废滞，匡乏困，救灾患，禁淫慝，薄赋敛，宥罪戾，节器用，时用民，欲无犯时。使魏相、士鲂、魏颉、赵武为卿；荀家、荀会、栾黡、韩无忌为公族大夫，使训卿之子弟共俭孝弟。（成公十八年，908—909页）

悼公不仅施行许多德政，还特别要用"恭俭孝弟"训导卿大夫的子弟。这些对于子弟的德行要求，在《礼记》中也可见其仿佛。如：

> 夫为人子者，三赐不及车马。故州、闾、乡、党称其孝也，兄弟亲戚称其慈也，僚友称其弟也，执友称其仁也，交游称其信也。（《曲礼上第一之一》）

这里的孝、慈、弟、仁、信，是对贵族长子的要求。

> 庶子之正于公族者，教之以孝弟、睦友、子爱、明父子之义，长幼之序。（《礼记·文王世子》）

这里是对庶子的德行的要求。

不仅在德行上，我们看到春秋时代的发达和深入，在伦理原则方面，春秋时代的人们也开始提出一些重要的论题：

> 对曰："《礼志》有之曰：'将有请于人，必先有入焉。'

> 欲人之爱己也，必先爱人；欲人之从己也，必先从人。无德于人，而求用于人，罪也。今将婚媾以从秦，受好以爱之，听从以德之，惧其未可也，又何疑焉？"（《国语》卷十晋语四，358 页）

秦伯欲将怀嬴嫁重耳，问赵衰的意见，赵对曰，要让别人爱自己，必须先能爱别人；要想别人听从自己，必须先能听从别人。没有给予别人好处，就想用人为自己出力，是错误的。这个讲法，看起来好像一种功利主义，以爱己为目的，而以爱人为手段。不过，这里所说也未尝不可以看作"己所不欲，勿施于人"的一种不够理想的表达。因为，他在最后说明，无德于人而求用之，不仅是办不到的，而且是一种"罪"。

在伦理规范的问题上，鲁昭公时晏子与齐侯论齐国的礼政一段，颇能在总体上代表春秋后期的一般理解：

> 礼之可以为国也久矣，与天地并。君令、臣共、父慈、子孝、兄爱、弟敬、夫和、妻柔、姑慈、妇听，礼也。君令而不违，臣共而不贰，父慈而教，子孝而箴，兄爱而友，弟敬而顺，夫和而义，妻柔而正，姑慈而从，妇听而婉，礼之善物也。（昭公二十六年，1480 页）

这些伦理关系的规范在古代皆称之为"礼"，这十条乃是五种相互性伦理关系的规范，即君臣、父子、兄弟、夫妻、姑妇（婆媳）关系。五种关系中，后四种明显是家族内部的亲属关系，

第八章 德政

而在宗法封建社会，君臣关系在相当程度上也包含着亲属关系。由于春秋时代的政治关系往往同时是宗法亲属关系，所以封建国家可以利用现成的、已有的亲属伦理关系的规范作为调节、制约政治关系的规范，而在相当长的时期内无须创造新的规范。亲属关系或宗法关系的伦理规范对于宗法封建国家的这种现成的便利性，也使得宗法封建国家更加依赖和强化了家族伦理的适用性。

虽然，在宗法封建制度下，上述五种关系是最重要和最基本的人伦关系，但春秋时代最为引起关注的，是"君臣"关系及其伦理。

> 辞曰："成闻之：'民生于三，事之如一。'父生之，师教之，君食之。非父不生，非食不长，非教不知生之族也，故壹事之。唯其所在，则致死焉。报生以死，报赐以力，人之道也。臣敢以私利废人之道，君何以训矣？"（《国语》卷七晋语一，251页）

武公杀晋哀侯，对哀侯的大夫共叔成说，你不要追随哀侯而死，我让你作晋国的上卿。共叔成回答说，以死报君，是人之道，我不会为私利而背弃人之道。这里所说的人之道，是指事父、事君、事师之道，强调人要以死报效父、师、君，而不能以私利而放弃这个原则。这里所说的，显然是一种忠的观念。

> 对曰："……事君不贰是谓臣，好恶不易是谓君。君君

臣臣，是谓明训。明训能终，民之主也。"(《国语》卷十晋语四，368 页)

事君忠贞不贰，是臣的道德；不任意地改变好恶，是君的道德。君要有君的德行，臣要有臣的德行，这就是"君君臣臣"。管子言"为君不君，为臣不臣，乱之本也"①。与此相同，孔子也说"君君，臣臣，父父，子子"②，亦与此意相同。"明训"在晋语中很常见。

《国语》载赵简子与其臣属史黯的对话：

简子曰："良臣，人之所愿也，又何问焉？"对曰："臣以为不良故也。夫事君者，谏过而赏善，荐可而替否，献能而进贤，择才而荐之，朝夕诵善败而纳之。道之以文，行之以顺，勤之以力，致之以死。听则进，否则退。"(《国语》卷十五晋语九，497 页)

这里所说的"勤之以力""致之以死"与前面共叔成所说"报生以死""报赐以力"相近。此外，史黯强调举贤、谏过、不听则退是臣的重要德行和规范。

郑国的子产既讲求礼，也重视垂直性的君臣关系：

---

① 见《国语》卷六齐语，245 页。
② 《论语》颜渊篇："齐景公问政于孔子，孔子曰：君君，臣臣，父父，子子。"

第八章 德政

> 乃执子南而数之曰："国之大节有五，女皆奸之。畏君之威，听其政，尊其贵，事其长，养其亲，五者所以为国也。今君在国，女用兵焉，不畏威也；奸国之纪，不听政也；子晳，上大夫，女，嬖大夫，而弗下之，不尊贵也，幼而不忌，不事长也；兵其从兄，不养亲也。"（昭公元年，1212—1213页）

这里所说的国之大节，都是指臣的规范而言。由于宗法社会的政治关系同时是亲属关系，所以五者中包括"养其亲"即善待亲属。

西周到春秋前期，君臣的秩序尚较为严整：

> 鲁武公以括与戏见王，王立戏，樊仲山父谏曰："不可立也。不顺必犯，犯王命必诛，故出令不可不顺也。令之不行，政之不立，行而不顺，民将弃上。夫下事上，少事长，所以为顺也。今天子立诸侯而建其少，是教逆也。"（《国语》卷一周语上，22页）

这一段中就多次谈到"顺"，顺为政德，强调下对于上的服从和上对于下的使令。顺表示统治—服从关系的有序和顺遂。《左传》中亦多"顺也"之用。

在《晋语》中，君对臣民的威权性要求相当明显：

> 姜曰："……《郑诗》云：'仲可怀也，人之多言，亦

可畏也。'昔管敬仲有言，小妾闻之，曰：'畏威如疾，民之上也；从怀如流，民之下也；见怀思威，民之中也。畏威如疾，乃能威民。威在民上，弗畏有刑。从怀如流，去威远矣，故谓之下。其在辟也，吾从中也。《郑诗》之言，吾其从之。'此大夫管仲之所以纪纲齐国，裨辅先君而成霸者也。"（《国语》卷十晋语四，342页）

（阳毕）曰："图在明训，明训在威权，威权在君。君抡贤人之后有常位于国者而立之，亦抡逞志亏君以乱国者之后而去之，是遂威而远权。民畏其威，而怀其德，莫能勿从。"（《国语》卷十四晋语八，448页）

宋人弑昭公，赵宣子请师于灵公以伐宋，公曰："非晋国之急也。"对曰："大者天地，其次君臣，所以为明训也。今宋人弑其君，是反天地而逆民则也，天必诛焉。晋为盟主，而不修天罚，将惧及焉。"（《国语》卷十一晋语五，397—398页）

这是把君臣的上下关系比拟为天地的自然高下，认为违犯君臣的规范就等于违背自然的法则。

不过，在鲁国也有另一种说法：

晋人杀厉公，边人以告，成公在朝。公曰："臣杀其君，谁之过也？"大夫莫对。里革曰："君之过也。夫君人者，其威大矣。失威而至于杀，其过多矣。且夫君也者，将牧民而正其邪者也，若君纵私回而弃民事，民旁有慝无

第八章　德政

由省之，益邪多矣……夫君也者，民之川泽也。行而从之，美恶皆君之由，民何能为焉。"（《国语》卷四鲁语上，182页）

晋人杀厉公在鲁成公十八年，但《左传》未记载此事。从里革所说可见，他认为，君之被杀，过错在君失其威，君弃其民，所以政治上的一切都应当由君主负完全责任，与人民无关。

再来看一段材料，这是讨论人民对待君主的态度：

> 师旷侍于晋侯，晋侯曰："卫人出其君，不亦甚乎？"对曰："或者其君实甚。良君将赏善而刑淫，养民如子，盖之如天，容之如地。民奉其君，爱之如父母，仰之如日月，敬之如神明，畏之如雷霆，其可出乎？夫君，神之主而民之望也。若困民之性，匮神乏祀，百姓绝望，社稷无主，将安用之？弗去何为？……天之爱民甚矣，岂其使一人肆于民上，以从其淫，而弃天地之性？必不然矣。"① （襄公十四年，1016—1018页）

这个例子与前面晋人杀厉公的例子一样，都不主张把君主的被杀归罪于人民。师旷的说法，更加继承了《尚书》天佑下民的思想，认为若果君主淫逸、民生绝望，那么要这个君主何用？为什么不能将其逐出国家呢？这里所提出的"良君"，规定了君

---

① "困民之性"，性即生也。

主的责任和义务,其中最重要的是"赏善"和"爱民",君主履行了这些责任,体现了这些德行,人民也会对君主爱仰之、敬畏之。否则,人民就会反抗,而这种反抗是合乎天意的。在这些地方所讨论的君臣君民关系,不是日常的君臣君民关系,而是在特殊情况下的君主与臣民关系。

最后,来看晏子与齐侯对君臣的日常关系的著名讨论:

> 公曰:"唯据与我和夫!"晏子对曰:"据亦同也,焉得为和?"公曰:"和与同异乎?"对曰:"异。和如羹焉……君臣亦然。君所谓可,而有否焉;臣献其否,以成其可。君所谓否,而有可焉;臣献其可,以去其否。是以政平而不干,民无争心……先王之济五味、和五声也,以平其心,成其政也。声亦如味,一气,二体,三类,四物,五声,六律,七音,八风,九歌,以相成也。清浊、小大、短长、疾徐、哀乐、刚柔、迟速、高下、出入、周疏,以相济也。君子听之,以平其心。心平,德和。故《诗》曰'德音不瑕'。今据不然。君所谓可,据亦曰可;君所谓否,据亦曰否。若以水济水,谁能食之?若琴瑟之专壹,谁能听之?同之不可也如是。"(昭公二十年,1419—1420页)

齐侯认为梁丘据总是能与他的意见相"和",晏子说这只是同,不是和,和与同是不一样的。和是不同的东西的互相配合。晏子认为,君臣关系不是命令—服从的关系,臣对于君,最重要

第八章 德政

的是从"和"的立场出发,力求发挥补充、救正的作用,而绝不是一切苟同于君主的意志。和同之辨的政治意义正是体现了在君主制度下前儒家对于君臣合理关系的一种理想。

第九章　德行

> 有觉德行。
> ——《诗经·大雅·抑》

我们在《古代宗教与伦理》一书中已经讨论过《尚书》《诗经》中"德"的观念和与德行有关的范畴。本章延续其讨论，而集中于春秋时代。

马克斯·韦伯曾经表达这样的思想：在巫术阶段之后，伦理的发展首先体现在所谓"仪式伦理"（Rituralistichethik）和"法则伦理"（Gesetzesethik），即巫术阶段自私自利的欲求被遵守宗教仪式和法则以求得神明的眷顾所取代。但是，在仪式伦理和法则伦理的发展阶段，又会出现规范的刻板化、类型化的问题。在施路克特（Schluchter）对韦伯的诠释中，仪式伦理和法则伦理同属于所谓'"规范伦理"（Normenethik）次类型，

第九章 德行

而所谓"规范伦理"的特点是"道德的、法律的与常规的规则混在一起,而且主要靠外在的保证加以确立",法律义务与道德义务不分,伦理缺乏内在化。从仪式伦理和法则伦理再进一步发展,便是"心志伦理"(Gesinnungsethik)的阶段,心志伦理冲破了个别规范的刻板类型化,它注重的不是律则,而是心志,它是内在化的伦理。在这个阶段,伦理"由合乎义务的行动进至出自义务的行动,文化性进一步区分为合法性与道德性,心志的神圣化取代了常规与法律的神圣化"。这样一来,韦伯有关西方宗教伦理发展史的理想型建构就在施路克特的诠释中被清楚地整理出来,这就是:由巫术到宗教,由巫术伦理发展到仪式伦理或法则伦理,最后发展到心志伦理,宗教的每个发展阶段都有相应的宗教伦理类型。[①]

韦伯的这个讲法是否合乎西方伦理思想发展的历史,以及在概念的界定上可否被接受,在此我们不作讨论。我们所注意的是韦伯提出来的"仪式伦理"的概念。固然,正如"巫术伦理"的概念能否成立还是问题一样,"仪式伦理"的概念也可能受到怀疑,但是,从春秋时代的"礼仪之辨",乃至从后来孔子的"礼仁之辨"来看,"仪式伦理"可以有意义地用来指西周春秋"礼"文化的价值取向,即注重礼仪或仪典的仪、节、度、数等外在的形式性规范的取向。而春秋时代文化的演变,在伦

---

① 以上所说韦伯的思想及施路克特的诠释,皆请参看林端:《韦伯论"儒家伦理"——韦伯比较宗教社会学的批判》,第11届国际中国哲学会论文,1999年7月。林端在此文中还正确地指出,巫术伦理一词是韦伯的误用,因为严格说来巫术尚无"伦理"意味可言。

理的层面，可以说就是从"仪式伦理"主导变为"德行伦理"主导的演变。

一　西周后期与春秋前期的德行观念

让我们还是从西周后期开始。在《逸周书》中已提出不少德行的观念，兹举出若干例子来说明：

> 周公拜手稽首兴曰："臣既能生宝，恐未有，子孙其败。既能生宝，未能生仁，恐无后亲。王宝生之，恐失王会，道维其废。"王拜曰："格而言，维时余劝之以安位，教之广。用宝而乱，亦非我咎。上设荣禄，不患莫仁。仁以爱禄，允维典程。既得其禄，又增其名。上下咸劝，孰不竞仁？维子孙之谋，宝以为常。"（《逸周书·宝典解》）

这里已经提出"仁"的观念，只是，"仁"在这里的意义并不十分清楚。《宝典解》的年代，据学者研究，约在西周后期到春秋早期。[①]

《宝典解》不仅提出"仁"的观念，更有"九德"之说：

> 九德：一孝，子畏哉，乃不乱谋。二悌，悌乃知序，序乃伦。伦不腾上，上乃不崩。三慈惠，慈知长幼，知长

---

① 《逸周书》各篇年代，皆据黄怀信之说，见黄著《逸周书源流考辨》，西北大学出版社，1992年；及《逸周书汇校集注》，上海古籍出版社，1995年。

第九章　德行

幼，乐养老。四忠恕，是谓四仪，风言大极，意定不移。五中正，是谓权断，补损知选。六恭逊，是谓容德，以法从权，安上无慝。七宽弘，是谓宽宇，准德以义，乐获纯嘏。八温直，是谓明德，喜怒不郄，主人乃服。九兼武，是谓明刑，惠而能忍，尊天大经。九德广备，次世有声。①

这里所说的九德是孝、悌、慈惠、忠恕、中正、恭逊、宽弘、温直、兼武九种个人德行。这九德中，孝、悌为家族德行，其他为政治德行，即对统治者所要求的德行。九德固然都是贵族的德行，但其中也包含普遍的意义。不过，这里孝悌的解释，强调下不犯上，臣不乱谋，从这一点来看，《宝典解》的时代不应太早，其中可能有西周的成分，但也可能加入了不少春秋时代的内容，似在春秋中期为近。其中的"忠恕"亦疑晚出，或其字误，因为一般我们了解的忠恕与四仪没有关系，《宝典解》的本文中也没有表达出忠恕和其伦理效果的联系，不像"三慈惠，慈知长幼，知长幼，乐养老"，德与其效果的联系一目了然。

与九德相对待，《宝典解》还提出十奸，即十种恶行：

一穷居②干静，二酒行干理，三辩惠干智，四移洁干清，五死勇干武，六展允干信，七比誉干让，八阿众干名，

---

① 《逸周书汇校集注》，299—302 页。
② 居字原阙，据孙诒让说补，孙说见《汇校》。

九专愚干果,十愎孤干贞。①

干即奸,败坏意。静、理、智、清、武、信、让、名、果、贞,这十项本身是正面的德行,而十奸即十种败坏上述德行的恶行。十奸让我们想起了基督教早期的"十诫"。此外,《宝典解》还提到"四位""十散""三信",总之,此篇可谓相当集中地讨论了德行的问题。

与《宝典解》相似的有《文政解》,研究者认为其年代亦在西周至春秋早期:

> 惟十有三祀,王在管,管蔡开宗循王。禁九慝,昭九行,济九丑,尊九德,止九过,务九胜,倾九戒,固九守,顺九典。②

这里提出了九大纲领,每一纲领中又都包含九项条目,或禁止,或尊崇。其中有些不是指德行而言,如"禁九慝":

> 九慝:一不类,二不服,三不则,四务有不功,五外有内通,六幼不观国,七闻不通径,八家不开刑,九大禁不令路径。③

---

① 《逸周书汇校集注》,304 页。
② 同上书,394—395 页。
③ 同上书,395 页。

第九章　德行

《逸周书》偶有阙文，其文语亦多难于确解，本书并非专门研究《逸周书》，故对其中个别文字的解释亦不做详细讨论，以节省篇章。从"禁九慝"的提法可知，上述九慝都在禁止之列。九慝似指九种不良的公共行为。

还有"顺九典"：

> 九典：一祇道以明之，二称贤以赏之，三典师以教之，四四戚以劳之，五位长以遵之，六群长以老之，七群丑以移之，八什长以行之，九戒卒以将之。①

顺九典所说，都是治国之法，也不是就德行而言。

下面来看"尊九德"：

> 九德：一忠，二慈，三禄，四赏，五民之利，六商工受资，七祇民之死，八无夺农，九是民之则。②

这九德同样不是指个人德行，而是德政之目，是施行德政的具体做法。

来看"止九过"：

> 九过：一视民傲，二听民暴，三远慎而近貌，四法令

---

① 《逸周书汇校集注》，409—411页。
② 同上书，399—400页。

舛乱，五仁善是诛，六不察而好杀，七不念而害行①，八不思前后，九偷其身不路而助无渔。②

九过显然是指"牧民者"的政治德行而言，如视民傲、听民暴、法令乱、而好杀，都是统治者的不良而恶的德行。

来看"固九守"：

九守：一仁守以均，二智守以等，三固守以兴，四信守维假，五城沟守立，六廉守以名，七戒守以信，八竞守以备，九固守以谋。③

其中前四项，仁、智、固、信，都是德行，仁可以保持均平而无偏倾，从这个说法中可以了解"仁"的意义。智是用来分辨和维护等级的差别。可见这里所说的德行也都是对实际从事统治活动的牧民者所提出的要求。这些既是个人德行，也是政治德行。

现在来看"昭九行"：

九行：一仁，二行，三让，四言，五固，六始，七义，八意，九勇。④

---

① 而字原阙。凡阙字，本章中皆依《汇校集注》所引前人之说，择而补之，以下不更注明。
② 《逸周书汇校集注》，400—401页。
③ 同上书，407—409页。
④ 同上书，396页。

第九章 德行

从"昭"九行的讲法来看,这九种"行"都是应当昭明的德行。其中"仁"为九行之首,义、勇、让也都容易理解,其余几个尚难确解,或有字误。如朱右曾云:"意当为慧,智也。"①

最后看"济九丑":

> 九丑:思勇丑忘,思意丑变,思治丑乱,思固丑转,思信丑奸,思让丑残,思行丑顽,思仁丑胇。②

此九项之下只述及八思八丑,当少一项。"思"是肯定,"丑"是否定,如思治丑乱,即追求治而反对乱。九丑中,每一所"思"和每一所"丑",都是相对立、相对待的。勇之反面为忘,固之反面为转,信之对反为奸,让之对反为残。所以,八个所思即是八项德行,勇、意、治、固、信、让、行、仁,其中勇、让、行、固、仁、意六项又见于前面说过的"九行"。昭九行和济九丑,虽然其着眼点也在贵族,但这里所提出的德行不是直接就政治管理者而言,而是对个人的德行的要求。可以说,从西周末至春秋,有关德行的思想,渐渐从"行"的规范描述向"德"的抽象提炼发展。

在《常训解》中也有一种九德说,与《宝典解》《文政解》皆不同:

> 苟乃不明,哀乐不时,四征不显,六极不服,八政不

---

① 《逸周书汇校集注》,396 页。
② 同上书,397—398 页。

顺，九德有奸。九奸不迁，万物不至。夫礼非克不承，非乐不竟，民是乏生□好恶有四征：喜、乐、忧、哀。动之以则，发之以文，成之以名，行之以化。六极：命、听、祸、福、赏、罚。六极不赢，八政和平。八政：夫妻、父子、兄弟、君臣。八政不逆，九德纯恪。九德：忠、信、敬、刚、柔、和、固、贞、顺。①

这里的九德中，"固"见于前述《文政解》的九行之五、九丑的"思固丑乱"以及九守的"固守以典"之说，"贞"见于《宝典解》的"愎孤干贞"，"顺"亦屡见于《左传》《国语》。《常训解》的年代，据研究也在西周末至春秋早期。"八政"的夫妻、父子、兄弟，本来都是伦理关系，但《逸周书》的作者把这些关系和"君臣"放在一起，都列为"八政"，显然是因为在西周春秋的宗法封建制中，政治关系同时是伦理关系，伦理关系同时是政治关系。而《逸周书》作者对这些关系的强调和重视，是从政治关系着眼的。而九德的叙述已经都是抽象的德性了。

《常训解》中的六极"命听祸福赏罚"之说，又使人联想到《命训解》，此篇盖亦在西周末至春秋早期，其中说：

夫天道三，人道三。天有命、有祸、有福；人有丑、有绋絻、有斧钺。以人之丑当天之命，以绋絻当天之福，以斧钺当天之祸。②

---

① 见《逸周书汇校集注》，53—56页。
② 同上书，29页。

第九章　德行

《命训解》是讲牧民之政的，故关联着牧民之法，云：

> 福莫大于行义，祸莫大于淫祭，丑莫大于伤人，赏莫大于信义，让莫大于贾上，罪莫大于贪诈。①

"福莫大于行义"是有关德福问题的一个值得注意的命题。"祸莫大于淫祭"表明这个时代仍然把祭祀神灵看得很重要。

《武顺解》也谈到人道问题：

> 天道尚右，日月西移；地道尚左，水道东流；人道尚中，耳目役心。心有四佐，不和曰废。地有五行，不通曰恶。天有四时，不时曰凶。天道曰祥，地道曰义，人道曰礼。知祥则寿，知义则立，知礼则行。②

《武顺解》据研究亦在春秋早期，在这里，天、地、人分疏得相当清楚。此篇又云：

> 辟必明，卿必仁，正必智，右必和，佐必敬，伯必勤，卒必力。辟不明无以虑官，卿不仁无以集众，伯不勤无以行令，卒不力无以承训。③

---

① 见《逸周书汇校集注》，35页。
② 同上书，326—327页。
③ 同上书，333—334页。

辟、卿、正、右、佐、伯都是军政之官，每一级官职都有相应的德行要求，这些德行是明、仁、智、和、敬、勤。其中"仁以集众"，说明"仁"是一个可以凝聚、吸引和赢得民众的德行。

现在我们来看《左传》和《国语》中有关德行的记述。《国语》载，周灵王二十二年，因水害而欲壅制之，太子晋谏之，讲了很长的一番话，其中提到：

> 度之天神，则非祥也；比之地物，则非义也；类之民则，则非仁也；方之时动，则非顺也；咨之前训，则非正也。观之诗书与民之宪言，则皆亡王之为也。（《国语》卷三周语下，112页）

这里主张的"祥""义""仁""顺""正"，和《武顺解》所说的"祥""义""礼"有些接近。类似者，还可见于此前周大夫富辰所说：

> ……章怨外利，不义；弃亲即狄，不祥；以怨报德，不仁。夫义所以生利也，祥所以事神也，仁所以保民也。不义则利不阜，不祥则福不降，不仁则民不至。古之明王不失此三德者，故能光有天下，而和宁百姓，令闻不忘。（《国语》卷二周语中，45页）

这里也是把义、祥、仁称为"三德"。由此可见，讲祥、义之

第九章 德行

德,确实是周人的特点,《武顺解》和周语是一致的。把祥作为一项主德,是礼乐文化中包含的祭祀宗教的遗存,如同我们在前面讨论过的"神民共举"的政治思想一样,这些都是西周到春秋前中期的思想。

> 季文子使大史克对曰:"……先君周公制《周礼》曰:'则以观德,德以处事,事以度功,功以食民。'作《誓命》曰:'毁则为贼,掩贼为藏,窃贿为盗,盗器为奸。主藏之名,赖奸之用,为大凶德,有常无赦。在九刑不忘。'行父还观莒仆,莫可则也。孝敬、忠信为吉德,盗贼、藏奸为凶德……"
>
> "昔高阳氏有才子八人,……齐、圣、广、渊、明、允、笃、诚,天下之民谓之八恺。高辛氏有才子八人,……忠、肃、共、懿、宣、慈、惠、和,天下之民谓之八元。此十六族也,世济其美,不陨其名。以至于尧,尧不能举。舜臣尧,举八恺,使主后土,以揆百事,莫不时序,地平天成。举八元,使布五教于四方,父义、母慈、兄友、弟共、子孝,内平外成。"(文公十八年,633—638页)

莒太子仆弑君,然后携带财宝来到鲁国,鲁公命与之邑,季孙行父(文子)却把太子仆逐出鲁国。鲁公不明季孙何以如此,要求其解释,季孙通过大史克讲了上面一番话。"使布五教"即传布五种人伦道德,正如我们在前书中指出的,"如果在舜的时代确曾颁布'五教',其文化意义则不在摩西'十诫'之下"[①]。

五教是五种家族或家庭伦理的德行,在宗法社会中,家庭关系和政治关系往往是同一的,故这五种关系既是家庭关系,又是政治关系,也是社会关系。五教要求在这些关系里,父亲对子女要做到"义",母亲对子女要做到"慈",兄长对弟弟要做到"友",弟弟对兄长要做到"共"(恭敬),子女对父母要做到"孝"。从夏商以来的生产力发展水平来看,一直到春秋前期,中原的农业工具仍然以石、骨、木质为主,这种较低的生产力水平决定了农耕生产要由较大的亲属组织来承担,土地也是由足以承担生产过程的规模较大的家族组织占有的。[②] 五教是与家族组织在经济生活中的地位相适应的。所以季孙在春秋前期追述五教的发源,也仍然表示五教在当时的适用性。季孙在这里还说明,"孝敬忠信"是四种"吉德",也就是美德。而"盗贼藏奸"为凶德,凶德即讹行。这说明"德"可以泛指心理—行为的属性。

季孙叙述道,高阳氏有八个贤人,他们分别具有齐、圣、广、渊、明、允、笃、诚等八种德行;而高辛氏也有八个贤人,他们则分别具有忠、肃、共、懿、宣、慈、惠、和等另八种德行。于是,在他的叙述中,就提出了十六种美德德行。在古代的德行中,我们大致可以分别为"实质的"和"形式的"两类,前面所说的"孝敬忠信"的吉德比较接近于实质的一类,而上

[①] 见拙作《古代宗教与伦理——儒家思想的根源》,301页。
[②] 参看朱凤瀚《从生产方式看商周社会形态》,《历史研究》电子版期刊,2000年第2期。

第九章　德行

面所说的这十六种德行都比较近乎于形式的一类。对形式的德性的强调，这是与礼乐文化的特质相适应的。

我们记得，襄公四年叔孙穆子到晋国，在享礼上，因歌《皇皇者华》而提到五善德："访问于善为咨，咨亲为询，咨礼为度，咨事为诹，咨难为谋。"《国语》记载此事稍有不同：

> 臣闻之曰："怀和为每怀，咨才为诹，咨事为谋，咨义为度，咨亲为询，忠信为周。"君贶使臣以大礼，重之以六德，敢不重拜。（《国语》卷五鲁语下，186页）

可见，无论是五善还是六德，都是指忠信、咨、询、度、谋这些美德。这些美德不是当时一般所注重的美德，它的提出主要与诗经的运用有关。不过，"咨"的德行在《左传》和《国语》中的其他地方也曾提到：

> 叔向告之曰："异哉！吾闻之曰：'一姓不再兴。'今周其兴乎！其有单子也。昔史佚有言曰：'动莫若敬，居莫若俭，德莫若让，事莫若咨。'单子之贶我，礼也，皆有焉。"（《国语》卷三周语下，114页）

这是称美单子具有敬、俭、让、咨四德。这些都是西周文化主张的德行。

二 "仁"的观念与春秋时代的德目表

以下我们来分别讨论几个比较重要的德目,先来看春秋时代"仁"的观念。前面我们有关周人德性论的叙述中有些地方已经提到仁德,但或意义不清,或强调不力。而在春秋各诸侯国,仁的意义渐渐明确,其地位也越来越重要。《国语》重在"记言",我们先看其中的材料:

> 优施教骊姬夜半而泣谓公曰:"吾闻申生甚好仁而疆,甚宽惠而慈于民,皆有所行之。……吾闻之外人之言曰,为仁与为国不同。为仁者,爱亲之谓仁;为国者,利国之谓仁。故长民者无亲,众以为亲。苟利众而百姓和,岂能惮君?"(《国语》卷七晋语一,274—275页)

这是说,"仁"有两个层次,就一般人而言,"爱亲之谓仁",仁即对父母兄弟之爱。而就统治阶级的成员而言,"利国之谓仁"。一个政治领导者只爱其亲,还不能算是做到了"仁",只有利于国家百姓,才算是做到了"仁"。从这里可以看出,一方面,"爱亲之谓仁"是当时通行的一种对"仁"的理解。另一方面,一个人是否完成了"仁"的德行,是和他的社会位置关联着的,不同的社会位置所要求的"仁"是有所不同的。

骊姬的本意是攻击晋太子申生作为一个治民者会把满足百姓的需要放在优先的地位,而牺牲亲情。但其说法中,似把

第九章 德行

"利国"看成比"爱亲"更高一级的仁,这个讲法是有相当的水平的。不过,就事实而言,申生是很看重爱亲的仁的:

> 人谓申生曰:"非子之罪,何不去乎?"申生曰:"不可。去而罪释,必归于君,是怨君也。章父之恶,取笑诸侯,吾谁乡而入?……吾闻之:'仁不怨君,智不重困,勇不逃死。'若罪不释,去而必重。去而罪重,不智;逃死而怨君,不仁;有罪不死,无勇。去而厚怨,恶不可重,死不可避,吾将伏以俟命。"(《国语》卷八晋语二,291—292页)

骊姬陷害申生,人劝申生流亡出走,申生不同意,他说,如果我走了而我的罪名得到彰雪,那就等于证明我的父亲错了,人们就会怨恨国君,把自己父亲的过错暴露于众,使父亲见笑于诸侯,哪个国家会欢迎这样的人,我又有何颜面去别的国家呢?另一方面,如果我走了而我的罪名没有解除,那就等于在原有的罪名上更加了一层罪名。于是,他说,使人怨恨自己的国君,这是不仁;逃走而加重自己的罪名,这是不智;怕死,这是不勇。所以申生拒绝了去国的建议,坦然直面命运的安排。在这里,"仁、智、勇"并称,这也就是后来《中庸》所说的三"达德"。这三达德在春秋前期已经提出来了。在伦理学上我们知道,有些美德是超乎基本的道德界限的,就是说,达到这些美德很高尚其至很伟大,但做不到,也并非就是不道德。从申生的态度看,仁智勇不仅是他心所向往的超乎基本道德界限的美德,这些德目的否定形式,不仁、不智、不勇,就是不道德,至少对他自己有很强的约束力。在古代社会文化中,贵族把道德荣誉看得很重要,申生是一个例子。

自然,仁、智、勇的并称,一开始并不是稳定地集中在这三者上面,如:

> 郤至曰:"不可。至闻之,武人不乱,智人不诈,仁人不党……"(《国语》卷十二晋语六,424页)

此处以武、智、仁并提,武其实即是勇。勇之过则为乱,智之过则为诈,仁之过则为党。仁本来有亲、爱的意思,对于某些人特别亲之爱之,这就是党了,党即偏亲偏爱。

"仁、智、勇"在春秋前期还没有形成稳定的德目组合,不仅表现在"武、智、仁"这些方面,也体现在:

> 悼公使张老为卿,辞曰:"臣不如魏绛。夫绛之智,能治大官;其仁,可以利公室不忘;其勇,不疚于刑;其学,不废其先人之职。若在卿位,外内必平。"(《国语》卷十三晋语七,442—443页)

这里对人的评价是用智、仁、勇、学四德为标准。这里的"学"是指世官制度下掌握、传承先人所职司的知识。

鲁成公十六年,周大夫单襄公因晋克楚,而发表议论:

第九章　德行

> 襄公曰："……夫人性，陵上者也，不可盖也。求盖人，其抑下滋甚，故圣人贵让。且谚曰：'兽恶其网，民恶其上。'《书》曰：'民可近也，而不可上也。'《诗》曰：'恺悌君子，求福不回。'在礼，敌必三让，是则圣人知民之不可加也。故王天下者必先诸民，然后庇焉，则能长利……佻天不祥，乘人不义。不祥则天弃之，不义则民叛之。且郐至何三伐之有？夫仁、礼、勇，皆民之为也。以义死用谓之勇，奉义顺则谓之礼，畜义丰功谓之仁。奸仁为佻，奸礼为羞，奸勇为贼。"（《国语》卷二周语中，84—85页）

在这里，单襄公是以"仁、礼、勇"并提，证明当时仁智勇还没有成为普遍的稳定组合。值得注意的是，单襄公给出了他的关于仁、礼、勇的定义：敢于为正义而死，这是"勇"；以礼义为原则而奉行之，这是"礼"；积养正义、增多功德，这是"仁"。把"仁"和"功"相联系，也是一个值得注意之处。

以"功"论"仁"，在《鲁语》中也有一条，叙述海鸟爰居止于东门之外，臧文仲使人祭之，展禽加以批评。展禽先论慎制祀典，最后说：

> 非是不在祀典。今海鸟至，己不知而祀之，以为国典，难以为仁且智矣。夫仁者讲功，而智者处物。无功而祀之，非仁也，不知而不能问，非智也。（《国语》卷四鲁语上，170页）

展禽的这个讲法,似认为仁是一种公平的态度,故用以论功。他把"仁且智"作为一种基本的评价标准。

可见,"仁"的重要性日益为大家所肯定,且渐渐被认为是基本的德性:

> 对曰:"……瑶之贤于人者五,其不逮者一也。美鬓长大,则贤;射御足力,则贤;伎艺毕给,则贤;巧文辩惠,则贤;疆毅果敢,则贤。如是而甚不仁。以其五贤陵人,而以不仁行之,其谁能待之……"(《国语》卷十五晋语九,500页)

晋国的智宣子要立瑶为后,智果不赞成,他说瑶有五项过人之处,却有一条不如别人,即在体魄、射御、伎艺、巧辩、果敢五个方面颇胜于人,但是"不仁",惟独缺少仁德;而如果没有仁这一基本德性,其他都不能发生正面的作用。可见他是把仁看成根本德性,而其余五者只是次级德目。一个人如果根本德性有缺,是很难立足的。

我们再从《国语》中其他的具体论述来考察仁及各种相关德目的意涵。《周语》上:

> 内史兴归,以告王曰:"晋,不可不善也。其君必霸。逆王命敬,奉礼义成。敬王命,顺之道也。成礼义,德之则也。则德以导诸侯,诸侯必归之。且礼所以观忠信仁义也。忠所以分也,仁所以行也,信所以守也,义所以节也。

第九章 德行

> 忠分则均,仁行则报,信守则固,义节则度。……中能应外,忠也;施三服义,仁也;守节不淫,信也;行礼不疚,义也……"(《国语》卷一周语上,41页)

对于周朝和诸侯国的关系来说,"顺"是国公的一个相当重要的规范或德性,表示能顺从王命。所以我们在前面谈到周人的德行论时,常常看到"顺"。内史兴这里所说,是断言晋文公必能领导晋国成为霸主。他把忠、信、仁、义四德并称,而且在他的讲法中,与前述各种说法不同的是,这四德与其说是"德行",不如说就是"德性"。中国古代的"德"往往泛指德行,即兼内外而言,而"德性"则是一个专指内在品质的概念。内史兴的这个讲法中,用了"所以",他说"忠所以分也",又说"中能应外",故韦昭注云"心忠则不偏也",即忠是心的一个德性,忠的这个德性可以使我们在分配的时候公平而不偏。所以,他的意思是,以忠(心)分配资源则均平,以信(心)持守承诺则坚固("固"也是我们在前面见到几次的德目),以义(心)节制则有度("度"也是我们在前面屡见的德目)。所以他所说的四德是指心之德,即德性。这里的"仁行则报",意思不是那么清楚,推其意思,似指仁为一种悯德,可用以施恩,而能得到民人的回报。①

再来看《周语》下:

---

① 韦昭注云:"仁行则有恩也。"(《国语》卷一,43页)

> 晋孙谈之子周适周，事单襄公，立无跛，视无还，听无耸，言无远；言敬必及天，言忠必及意，言信必及身，言仁必及人，言义必及利，言智必及事，言勇必及制，言教必及辩，言孝必及神，言惠必及和，言让必及敌；晋国有忧未尝不戚，有庆未尝不怡。（《国语》卷二周语下，94—95页）

晋襄公之孙惠伯谈，其子名周，即后来的晋悼公（悼公即位在公元前572年）。晋悼公即位之前，在周事单襄公，很受周大夫的赞赏。照这里所说，他的德行很完美，这是否事实，我们不必深考。我们所关注的是当时人们用以评价人的德行标准和德目表。这里有关德行的叙述可分为三个部分，一为四"无"，二为十一"言"，三为二"未尝不"。四无对其德行的描述是：站则双腿并直不弯，视则不会左顾右盼，听从不拉长耳朵，言恒论切近之事而不骛远。十一言对其德行的描述是：讲到敬一定表示对天的敬畏，讲到忠必求发自内心，讲到信必从自己身上作起，讲到仁必施爱及于他人，讲到义必能兼顾于利，讲到智必重处理事务而不流于虚浮，言及勇必定有所制约，论到教必强调分辨是非，讲到孝一定相信鬼神，讲到惠一定致力亲和，讲到让即使对敌人亦先礼后兵。二未尝不是指：自己的国家有忧患则未尝不忧愁，国家有庆则未尝不喜悦。就德目而言，这里提出了敬、忠、信、仁、义、智、勇、教、孝、惠、让共十一个德目，其中除了"教"是不是德行可能还有疑问，其他十个无疑都是德行的条目。而最后所说的忧国爱国之心，如果与

第九章　德行

前面所说的"忠"有区别的话,则这两个"未尝不"也可合为一个德行。前面所讲的四无当然也是德行。这样,总共有十六个德目。这个德目表在公元前 6 世纪的前期,应当是有代表性的。

据《国语》,正是因为周的身上有种种美德,所以单襄公在重病时对儿子单顷公说,周一定会做晋国的国君,要善待他:

> 必善晋周,将得晋国。其行也文,能文则得天地。天地所胙,小而后国。夫敬,文之恭也;忠,文之实也;信,文之孚也;仁,文之爱也;义,文之制也;智,文之舆也;勇,文之帅也;教,文之施也;孝,文之本也;惠,文之慈也;让,文之材也。象天能敬,帅意能忠,思身能信,爱人能仁,利制能义,事建能智,帅义能勇,施辩能教,昭神能孝,慈和能惠,推敌能让。此十一者,夫子皆有焉。天六地五,数之常也。经之以天,纬之以地。经纬不爽,文之象也。文王质文,故天胙之以天下。夫子被之矣,其昭穆又近,可以得国。
>
> 且夫立无跛,正也;视无还,端也;听无耸,成也;言无远,慎也。夫正,德之道也;端,德之信也;成,德之终也;慎,德之守也。守终纯固,道正事信,明令德矣。慎成端正,德之相也。为晋休戚,不背本也。被文相德,非国何取!(《国语》卷三周语下,96—98 页)

后面一段,就是评论前面所说的周的第一部分德行四无,这四无之"行",用"德"的语言来表达,就是正、端、成、慎。单襄公又把周对晋国的"未尝不戚""未尝不怡"的爱国之德,合说为为国(晋)休戚。所以,单襄公评论周的德行,总共提出了十六个德目,即:敬、忠、信、仁、义、智、勇、教、孝、惠、让、慎、成、端、正、为国休戚。值得一提的是,慎、成、端、正四德与敬、忠、信、仁等十一德之间的关系,照单襄公"慎成端正,德之相也"的说法,韦昭注云"相,助也",则似乎相对于其他德行,这四德是属于辅助的德行,而其他诸德是基本的德行。如果进一步分析的话,像"立无跛""视无远"这一类德行,比较属于个人性的德行;这些固然是贵族的"礼"文化中所要求的个人人格的一部分,但并不是与社会或他人有直接关联的德行。而忠、信、仁、义、孝、惠、让、敬则是与他人和社会直接关联的德行。也许我们可以用"个人性德行"和"社会性德行"来区别二者。

在单襄公讲话的前面一段,在论述中间的十一德时,他引进了"文"的观念。在他的说法中,把"文"作为德行的总名,认为十一个德目都是反映了"文"的一个方面。如说敬是文德的恭敬的方面(敬,文之恭也),仁是文德的爱人的方面(仁,文之爱也),孝是文德的根本(孝,文之本也)等等。其中"爱人能仁""帅义能勇",及"忠,文之实也""仁,文之爱也""孝,文之本也",这些提法都与早期儒家相同或相通。可见,早期儒家的德行论是对西周春秋时代的德行论的继承。

现在来看《国语》的其他材料:

第九章 德行

> 舅犯曰："不可。亡人无亲，信仁以为亲，是故置之者不殆。父死在堂而求利，人孰仁我？人实有之，我以徼幸，人孰信我？不仁不信，将何以长利？"（《国语》卷八晋语二，310页）

晋国君奚齐被杀，秦穆公派人吊公子重耳，挑动重耳乘此机会返国夺权，重耳将此事告舅犯即狐偃，狐偃反对。亡人即流亡之人，其说意谓，流亡的人已经弃亲而奔，没有亲人的依靠，所以必须以"仁"和"信"作为自己立身行事的依靠。这里，他是把"仁"和"信"看作最重要的德行。

于是，秦穆公立夷吾为晋惠公，而晋惠公未能报答秦。鲁僖公十五年，秦擒晋惠公，如何处置，秦臣意见不一：

> 公子縶曰："吾岂将徒杀之？吾将以公子重耳代之。晋君之无道莫不闻，公子重耳之仁莫不知。战胜大国，武也；杀无道而立有道，仁也；胜无后害，智也。"公孙枝曰："……战而取笑诸侯，不可谓武；杀其弟而立其兄，兄德我而忘其亲，不可谓仁；若弗忘，是再施不遂也，不可谓智。"君曰："然则若何？"公孙枝曰："不若以归……"（《国语》卷九晋语三，328—329页）

这里是把仁、武、智并称，与前面我们曾经引述过的郤至、张老的提法类似。看起来，在秦晋文化中，晋文公前后已渐渐形成武、仁、智三德的讲法了。所以在繁多的德目表中自然地会有一些德目渐渐变为公认的主德。

> 赵文子为室，斲其椽而砻之，张老夕焉而见之，不谒而归。文子闻之，驾而往，曰："吾不善，子亦告我，何其速也？"对曰："天子之室，斲其椽而砻之，加密石焉。诸侯砻之，大夫斲之，士首之。备其物，义也；从其等，礼也。今子贵而忘义，富而忘礼，吾惧不免，何敢以告？"文子归，令之勿砻也，匠人请皆斲之，文子曰："止。为后世之见之也。其斲者，仁者之为也；其砻者，不仁者之为也。"（《国语》卷十晋语八，469—470页）

这里一方面以义和礼为主德，另一方面，更把仁作为一个综合的德行。仁者成为有德之人的通称。

> 赵文子与叔向游于九原，曰："死者若可作也，吾谁与归？"叔向曰："其阳子乎？"文子曰："夫阳子行廉直于晋国，不免其身，其知不足称也。"叔向曰："其舅犯乎？"文子曰："夫舅犯见利而不顾其君，其仁不足称也。其随武子乎？纳谏不忘其师，言身不失其友，事君不援而进，不阿而退。"（《国语》卷十晋语八，471页）

这是说阳处父虽然廉直，但他的被杀而死，说明其"知"（智）不足；狐偃为了保全身家性命，功成身退，不再辅佐文公，说明其"仁"不足。可见，"仁""智"已经成了人们评价行为的

第九章　德行

主要德目。

楚昭王之子惠王将楚国北境之梁赐给鲁国的阳文子，阳文子辞，他说梁这个地方地处偏远而又险峻，我怕将来我的子孙会利用这个地方反叛，并且连累到没有后代祭祀我。王曰："子之仁，不忘子孙，施及楚国，敢不从子！"（《国语》卷十八楚语下，582页）从这里可以看出，"不忘子孙"、关心国家，被认为是"仁"的表现。

楚国的子西使人召王孙胜，子高问子西，你召他来要怎么使用他呢？子西说，我想让他去守楚吴的边境。于是子高说出了他对王孙胜的德行的看法：

> 子高曰："不可。其为人也，展而不信，爱而不仁，诈而不智，毅而不勇，直而不衷，周而不淑。复言而不谋身，展也；爱而不谋长，不仁也；以谋盖人，诈也；疆忍犯义，毅也；直而不顾，不衷也；周言弃德，不淑也。是六德者，皆有其华而不实者也，将焉用之？"（《国语》卷十八楚语下，584页）

子高在这里用对比的方法，把六种吉德和与这六德相似而非的六种凶德加以对立比列，以显示出吉德与凶德的不同，即：

信——展
仁——爱
智——诈

勇——毅
衷——直
淑——周

左边的"信、仁、智、勇、衷、淑"为正德、吉德，而右边的"展、爱、诈、毅、直、周"则偏而不正，它们不仅不能独立地成为美德，而且，它们的独立发生作用，反而与美德背道而驰。例如："展"表示说话算话，但所说的话和对所说话的履行，不一定是善的言行。而"信"是就善的言行而言，这是信和展的不同。"爱"表示施加好处给人，可以得到别人的拥护，但这可能是出于私心和私情。"仁"包含着爱，但仁的爱不是出于私心，而是出于公心，这是仁和爱的不同。"诈"是对人使用计谋，而"智"是光明正大的智慧，这是智和诈的不同。"毅"只是表示敢于以强力冲破束缚，而不管这种强力从事的是否正义，所以这还不是"勇"。子高的这些说法，特别是德之"实"和德之"华"的分别，显示出，在他看来，美德的德目可以有许许多多，但美德之为美德，在于任何一个美德的德目都必须在一个特定方面与"善""正义"联结着，没有这种联结的德目，就不能成为美德。

我们记得，楚国的申叔时在阐明应当如何教导太子的时候，曾举出春秋、世、诗、礼、乐、令、语、故志、训典等文献，他同时还指出：

若是而不从，动而不悛，则文咏物以行之，求贤良以

第九章　德行

翼之。俊而不摄,则身勤之,多训典刑以纳之,务慎惇笃以固之。摄而不彻,则明施舍以导之忠,明久长以导之信,明度量以导之义,明等级以导之礼,明恭俭以导之孝,明敬戒以导之事,明慈爱以导之仁,明昭利以导之文,明除害以导之武,明精意以导之罚,明正德以导之赏,明齐肃以耀之临。若是而不济,不可为也。

且夫诵诗以辅相之,威仪以先后之,体貌以左右之,明行以宣翼之,制节义以动行之,恭敬以临监之,勤勉以劝之,孝顺以纳之,忠信以发之,德音以扬之。教备而不从者,非人也。(《国语》卷十七楚语上,529—531页)

申叔时主张,在教授文献之外,还要加以道德教化,引导、培养太子的德性,这些德性是:忠、信、义、礼、孝,仁、事、文、武、赏、罚、临,共十二个。前六个是比较普遍的伦理德性,后六个是国家统治者所需要的政治德性。在这里,"事"是敬慎从事;"赏"是指公平行赏,善于以赏鼓励有德者;"罚"是指明断是非,正确实施惩罚的素质;"临"是一种君临下民的严肃气质。

以上的叙述,都是以"仁"为中心考察春秋时代的德行伦理。由于这些有关德目的论述往往将仁和其他德目关联在一起而共同阐述,故也可以从中了解其他德目的意义。前面主要引《国语》的材料,这里再引《左传》中的一些材料,以为补充:

君子曰:"酒以成礼,不继以淫,义也;以君成礼,弗

纳于淫，仁也。"（庄公二十二年，221页）

　　宋公疾，大子兹父固请曰："目夷长且仁，君其立之。"公命子鱼，子鱼辞，曰："能以国让，仁孰大焉？臣不及也，且又不顺。"遂走而退。（僖公八年，323页）

宋公有太子兹父，又有庶子目夷（字子鱼），宋公病重时，太子请求让子鱼继承，子鱼辞曰，兹父是太子，他能把国家让给别人，这是最大的仁啊，我不如他。这里子鱼和兹父都是把"仁"作为一个综合的、主要的德目。而"让"被看作"仁"的一种表现，由此也可以了解仁德的意义。

僖公十四年，秦国发生饥荒，向晋国借粮，却遭到拒绝，晋国主张借粮给秦国的大夫庆郑批评此事：

　　庆郑曰："背施，无亲；幸灾，不仁；贪爱，不祥；怒邻，不义。四德皆失，何以守国？"（僖公十四年，348页）

晋惠公本来是依靠秦国才得以即位，僖公十三年晋国遭饥荒，也是秦国给以救助，现在秦国有灾，晋惠公却听虢射之言，而拒绝为秦国提供援助。在庆郑的批评中，以亲、仁、祥、义为守国的四德，这与前面所引《周语》中以"祥、仁、义"为三德的讲法一致。因为"背施无亲"的"亲"应当不是一个德行，而是指背弃别人给你的恩，就会失去亲近你的人。祥在西周和春秋早期颇重要，但随着神的地位渐渐衰落，它就慢慢从德目表上消失了。"幸灾不仁"表示，仁者以人之灾如己之灾，故以

第九章　德行

助人为乐；而幸人之灾者即为不仁。

　　文子曰："楚囚，君子也。言称先职，不背本也；乐操土风，不忘旧也；称大子，抑无私也；名其二卿，尊君也。不背本，仁也；不忘旧，信也；无私，忠也；尊君，敏也。仁以接事，信以守之，忠以成之，敏以行之。事虽大，必济。"（成公九年，845页）

晋侯在军府看到一个戴南冠的楚囚，问其族，回答是伶人。又问能奏乐吗？回答说奏乐是先人的职官，岂敢不会。再问他楚国的君王如何，回答说非小人所知。再三追问，回答说王在做太子的时候有师保辅教也。晋侯把这件事告诉范文子，文子说这个楚囚是个君子，有仁、信、忠、敏四德，仁表现在他不忘祖宗之本，信表现在他持守楚国的文化，忠表现在无私，敏表现在尊重晋侯。于是晋侯将其放还楚国。从范文子对四德的讲法来看，他虽然不是为四德下定义，但由其所用，亦可略见四德的本义。

　　辛曰："君讨臣，谁敢雠之？君命，天也。若死天命，将谁雠？《诗》曰：'柔亦不茹，刚亦不吐。不侮矜寡，不畏强御'，唯仁者能之。违强陵弱，非勇也；乘人之约，非仁也；灭宗废祀，非孝也；动无令名，非知也……"（定公四年，1546—1547页）

此亦楚国之事，楚王逃到郧国，郧公辛的弟弟要杀楚王，以报杀父之仇。但郧公不赞成，说了这一段话。从中可见当时勇、仁、孝、智既是德性，而且它们的反面，非勇、非仁、非孝、非智作为道德规范对人的行为起着重要的调解作用。如我们在前面所说的，春秋时代的德目既是美德、德行之目，而且它们的否定形式"非一"也是评判、制约社会行为的规范准则。

  魏子谓成鱄："吾与戊也县，人其以我为党乎？"对曰："何也！戊之为人也，远不忘君，近不逼同；居利思义，在约思纯，有守心而无淫行，虽与之县，不亦可乎！……心能制义曰度，德正应和曰莫，照临四方曰明，勤施无私曰类，教诲不倦曰长，赏庆刑威曰君，慈和遍服曰顺，择善而从之曰比，经纬天地曰文。九德不愆，作事无悔，故袭天禄，子孙赖之。"（昭公二十八年，1494—1495页）

魏献子举魏戊等人，成鱄表示赞成，不过他在这里所说的九德"度、莫、明、类、长、君、顺、比、文"，与昭公时一般的德行论的讲法相比，似较为特别。不过，这里提出的"居利思义""在约思纯"与早期儒家的思想是完全一致的。
  由以上可见，"仁"作为德目，在西周春秋已颇受重视，但除了《文政解》的昭九行以"仁"为首之外，在多数场合，"仁"只是众德之一，地位并非突出于诸德之上。同时，我们也看到，"爱"作为"仁"的一个主要内涵，已经在春秋时代渐渐形成。

第九章　德行

现在我们把前面已经论及的几种德目表和德行说,简化排列如下:

九德:孝、悌、慈惠、忠恕、中正、恭逊、宽弘、温直、兼武(《逸周书·宝典解》)

十德:静、理、智、清、武、信、让、名、果、贞(同上)

九行:仁、行、让、言、固、始、义、意、勇(《逸周书·文政解》)

九思:勇、意、治、固、信、让、行、仁(同上)

九德:忠、慈、禄、赏……(同上)

九守:仁、智、固、信……(同上)

九德:忠、信、敬、刚、柔、和、固、贞、顺(《常训解》)

五教:义、慈、友、恭、孝(《左传》文公十八年)

六德:咨、询、度、诹、谋、周(《国语》鲁语下)

五德:义、祥、仁、顺、正(周语下)

四德:忠、仁、信、义(周语上)

三德:仁、智、勇(晋语二)

四德:智、仁、勇、学(晋语七)

六德:信、仁、智、勇、衷、周(楚语下)

四德:仁、信、忠、敏(成公九年)

十一德:敬、忠、信、仁、义、智、勇、教、孝、惠、让(周语下)

十二德:忠、信、义、礼、孝、仁、事、文、武、赏、罚、临(楚语上)

从以上可见,春秋时代可以说是一个"德行的时代"。据上列统计，以出现次数多寡排列，多者在前，少者在后，则以下八项最多：仁、信、忠、孝、义、勇、让、智。在这些不同的德目表里，德目的重要性的次序，各自安排不同，在统计上，"忠"和"仁"被置于首位的次数最多，当然，这只是就我们此处所列者而言。另外，我们也不能说出现次数多的德目，一定比出现次数少的德目重要。因为，首先我们所占有的资料不一定能够全面反映历史的实际情形；其次，这种统计离开了具体的叙述和解释，故难以代表实质性的说明。如某一个德目出现的次数并不多，但在这些出现的场合，这个德目都被叙述为比其他的德目更重要。显然，在这种情形下，并不能因为这个德目出现的次数少而忽略其重要性。

三 "忠""信"等德目

以上是就"仁"和与"仁"相关的德目所做的讨论，以下再就其他德目的论述做进一步的讨论。先来看看忠的德目，忠、信之德为春秋人所最常用。

> 怀公立，命无从亡人，期，期而不至，无赦。狐突之子毛及偃从重耳在秦，弗召。冬，怀公执狐突曰："子来则免。"对曰："子之能仕，父教之忠，古之制也。策名委质，贰乃辟也。今臣之子，名在重耳，有年数矣。若又召之，教之贰也。父教子贰，何以事君……"（僖公二十三年，402—403页）

第九章　德行

晋惠公死后，怀公即位，要求追随在外面流亡的公子的晋国人须限期返国，他抓了狐突，要他把追随重耳的两个儿子召回来，狐突不肯，狐突的说法表明，"忠"对于仕者来说，就是指仕主不二心。

> 季文子卒。大夫入敛，公在位。宰庀家器为葬备，无衣帛之妾，无食粟之马，无藏金玉，无重器备。君子是以知季文子之忠于公室也。相三君矣，而无私积。可不谓忠乎？（襄公五年，944—945页）

季文子是季孙氏少有的贤明领导，所以他死后大夫为他入敛，鲁公也到场亲临。从君子曰可见，这里称季文子忠，是指他三相国君，而其家朴素如常人，一心忠于公室和政务。

> 楚子囊还自伐吴，卒。将死，遗言谓子庚："必城郢！"君子谓："子囊忠。君薨，不忘增其名，将死，不忘卫社稷，可不谓忠乎？忠，民之望也。《诗》曰'行归于周，万民所望'，忠也。"（襄公十四年，1019—1020页）

鲁襄公十三年楚王死，令尹子囊建议谥为"共"（恭），故云君死不忘增其名。襄公十四年子囊死，念念不忘在郢建城，以卫社稷。这里的"忠"是指忠于君主和社稷。

忠与敬往往连用，如：

士芳稽首而对曰:"……守官废命,不敬;固雠之保,不忠。失忠与敬,何以事君?《诗》云:'怀德惟宁,宗子惟城。'君其修德而固宗子,何城如之?"(僖公五年,303—304页)

这也是把忠和敬作为事君的德行。臣应当以忠和敬为德,君应当以修德和巩固宗族为要。敬是敬其职守,敬其业、敬其责。忠是为国、保国。

忠与贞有连用之例,如晋献公将死,召荀息:

公曰:"何谓忠贞?"对曰:"公家之利,知无不为,忠也。送往事居,耦俱无猜,贞也。"(僖公九年,328页)

献公病重,将奚齐托付给荀息,荀息说,我将竭尽全力,加以忠贞。公问何为忠贞,荀息的说法是,全力为公,这是忠;不愧于君,这是贞。

忠信连用更多:

……忠信卑让之道也,忠,德之正也。信,德之固也。卑让,德之基也。(文公元年,516页)

赵孟闻之,曰:"临患不忘国,忠也;思难不越官,信也,图国忘死,贞也;谋主三者,义也。有是四者,又可戮乎?"(昭公元年,1205页)

第九章 德行

叔孙豹代表鲁国出使至虢,与晋楚等国执政相会,在他出使期间,鲁国伐莒,引起诸侯国的不满,楚国建议杀叔孙豹以表达对鲁国违背盟约的惩罚。晋国的乐桓子派人向叔孙豹索要贿赂,作为为其求情的条件。叔孙豹不肯,他说,如果我以贿赂免于一死,则鲁国必将会受到各国的讨伐,我不仅没有完成保卫社稷的任务,反而会成为鲁国的罪人。赵孟知道以后,称赞叔孙豹具有忠、信、贞、义四德,并向楚国表示不能杀叔孙豹。

周襄王派邵公和内史过到晋国赐命圭给晋惠公,晋侯及大夫不敬,于是:

> 内史过归,以告王曰:"晋不亡,其君必无后,且吕、郤将不免。"王曰:"何故?"对曰:"《夏书》有之曰:'众非元后何戴?后非众无与守邦。'在《汤誓》曰:'余一人有罪,无以万夫。万夫有罪,在余一人。'在《盘庚》曰:'国之臧则惟女众。国之不臧则惟余一人,是有逸罚。'如是则长众使民,不可不慎也。民之所急在大事,先王知大事之必以众济也,是故祓除其心,以和惠民,考中度衷以莅之,昭明物则以训之,制义庶孚以行之。祓除其心,精也;考中度衷,忠也;昭明物则,礼也;制义庶孚,信也。然则长众使民之道,非精不和,非忠不利,非礼不顺,非信不行。今晋侯即位而背外内之赂,虐其处者,弃其信也;不敬王命,弃其礼也;施其所恶,弃其忠也;以恶实心,弃其精也……"(《国语》卷一周语上,35—36页)

照这里所说，忠是发自内心，而且能以己之心，度人之心。"忠"的这种用法在春秋不多。

> 惠公既杀里克而悔之，曰："芮也，使寡人过杀我社稷之镇。"郭偃闻之，曰："不谋而谏者，冀芮也；不图而杀者，君也。不谋而谏，不忠；不图而杀，不祥。不忠，受君之罚；不祥，罹天之祸……"（《国语》卷九晋语三，319页）

这是说，不为国君考虑并谏劝他，导致国君杀了国之重臣，这是不忠。故忠应当是为国君着想，能谏劝国君以免于错误。

> 见智武子，武子曰："吾子勉之，成宣之后而老为大夫，非耻乎！成子之文，宣子之忠，其可忘乎？夫成子导前志以佐先君，导法而卒以政，可不谓文乎？夫宣子尽谏于襄、灵，以谏取恶，不惮死进，可不谓忠乎？吾子勉之，有宣子之忠，而纳之以成子之文，事君必济。"（《国语》卷十二晋语六，411页）

赵武（文子）年轻时，在行冠礼之后，遍见卿大夫，聆听指教，智武子以赵文子的曾祖父赵成子和祖父赵宣子为榜样，勉励赵武。从他称赞赵宣子之忠可见，他是以不畏死而谏劝君为忠，就是说，人臣进谏，明知君主不高兴，甚至有杀头的危险，也坚持进谏，这是"忠"。

第九章　德行

　　宫之奇谏而不听，出，谓其子曰："虞将亡矣！唯忠信者能留外寇而不害。除暗以应外谓之忠，定身以行事谓之信……夫国非忠不立，非信不固。"（《国语》卷八晋语二，297—298 页）

"除暗以应外"，韦注："去己暗昧之心以应外，谓之忠。"以忠为发自内心的明正之心。"定身以行事"，韦注："行事以求安其身，谓之信。"似未得，这里所说的信应当是指修身力行其承诺。

　　叔向曰："子何患焉，忠不可暴，信不可犯。忠自中，而信自身，其为德也深矣，其为本也固矣，故不可抈也。今我以忠谋诸侯，而以信覆之，……若袭我，是自背其信而塞其忠也。信反必毙，忠塞无用，安能害我？"（《国语》卷十四晋语八，464 页）

诸侯盟于宋，楚国欲袭晋军，赵文子颇为紧张，叔向安慰他说，只要我们能忠能信，就能立于不败。"忠自中"，韦昭注："自中出也。"即从内心发出，与前面所说"考中度衷"相近。"信自身"，韦昭注："身行信也。"信即力行承诺，与前面行事安身相近。

　　叔向谓赵文子曰："夫霸王之势，在德不在先歃，子若能以忠信赞君，而裨诸侯之阙，歃虽在后，诸侯将载之，何争于先？"（《国语》卷十四晋语八，466 页）

这里也是忠信连用,且强调德性优先。

现在来看"信",前面忠信连用之例中,信已经常常出现,再专门就信和其他德性的关联中,来看"信"的意义。

> 齐侯将许之,管仲曰:"君以礼与信属诸侯,而以奸终之,无乃不可乎?子父不奸之谓礼,守命共时之谓信。违此二者,奸莫大焉。"(僖公七年,318页)

郑国太子想借助齐国的力量消灭郑国的三个氏族,并提出"以郑事齐"为条件。齐侯将许之,管仲反对,他认为处理这类事情必须以礼、信为原则,他给信下的定义是"守命共时",杨伯峻注:"宣十五年传云'臣能承命为信',此守命与承命同义。共同恭,此句犹言见机行事以完成君命。"此说以"见机行事"解释,未妥。守与恭其实与信相通,敬守其承诺,是乃谓信。这应当是指,齐国本来与诸侯合盟,讨伐郑国,如果答应郑太子的条件而与郑单独媾和,就是不"信"了。

> 公曰:"信,国之宝也,民之所庇也。得原失信,何以庇之?所亡滋多。"(僖公二十五年,435页)

这里的公是晋文公,他以"信"为国之宝,是把信看成根本的德行。

第九章　德行

晋侯有疾，曹伯之竖侯獳货筮史，使曰以曹为解："齐桓公为会而封异姓，君为会而灭同姓。曹叔振铎，文之昭也；先君唐叔，武之穆也。且合诸侯而灭兄弟，非礼也；与卫偕命，而不与偕复，非信也；同罪异罚，非刑也。礼以行义，信以守礼，刑以正邪。舍此三者，君将若之何？"（僖公二十八年，474页）

"信以守礼"在《左传》中不止一见：

楚将北师，子囊曰："新与晋盟而背之，无乃不可乎？"子反曰："敌利则进，何盟之有？"申叔时老矣，在申，闻之曰："子反必不免，信以守礼，礼以庇身，信礼之亡，欲免，得乎？"（成公十五年，873页）

子反只考虑如何有利，而不顾及盟约，所以申叔时加以批评。又如：

辞曰："……抑臣愿君安其乐而思其终也，《诗》曰：'乐只君子，殿天子之邦。乐只君子，福禄攸同。便蕃左右，亦是帅从。'夫乐以安德，义以处之，礼以行之，信以守之，仁以厉之，而后可以殿邦国，同福禄，来远人，所谓乐也。《书》曰'居安思危'，思则有备，有备无患。敢以此规。"（襄公十一年，993—994页）

这里的"乐"是指音乐之乐，义、礼、信、仁四者是德行。以上几个例子中，都强调"信"是"守"之者，即信守之义。

春秋时代，小国更加重视"信"德：

> 子展曰："小所以事大，信也。小国无信，兵乱日至，亡无日矣。……舍之闻之，'杖莫如信'，完守以老楚，杖信以待晋，不亦可乎？"（襄公八年，957—958 页）

楚国伐郑，郑国的子展主张等待晋国的救援，而子驷主张顺从楚国，认为这样可以缓解战争的压力，并说等到晋国军队来时，再顺从晋国。子展不赞成这种做法，指出郑国与中原诸侯国已有五次盟会，不应背会从楚，强调"信"是小国自立之道。

> 季康子欲伐邾，乃飨大夫以谋之。子服景伯曰："小所以事大，信也；大所以保小，仁也。背大国，不信；伐小国，不仁。民保于城，城保于德。失二德者，危，将焉保？"孟孙曰："二三子以为何如？恶贤而逆之？"对曰："禹合诸侯于涂山，执玉帛者万国，今其存者，无数十焉。唯大不字小，小不事大也。"（哀公七年，1642—1643 页）

小国之戒在不信，大国之戒在不仁。鲁国与大国曾有不伐邾之盟，现在背之，是不信。邾是小国，鲁国伐邾，是不仁。

当然，信绝不只是小国交往的德行，也是所有国家间交往的准则。楚康十四年，诸侯盟于宋，楚军欲袭击晋军，大宰伯

第九章　德行

州犁因认为楚国此举背信而反对，但令尹子木说"晋楚无信久矣，事利而已，苟得志焉，焉用有信"？于是伯州犁告人说：

> 令尹将死矣，不及三年。求逞志而弃信，志将逞乎？志以发言，言以出信，信以立志，参以定之。信亡，何以及三？（襄公二十七年，1131页）

从"信亡，何以及三"可见，他是把信看成最基本的德行的。

> 晋饥，公问于箕郑，曰："救饥何以？"对曰："信。"公曰："安信？"对曰："信于君心，信于名，信于令，信于事。"公曰："然则若何？"对曰："信于君心，则美恶不逾；信于名，则上下不干；信于令，则时无废功；信于事，则民从事有业；于是乎民知君心，贫而不惧，藏出如入，何匮之有？"（《国语》卷十晋语四，381页）

这与《论语》颜渊篇中子贡问政，孔子答"民无信不立"，有相通的地方。

> 知而背之，不信；谋而困人，不智；困而不死，无勇。（《国语》卷九晋语三，321页）

这里是将信、智、勇三德并称。总的来看，信在春秋时代更多的是作为国家行为的准则，这与后来孔子侧重于个人的德行，有所不同。

下面来看"义"。先看《左传》:

> 公曰:"多行不义,必自毙,子姑待之。"(隐公元年,12页)
>
> 师服曰:"异哉,君之名子也。夫名以制义,义以出礼,礼以体政,政以正民。是以政成而民听,易则生乱。"(桓公二年,92页)
>
> 公问名于申繻,对曰:"名有五,有信,有义,有象,有假,有类。以名生为信,以德命为义,以类命为象,取于物为假,取于父为类。不以国,不以官,不以山川,不以隐疾,不以畜牲,不以器币。周人以讳事神,名终将讳之……"(桓公六年,115—116页)

这几条中,多行不义的义,即是正义之义。名以制义,意谓命名必合于礼义,故这里的义应指礼义。当时晋侯有二子,一名雠,一名成师,师服异之,故说名必须合乎礼义,否则将生政乱。桓公生子,命名之礼前,问申繻有关命名的原则,申繻发挥一通,不过他所说的义只是意义之义。

> 对曰:"臣闻之,君能制命为义,臣能承命为信,信载义而行之为利。谋不失利,以卫社稷,民之主也。义无二信,信无二命……"(宣公十五年,760页)

第九章 德行

楚伐宋，宋告急于晋，晋派解扬到宋国传话，说晋国军队快要来了，要宋国不要降楚。解扬还没到宋，被楚抓到，楚国贿赂解扬，要他到宋国说明晋国不会来救宋国。解扬不同意，后来假装同意，到宋国城前，还是把晋国的意思告诉宋国。楚王很为生气，责备他无信，要杀解扬。上面所引即是解扬的回答，他说，做臣的人，接受了国君的命令而努力完成它，这就是信。我答应楚王您的要求，正是为了完成国君给我的使命，完成我对承诺的信守。解以"君能制命为义"，是说君主发布的命令对于臣来说就是"义"，"信"是为了完成和实行这个"义"；"义无二信"是说义要求承诺的唯一性。而"利"应当是由信守承诺的态度所完成的义，而不是脱离"义"的东西。

> 过申，子反入见申叔时，曰："师其何如？"对曰："德、刑、详、义、礼、信，战之器也。德以施惠，刑以正邪，详以事神，义以建利，礼以顺时，信以守物。民生厚而德正，用利而事节，时顺而物成，上下和睦，周旋不逆，求无不具，各知其极。故《诗》曰：'立我烝民，莫匪尔极。'是以神降之福，时无灾害……"（成公十六年，880—881页）

德以施惠、刑以正邪、信以守物，都与前面所说一致，义以建利，说明义和利是相关的，义是主导，利是完成，义是利之本，有义才可以建利。故另一条云：

> 晏子谓桓子:"必致诸公!让,德之主也,让之谓懿德。凡有血气,皆有争心,故利不可强,思义为愈。义,利之本也。蕴利生孽,姑使无蕴乎?可以滋长。"(昭公十年,1317 页)

晏子明确提出,见利思义,利不可强求,义为利之本。这些思想也是与早期儒家的义利观是一致的。

在义利关系方面,《国语》亦有几条可以参比之:

> 里克曰:"不可。克闻之,夫义者,利之足也;贪者,怨之本也。废义则利不立,厚贪则怨生。"(《国语》卷八晋语二,303 页)

义者利之足,意思是义为利之基础,故废义则利不立。

> 公将黜太子申生而立奚齐。里克、丕郑、荀息相见,里克曰:"夫史苏之言将及矣!其若之何?"荀息曰:"吾闻事君者,竭力以役事,不闻违命。君立臣从,何贰之有?"丕郑曰:"吾闻事君者,从其义,不阿其惑,惑则误民,民误失德,是弃民也。民之有君,以治义也,义以生利,利以丰民,若之何其民之与处而弃之也?必立太子。"(《国语》卷七晋语一,264 页)

晋侯要废太子申生,荀息认为君立命而臣从命,没有二话。丕

第九章　德行

郑则主张，君有命，臣应当从其义，而不应从其惑。有义才能产生利，有利才能增益民生。

再来看礼、敬、孝、勇等德目。

> 天王使召武公、内史过赐晋侯命，受玉惰。过归，告王曰："晋侯其无后乎！王赐之命而惰于受瑞，先自弃也已，其何继之有？礼，国之干也；敬，礼之舆也。不敬则礼不行，礼不行则上下昏，何以长世？"（僖公十一年，337—338页）

礼是治国之骨干，敬是实行礼的精神，无礼则国不立，故谓之干；无敬则礼不行，故谓之舆。（《汉书》五行志注师古曰）在这里，礼不是指德行，敬是指德行，而且是礼得以实行的根本德行。

> 晋侯使郤锜来乞师，将事不敬。孟献子曰："郤氏其亡乎！礼，身之干也；敬，身之基也。郤子无基。"（成公十三年，860页）

这与上面内史过的说法很相似。

> 初，白季使，过冀，见冀缺耨，其妻馌之，敬，相待如宾。与之归，言诸文公曰："敬，德之聚也。能敬必有

德。德以治民，君请用之。臣闻之：出门如宾，承事如祭，仁之则也。"（僖公三十三年，501—502 页）

能敬必有德，这是典型的西周文化的德行论。值得注意的是，在这里已将"敬"与"仁"联结起来，以敬事为仁之则。"出门如宾，使民如祭"的说法，后来为孔子所继承。《国语》也记载了此事，说法略有差异："对曰：'臣见其不忘敬也。夫敬，德之恪也，恪于德以临事，其何不济！'"（《国语》卷十一晋语五，393 页）

由以上可见，敬多指臣之德，是出仕之德，非在家之德。在家则重孝：

> 太子曰："吾闻之羊舌大夫曰：'事君以敬，事父以孝。'受命不迁为敬，敬顺所安为孝，弃命不敬，作令不孝，又何图焉？且夫间父之爱而嘉其贶，有不忠焉。废人以自成，有不贞焉。孝、敬、忠、贞，君父之所安也。弃安而图，远于孝矣，吾其止也。"（《国语》卷七晋语一，265 页）

晋献公偏爱骊姬之子，有人劝太子申生另图出路，他以孝敬忠贞四德自勉。他说"受命不迁为敬"，其实这个讲法也可以用来讲忠信。敬与孝是封建国家和宗法领主制的主要德行，宗法封建制国家是政治—宗法合一的体制，因此，在封建世袭和世族世官制度下，敬是政治秩序的保障，孝是宗法世官的要求。

第九章　德行

　　赵孟（赵盾）曰："……置善则固，事长则顺，立爱则孝，结旧则安。为难故，故欲立长君。有此四德者，难必抒矣。"（文公六年，550页）

晋襄七年，晋襄公卒，太子在襁褓中，赵盾提出立公子雍为君，认为公子雍年长而好善，具备固、顺、孝、安四德，可以使晋国度过困难时期。

前面有一条以恭俭为孝，申叔时论教太子之道时，也说"明恭俭以导之孝"，可见孝与恭俭有关。

　　楚子曰："晋公子广而俭，文而有礼。其从者肃而宽，忠而能力。晋侯无亲，外内恶之。……天将兴之，谁能废之？违天必有大咎。"（僖公二十三年，409页）

　　二十四年春，刻其桷，皆非礼也。御孙谏曰："臣闻之：'俭，德之共也；侈，恶之大也。'先君有共德而君纳诸大恶，无乃不可乎？"（庄公二十四年，229页）

最后来看与"勇"德有关的论述。

　　瞫曰："《周志》有之：'勇则害上，不登于明堂。'死而不义，非勇也。共用之谓勇。"（文公二年，520—521页）

所引周志之言，见于《逸周书》的大匡解。勇而害上，即勇而无义,所以说"死而不义,非勇",共即恭敬,敬死于国用,这是勇。

  臾骈曰:"不可,吾闻《前志》有之曰:'敌惠敌怨,不在后嗣,忠之道也。'夫子礼于贾季,我以其宠报私怨,无乃不可乎?介人之宠,非勇也;损怨益仇,非知也;以私害公,非忠也。释此三者,何以事夫子?"(文公六年,552—553页)

夫子指赵盾,臾骈为其属臣,贾氏与臾有旧怨,臾骈的从臣欲乘赵盾遣臾骈送币给贾季的时候杀贾季。臾骈不赞成,他说,发泄旧怨而结下新仇,这是不智;借公事而泄私愤,这是不忠;因赵氏之宠报私仇,这是不勇。

  子犯请击之,公曰:"不可。微夫人之力不及此。因人之力而敝之,不仁;失其所与,不知;以乱易整,不武。吾其还也。"(僖公三十年,482页)

晋、秦围郑国,郑国游说秦退兵,秦便与郑结盟,而后罢兵。晋国的子犯很生气,请求袭击秦军,晋文公不同意。文公以仁、智、武三德论之,而武即勇也。
  当时也有以勇和智、信并称者:

  郤至曰:"人所以立,信、知、勇也。信不叛君,知不

第九章 德行

害民,勇不作乱。失兹三者,其谁与我?"(成公十七年,901页)

至春秋后期,则有仁、智、勇并称:

> 棠君尚谓其弟员曰:"……奔死免父,孝也;度功而行,仁也;择任而往,知也;知死不辟,勇也。父不可弃,名不可废,尔其勉之!相从为愈。"(昭公二十年,1408页)

总之,勇非强力不怕死之谓,死而非义,非勇也;死而非礼,非勇也;勇不作乱。

最后,我们简略地讨论一下前面提到的所谓"形式性的德行"。我们所说的形式性德行是指中国古代典籍里记述的以下品质:

> 直而温,宽而栗,刚而无虐,简而无傲。(舜典)
> 宽而栗,柔而立,愿而恭,乱而敬,扰而毅,直而温,简而廉,刚而塞,强而义。(皋陶谟)
> 宽弘、温直、恭逊、慈惠。(宝典解)
> 齐、圣、广、渊、明、允、笃、诚(文公十八年)
> 忠、肃、共、懿、宣、慈、惠、和(文公十八年)
> 敬、俭、让、咨(周语下)

正、端、成、慎（周语下）

我们应该记得《国语》中关于慎成端正的解释："立无跛，正也。视无还，端也。听无耸，成也。言无远，慎也。"而文公十八年传所说的十六德"齐、圣、广、渊、明、允、笃、诚、忠、肃、共、懿、宣、慈、惠、和"，最为典型地代表了所谓形式性德行。

自然，这些德行是贵族德行，与统治阶级有关，如：

> 定王八年，使刘康公聘于鲁，发币于大夫。季文子、孟献子皆俭，叔孙宣子、东门子家皆侈。归，王问鲁大夫孰贤，对曰："季、孟其长处鲁乎！叔孙、东门其亡乎！若家不亡，身必不免。"王曰："何故？"对曰："臣闻之，为臣必臣，为君必君。宽肃宣惠，君也；敬恪恭俭，臣也。宽，所以保本也；肃，所以济时也；宣，所以教施也；惠，所以和民也。本有保则必固，时动而济则无败功，教施而宣则遍，惠以和民则阜……敬，所以承命也；恪，所以守业也；恭，所以给事也；俭，所以足用也……"（《国语》卷二周语中，75—76页）

在刘康公的讲法中，就是以宽肃宣惠为君之德，而以敬恪恭俭为臣之德。当然，这种分别并不是绝对的，特别是，领主封建制中，一个国君的臣，同时又是其臣属的君。所以封建制中的统治阶级成员被要求具有适合其身份的各种德行。

另一方面，像以上所说的齐、圣、广、渊等等这些德行，固然可以说属于"仪式伦理"，或者说"仪式性德行"。同时，这些德行的完成也并非仅仅服务于仪典文化的要求，作为其中主要部分的个人性情的陶养目标，它们体现了当时贵族社会和礼乐文化追求人的品性的全面发展的人格理想。这些形式性德行所追求的，不是伦理关系的特殊规范，而更多的是人格、性情的一般完美。

四 从"仪式伦理"到"德行伦理"

童书业曾指出："在西周春秋时，'孝'之道德最为重要，'庶人'之孝固以孝事父母为主，然贵族之'孝'则最重要者为'尊祖敬宗'、'保族宜家'，仅孝事父母，则不以为大孝。……'忠'之道德似起于春秋时，最原始之义似为尽力公家之事，'以私害公'即为'非忠'（文六年传）。'贼民之主'，谓之'不忠'。'弃君之命'，仅为'不信'（宣二年传）。无私为'忠'，尊君为'敏'（成九年传）。"又云"在原始宗法制时代，后世之所谓'忠'（忠君之忠），实包括于'孝'之内。"[①] 他认为，宗法制破坏之后，异族的君臣关系发展起来，于是"忠"从"孝"分离出来；尽管如此，春秋时代的人在忠、节问题上面与汉唐的后人仍有不同，如弑君的赵盾，《左传》中引孔子语，竟许其为古之良大夫，而且称其为忠。这些都表现出春秋时代与后世

---

① 童书业：《春秋左传研究》，269页。

有所不同的伦理观念。

德字古亦写作上直下心,《说文》释为"外得于人,内得于己",外得于人即其"行为"得到别人的肯定和赞许,内得于己是指个人内心具备了善的"品性"。因此,中国古代的"德"字,不仅仅是一个内在意义上的美德的概念,也是一个外在意义的美行的观念,而"德行"的观念正好将德的这两种意义合并表达出来。了解这一点,我们才能了解何以从《尧典》到春秋后期的文献记载中会有那么多"外得于人"的条目。同时,春秋文化的历史发展表明,"德"越来越内在化了。外在化的德目是与礼仪文化相适应的,内在化的德目的要求正是与礼治秩序解体相伴而生的。这当然不是说"德"到春秋中期才有内在的意义,事实上德在西周初已有内在的意义,但"德"之一字的内在意义压倒外在意义,是在春秋以后。所以,就古代而言,"德行"比"德性"这样纯粹内在的美德概念更适合翻译或表达"德"的概念。早期"德"的概念包含了德性与德行两义,故早期儒家文献《五行》也仍然把"仁义礼智圣"称为五"行",可见"德"与"行"本来是相通的。① 《五行》说"仁形于内,谓之德之行","不行于内,谓之行",这就是说,不涉及内在的纯粹外在行为叫作"行",内在的德性叫作"德之行",即德性。而所谓"君子"就是既有"形于内"的"德之行",又将形于内者践之于外而"时行之",故云"五行皆形于内,时行之,谓之君子。士有志于君子道,谓之士"。

---

① 郭店楚简《五行》的发现,证明马王堆帛书《五行》篇的经部应成于战国前期。

第九章 德行

在春秋时代,已经明显地形成了有关德行的一些共同标准,中原各国,包括秦、楚,用相似的德行语言和类似的德目表,平衡和规范人的行为及品格。也许可以说,春秋时代,已经在某个意义上,从礼乐的时代转向了德行的时代,即"礼"(乐)的调节为主转变为"德"(行)的调节为主的规范系统。一个社会的规范系统是与文化变迁相关联的,会随着文化的变迁而改变,社会学上提供了不少类似的例证。

亚里士多德说:"一切德性通过习惯而生成,通过习惯而毁灭,人们通过相应的现实活动而具有某种品质。"[①] 而"礼"的文化意义正是通过习惯、习俗、礼仪活动来组织社会并把人社会化。在这个意义上,"礼"文化的结果必然与德行思维有关,必然会导致某种德行论,并使德行成为礼乐文化展开的固有成分。

苗力田先生在亚里士多德伦理学著作的译者后记中说:"德性这个词,现在流行的术语中往往就英语的 virtue 而译作美德,但在柏拉图和亚里士多德的词汇中,arete 的内涵却广泛得多,深沉得多。""arete 原本意义不过指作战勇猛,武术娴熟,精神无畏",可见即使在古希腊,arete 也不是一个完全内在化的概念,而应包含了美德和美行,即在伦理学上有近于德行的意义。

但是,向内在化发展似乎是古代文化向下发展的一个趋势,韦伯认为,从宗教史上看,早期发展中,"宗教上应该做的事情"是体现在"仪式和礼仪的准则",它所关心的是行为不要违

---

① 亚里士多德:《尼各马科伦理学》,中国社会科学出版社,1992年,25页。

犯这些行为的准则,如禁忌,如仪式礼仪准则,要接受这些准则的庄严性。但随着历史和文化及理性的发展,产生了对"突破个别准则的固定化"的要求,产生了"内在化"的变化,即,它不再关注什么是外在的仪式准则,而更关注"意向""思想"这些内在的东西。正如韦伯所说:"它不承认什么'神圣的法',而是承认'神圣的思想',因为'神圣的思想'可以根据情况而认可行为举止的不同准则。"[1] 韦伯甚至把专注于仪式礼仪的行为叫作"仪式伦理",而把内在化的叫作"心志伦理"。我们在前章中讨论的"礼仪之辨",也正是具有这样的意义。在这个意义上,说西周春秋思想的发展,是从"仪式伦理"到"德行伦理",不仅意味着"德行伦理"是从外在化到内在化发展的一个中间阶段,也意味着"德行伦理"在类型上是内外结合的,而不是非内即外的。

卡西尔提出,许多人类文明的阶段中没有任何明确的神的观念,没有明确的灵魂理论,但是似乎没有一个社会不曾发展出一套禁忌体系,不论其社会文化程度多么原始。而且,大多数的禁忌体系有着复杂的结构。[2] 禁忌本身与伦理评价没有关联,禁忌意味着一部分被划分出来的东西,这部分东西是危险的、不可冒犯的,但是这种不可冒犯的危险并不是道德的危险。"如果它与其他事务有区别的话,那么这种区别并不意味着道德辨别力,也不包含一个道德判断。"[3] 因此在禁忌体系中也就没

---

[1] 韦伯:《经济与社会》,商务印书馆,1998年,646页。
[2] 卡西尔:《人论》,上海译文出版社,1985年,133页。
[3] 同上书,134页。

第九章　德行

有个人的道德义务,成为禁忌的既可以是犯罪的男人,也可以是分娩的妇女。

卡西尔还认为,"对一切较成熟的宗教来说,克服这种非常原始的禁忌主义体系,已被证明是极端困难的,但是经过许多努力之后,它们成功地完成了这个任务",其中的困难主要是许多宗教在早期的发展往往以禁忌为基础,"几乎不必怀疑,一切闪米特人的宗教在它们最初出现时,都是以一个非常复杂的禁忌体系为基础的"。而且,"即使对较成熟的宗教来说,也不可能忽视或禁止所有这些驱邪避恶的规矩和仪式"。① 他认为,在宗教思想的发展中可以改变并且应当被改变的并不是物质的禁忌本身,而是在禁忌后面的动机。在原始宗教的禁忌体系中是不问动机的,凡是冒犯禁忌者一律受罚。但是宗教思想的发展逐渐要求在主观违犯禁忌和客观违背禁忌(或其他法则)之间划出泾渭分明的界线。因此,原始禁忌体系关注的是行为,而新的宗教发展则关注的是动机。正是在这里,"我们称之为宗教的有意义的变化的缓慢进程开始了"。②

禁忌体系强加给人们无数的责任和义务,但是所有这些责任都有一个共同的特点:它们完全是消极的,它们不包含任何积极的理想。"某些事情必须回避!""某些行为必须避免!"我们在禁忌中所发现的乃是各种禁令,而不是道德或宗教的要求,"它警告要提防危险,但它不可能在人身上激起新的、积极的即

---

① 卡西尔:《人论》,上海译文出版社,1985年,135页。
② 同上书,137页。

道德的能量。"① "禁忌体系尽管有一切明显的缺点,但却是人迄今所发现的唯一的社会约束和义务的体系。它是整个社会秩序的基石。"因此,"对宗教来说,取消这种复杂的禁忌体系是不可能的。取缔它就意味着完全的无政府状态。然而,人类的伟大宗教导师们发现了另一种冲动,靠着这种冲动,从此以后人的全部生活被引导到了一个新的方向,他们在自己身上发现了一种肯定的力量,一种不是禁止而是激励和追求的力量。他们把被动的服从转化为积极的宗教热情。"② 一切较成熟的伦理宗教解除了禁忌体系的消极的重负,发现了宗教义务的更为深刻的含义:这些义务不是强制的约束,而是新的积极的理想。

"礼"当然不是原始宗教的禁忌体系,而是相当发达的文明的仪式准则体系,但仍然是一种外在的约束体系,是"仪式准则"的约束体系。而当礼乐社会不能再继续维持的时候,当礼治秩序危机四伏的时候,德性体系必然应运而发展起来。伦理精神从自在(习惯)上升到自觉(内在)的过程中,从相对消极的"礼"到比较积极的"德",仪式准则体系必然要引入德性体系并最终将主导地位让位于德性体系,而精神的自觉也由此得到一个重大的飞跃。

五 德行的类型

最后,再来总体讨论一下有关德行论的问题。

---

① 卡西尔:《人论》,上海译文出版社,1985年,138页。
② 同上。

第九章 德行

从西周后期到春秋时代,德行体系可以说经历了一个发展的过程。在讨论古代的德行论体系的时候,我们会涉及德行的分类问题。在亚里士多德的伦理学中,德性分为两个类型,一种是"理智德性",一种是"伦理德性"。比如,好的谋划是一种理智德性,大度和节制则是伦理德性。① 中国古代也有理智德性,如前面谈到的"智""事莫若咨""智以处物",以及叔孙豹所说的"咨、询、度、诹、谋",这些都是理智德性。但是很明显,与亚里士多德伦理学相比较,中国古代的理智德性在德性论系统中不占主要位置。而且,中国古代的所谓"智",更多的是处理实际事务的明智和智能,而不像亚里士多德强调理论思维的思辨理智。

根据前述古代的德性体系,我们可以把中国古代德性论的全体区分为四种类型:

性情之德:齐、圣、广、渊、宽、肃、明、允

道德之德:仁、义、勇、让、固、信、礼

伦理之德:孝、慈、悌、敬、爱、友、忠

理智之德:智、咨、询、度、诹、谋

我想,第一种"性情之德"和第四种"理智之德"可以独立成立是不成问题的,它们和其他德行的分别是很明显的。其中"性情之德"即我们在前面称为形式性的德性,指人的一般心理性态;其在古代被强调,自然和周代的礼乐文化有关,但在后来的中国文化中也始终受到重视。可能引起讨论的是"道

---

① 亚里士多德:《尼各马科伦理学》,22页。

德之德"和"伦理之德"如何分别，和是否需要分别。在我们的分别中想要表达的是，伦理之德是与人际的直接伦理关系的规范相联系的德目，而道德之德则是相对来说比较个人的道德品行。

麦金太尔强调，在古代希腊德性是个体履行其社会角色的性质。上述四类德行固然可以说都是贵族履行其统治角色所要求的，但每一类和社会角色关联的程度有别。如《左传》文公八年所说"五教"："父义、母慈、兄友、弟共、子孝"，在这个脉络里德目与社会伦理关系中的角色的关联就很直接。而尽力于公家之事的忠，敬守其业的信，就与伦理关系的特定角色较少关联，而近于普遍性的德行。另外，刘康公所说"宽肃宣惠，君也；敬恪恭俭，臣也"（周语中），这一类讲法固然可以帮助我们了解某些德行是当时主要对于统治者或统治阶级而要求的德行，但不等于说，仁义礼智孝悌勇信不是统治阶级所要求的德行。这只是表示，有些德行一般而言是普遍要求的，同时，由于担任某些特定的社会角色而更加强调另外某些德行。毫无疑问，西周春秋的封建时代，德行论主要是贵族的德行和规范，因为贵族承担社会管理职责和掌握权力，故特别需要强调使他们得以正确履行职责和权力的德行要求。同时，这也绝不表示这些针对贵族提出的德行对于其他阶层乃至对后来的人没有普遍意义。

麦金太尔指出，在荷马的英雄社会，"在一个得到明确界定并具有高度确定性的角色和地位系统里，每个人都有既定的角色和地位，这个系统的关键结构是亲属关系和家庭的结构。在这样一个社会中，一个人是通过认识到他在这个系统的角色来

第九章 德行

认识到他是谁的,而且通过这种认识他也认识到他应当做什么。"① 其实认识到自己的角色,并不就能认识到应当做什么,甚至认识到应当作什么也不等于能促使他按应当去作。西周到春秋,基本上属于宗法政治的封建社会,在这个社会结构中,每个人的角色和地位是由宗法关系决定的。而处在每一位置的人都同时对上和下负有相应的义务,如父慈子孝兄友弟恭一类。宗法体系要求的是家族的德行,政治体系要求的是负责公共事务和承担对上级下属的相应义务,因此会产生不同的德行的要求。西周春秋虽然是宗法身份决定政治身份,但在依宗法身份担任公共职务时也就产生了附加于宗法德行以外的政治德行。

如前所说,早期社会的德行多属于贵族的德行,西方古代亦然。雅典的重要德性"节制","起初这是一种贵族的德性,它是一种有权力但不滥用权力的人的德性,这种节制的一个方面就是控制自身情欲的能力"②。希腊"核心的德性是智能,智能与节制一样,原来是一个表示赞扬的贵族词语,……它逐渐更普遍地用来指那些在特殊场合知道怎样下判断的人"③。因此,古代文明中的德行论最早是作为政治统治者和贵族的德性,却并不因此而否定了这些德性的普遍性。即使在城邦生活的亚里士多德,也认为"只有那些富人和有地位的人才能获得某些主要的德性,如那些慷慨大方和宽宏大量的德性"。如麦金太尔所说,这种局限性并不必然地影响亚里士多德理解人类生活中

---

① 麦金太尔:《德性之后》,中国社会科学出版社,1995年,153页。
② 同上书,172页。
③ 同上书,194页。

德性地位的总体框架和独到见解。①

古代西周至春秋的德行论与政治密切相关,士大夫阶层"对政治家的品格问题的热衷绝非偶然",因为这个生活的文化和结构要求"以德性的实践来解决政治问题"。② 在春秋时代,德行论得到充分的发展,德目繁多,各种德目表不一而足。到春秋中后期,各种德行渐渐集中,但仍非确定。虽然亚里士多德说过,伦理学研究个人的善,政治学研究人群的善,但在伦理关系即政治关系的宗法社会,个人的善关联着人群的社群生活。还应当指出,德行体系的变化会反映社会—文化的变化,但人对德行与社会关系的认识不断深入,这种认识也会使德行体系发生变化。

---

① 麦金太尔:《德性之后》,中国社会科学出版社,1995年,200—201页。
② 同上书,215页。

第十章　君子

> 君子义以为质，礼以行之，孙以出之，信以成之。
> ——《论语·卫灵公》

"士"的研究，近代以来可谓纷陈繁盛，聚讼亦多。余英时曾说："近代研究士的起源问题的学者，每好从文字训诂下手，更喜引甲骨、金文为证，真所谓家异其说，令人无所适从。"故他的研究策略，是在取径上不从训诂来推测，对"士"字的初义，存而不论。此种方法对于春秋以后的士的研究，实为合理妥当之论。[①] 尽可能地利用古文字学者的研究成果，对古史研究者固然是一合理的要求；而要求非古文字专业的学者强作字源学的研究，则并非合理。余英时之所以选取对"士"的初义

---

① 余英时：《古代知识阶层的兴起与发展》，《士与中国文化》，上海人民出版社，1987年，3页。

存而不论的取径,并不是不图利用古文字学的研究成果,其重要原因之一乃是因为,古文字学者往往各异其说,令人无所适从。此种情形颇为常见,不独"士"字为然。何况,西周春秋有诸多文献使用之例,已可使我们充分了解"士"之一词在当时的使用,而无须诉诸殷商甲骨文字或周初金文。同时,古文字研究应用于思想史研究之限制,亦当了解,盖一字之用,在上古并非一义,但造字则只能取其一象;且即使造字时该字在语言中只有一义,此字之用在以后何时发展出其他不同的意义,亦很难断定。所以,我们并不能将一字在商代的意义任意用于西周春秋的任何语句之中。

西周之"士",有不同意义。如指成年男子,指文士,指武士,而"士"在周代宗法封建制中为一官爵之级称,即"大夫"之下一级,即封建时代贵族阶层之一。"士"又兼指一切官员,包括公、卿、大夫在内。[①] 本章所注意者,乃力求显现春秋时期卿大夫士中有识者的先进思想,故本章所说士,是指在国君和庶人之间的一个阶级,所说君子则指其道艺而言。所谓"士君子"者,士指其社会身份,君子指其知识道艺。

本章并不试图全面研究"士"或"君子"二名的起源及其历史演化过程,也不准备研究这一社会阶级的整体,而是希望考察在春秋末期以前,在前孔子时代,卿大夫士群体中的先进知识人,考察他们的思想、主张和精神,以使我们了解春秋末期孔子和儒家学派的产生并非一个孤立的文化现象,而是有若

---

① 参看阎步克《士大夫政治演生史稿》,北京大学出版社,1996年,第二章。

第十章 君子

干思想、人格的发展为其准备。当然,我们从《古代宗教与伦理》全书到本书前各章,都是力图把这些准备呈现出来。本章则在前述各章的专题之外,以具有儒家道德风貌的士君子个人为主,做进一步的呈现。

一 鲁大夫的儒者气象

其实,我们在前述各章中已经处处看到,那些先进的思想者的思想以及他们的身上,带有某种后人所熟悉的"儒家"气质。这无疑是因为儒家及后来历史上的正统思想是延续了西周以来的中国文化气质而发展的。在前面各章中,我们把这些人物的思想分门别类地加以叙述,却较少从人格的角度呈现他们。因此,本章中所列,亦可为前述各章的补充,即不便归入前面各章的儒家性主张,则以此章一并举出之,并在最后集中于郑子产、晋叔向等人物为代表。

周灵王二十二年,鲁襄公二十四年,王欲雍水防川,周太子晋谏劝说:

> 诗云:"殷鉴不远,在夏后之世。"将焉用饰宫?其以徼乱也。度之天神,则非祥也。比之地物,则非义也。类之民则,则非仁也。方之时动,则非顺也。咨之前训,则非正也。观之诗书,与民之宪言,则皆亡王之为也……夫事大不从象,小不从文。上非天刑,下非地德,中非民则,

方非时动而作之者，必不节矣。作又不节，害之道也。①

这里提出要以殷商的败德为历史教训，并以"祥""义""仁""顺""正"为德行标准，以诗书前训为检证依据。太子晋还主张，政治领导者应以忠信之心，而求"度于天神而顺于时动，和于民神而仪于物则"。

鲁国在春秋时代出现不少有"儒者"气象的政治家，如季文子、臧文仲、孟献子、叔孙穆子等：

> 季文子相宣、成，无衣帛之妾，无食粟之马。仲孙它谏曰："子为鲁上卿，相二君矣，妾不衣帛，马不食粟，人其以子为爱，且不华国乎？"文子曰："吾亦愿之，然吾观国人，其父兄之食粗而衣恶者犹多矣，吾是以不敢。人之父兄食粗衣恶，而我美妾与马，无非相人者乎？且吾闻以德荣为国华，不闻以妾与马。"文子以告孟献子，献子囚之七日。自是，子服之妾衣不过七升之布，马饩不过稂莠。文子闻之，曰："过而能改者，民之上也。"使为上大夫。②

季文子为鲁国上卿，而生活简朴，孟献子的儿子仲孙它对季文子说，你家的生活这样朴素，别人会以为你很吝啬，而且国家的面子也不好看。季文子把仲孙它的话告诉了其父孟献子，献子把仲孙它关在家里七天，此后，仲孙它的生活也变得像季文

---
① 《国语》卷二周语下，112 页。
② 《国语》卷四鲁语上，183—184 页。

第十章　君子

子一样简朴了。孟献子认为"以德荣为国华",即政治家用以为国家增添荣耀的是道德,而不是用华贵的衣食。

> 孟献子聘于鲁,韩宣子家宴之,且问:"子之家,孰于我富?"献子曰:"吾家甚贫,惟有二士,曰颜回、兹无灵者,使吾邦家安平,百姓和协。唯此二者,吾尽于此矣。"宣子叹曰:"彼君子也,以蓄贤为富。我鄙人也,以钟石金玉为富。"①

孟献子不求财富,其家甚贫,但他把求贤得贤看得很重要,因为贤士可以使"邦家安平,百姓和协",可见他是把群体的安宁置于首位,所以韩宣子赞叹他为君子。这种不重物质财富,而重国家"和协"的境界是君子的道德境界,在春秋时代具有这样人格的人出现不少。

> 鲁饥,臧文仲言于庄公曰:"……今国病矣,君盍以名器请籴于齐?"公曰:"谁使?"对曰:"国有饥馑,卿出告籴,古之制也。辰也备卿,辰请如齐。"公使往。从者曰:"君不命吾子,吾子请之,其为选事乎?"文仲曰:"贤者急病而让夷,居官者当事不避难,在位者恤民之患,是以国家无违。今我不如齐,非急病也。在上不恤下,居官而惰,非事君也。"②

---

① 见《新序·刺奢》。此处"聘于鲁"疑当作"聘于晋"。
② 《国语》卷四鲁语上,157—158页。

臧文仲勇赴国难,国难当头,自觉承担卿大夫的义务,主动要求到齐国籴粮。这种恤民之患、遇难而上的态度完全出于他对国家的职责的义务感。

鲁君乘叔孙穆子代表鲁国参加诸侯大会的时候,违背盟约派兵侵犯小国。参加诸侯大会的楚国代表要求斩杀鲁使叔孙穆子,以惩罚鲁国。晋国的乐桓子表示,如果叔孙穆子送礼给他,他可以为叔孙穆子求情。叔孙穆子坚执不允,云:"诸侯之会,卫社稷也。我以货免,鲁必受师,是祸之也,何卫之为?"他说,我来参加诸侯之会,是为了保卫社稷,现在我若送礼保得个人的生命,但诸侯仍要发兵鲁国,我不仅没有尽到保卫鲁国的责任,而且给鲁国带来祸患。所以,他宁可被杀也不为求生而送礼。晋国的赵孟听说此事,赞扬穆子:"临患不忘国,忠也;思难不越官,信也;图国忘死,贞也;谋主三者,义也。"① 这是认为"义"就是在个人遇到危难时要不忘国家,不仅不忘国家,而且为了国家将个人的生死置之度外。

《左传》载:"孟僖子病不能相礼,乃讲学之,苟能礼者从之。及其将死也,召其大夫,曰:'礼,人之干也,无礼,无以立。吾闻将有达者曰孔丘,圣人之后也……"(昭公七年,1294—1295页)说明孔子的前辈鲁大夫,是把礼看成最重要的东西。

---

① 《左传》昭公元年,1205页。

第十章　君子

二　晋大夫等的士君子之道

楚国虽在南方，亦有讲求君子之道者：

> （左史倚相）对曰：君子之行，欲其道也，故进退周旋，唯道是从。①

道即正确的原则，君子的一切行为都以道为其标准。

类似的君子嘉言可举出很多：

> 蓝尹亹曰：……君子临政思义，饮食思礼，同宴思乐，在乐思善，无有叹焉。……子患政德之不修，无患吴矣。夫阖庐口不贪嘉味，耳不乐逸声，目不淫于色，身不怀于安，朝夕勤志，恤民之羸，闻一善若惊，得一士若赏，有过必悛，有不善必惧，是故得民以济其志。②

春秋的君子是统治阶级，这里讲的"四思"，思义、思礼、思乐、思善，是君子"修德"的具体体现。吴王所行，皆为兴吴而发，与纯粹的德性修身不同。但春秋时代的德行伦理，不是采取绝对命令的形式，而多以治民兴国的政治功效方便说之，故君子之道多就用民之道而言之。这是我们在春秋时代所看到

---

① 《国语》卷十七楚语上，557页。
② 《国语》卷十八楚语下，578—579页。

的当时伦理思想的一个重要特征。

晋大夫此类思想更为突出，晋之范文子说：

> 吾闻之，君人者刑其民，成，而后振武于外，是以内和而外威……故以惠诛怨，以忍去过，……且唯圣人能无外患，又无内忧。（《国语》卷十二晋语六，417页）

"内和而外威"的提出，说明范文子的确是卓越的政治家，而"以惠诛怨，以忍去过"既是君子政治家的理性与成熟的体现，也开启了后来早期道家的某种人生智慧。

晋之赵简子一日感叹曰："雀入于海为蛤，雉入于淮为蜃，鼋鼍鱼鳖莫不能化，唯人不能，哀夫！"这是有感于人生和个体生命的短暂而产生的悲哀和叹息。当时晋大夫窦犨说：

> 臣闻之，君子哀无人，不哀无贿；哀无德，不哀无宠；哀名之不令，不哀年之不登。（《国语》卷十五晋语九，499页）

赵简子的感叹有似于道家对生命的关注，而窦氏的人生态度则有似于儒家，他认为，君子以国无贤人为哀，不以财物缺乏为哀；君子以德性不足为哀，不以名位不尊为哀；君子以名誉不美为哀，不以寿命不高为哀。

晋侯将伐虢，士蒍曰："不可。……夫礼、乐、慈、

第十章　君子

爱，战所畜也。夫民，让事、乐和、爱亲、哀丧，而后可用也。"（庄公二十七年，236页）

这是说，国家要动员人民胜利地进行战争，其基础是要使人民在生活中养成礼乐慈爱，这样的人民才是"可用"的。这里，虽然是从用民之道的方面提出礼乐慈爱的重要性，但这种讲法在早期儒家的劝谏活动中也依然可见。事实上，春秋时期不少有识之士皆是如此，如曹刿、狐偃等，他们都主张，国君要发动征战，必须先行礼政，使民知信达义，让事乐和，明礼乐而知慈爱，然后才可以用兵。这种讲法相当普遍。在这种讲法中，礼乐慈爱是作为手段而不是目的提出来的，但这种讲法往往是为了延迟乃至取消征战的计划，同时包含着以礼治国的意义。

同样，晋大夫里克对申生说："且子惧不孝，无惧弗得立。修己而不责人，则免于难。"（闵公二年，269页）尽管这里的"修己而不责人"是作为"免于难"的方法，但也不能否认其中包含有道德的意义。儒家的"修己"说，可以说就是在这些前人的思想基础之上发展起来的。在德福问题上，赵文子曾对其子说"二子之言，义也；违义，祸也"（昭公三年，1240页）。把人的福祸与"义"联系起来，而不是与神联系起来。在这些士大夫的言论中，都体现出君子的思想。

君子的道德思想和人格，也体现在对待国家间关系的主张，如晋国发生饥荒，向秦国借粮：

（秦伯）谓百里："与诸乎？"对曰："天灾流行，国家

代有,救灾恤邻,道也,行道有福。"(僖公十三年,345页)

又如,郑伯请成于陈,陈侯不许,陈国的五父劝陈侯说:"亲仁,善邻,国之宝也。君其许郑!"(隐公六年,50页)这些观念也对一些国君产生影响,宋襄公是个典型的例子:

> 宋公及楚人战于泓。宋人既成列,楚人未既济,司马曰:"彼众我寡,及其未既济也,请击之。"公曰:"不可。"既济而未成列,又以告,公曰:"未可。"既陈而后击之,宋师败绩。(僖公二十二年,397页)

国人怪怨宋襄公,他说:君子不重伤,不擒二毛,不以阻隘,不鼓不成列。可见他对待交战国也要讲君子之德和君子之风。

襄公七年,晋国的韩献子告老,欲立公族穆子,穆子辞,请立起(宣子):

> 无忌不才,让,其可乎?请立起也。与田苏游,而曰"好仁",诗曰"靖共尔位,好是正直,神之听之,介尔景福",恤民为德,正直为正,正曲为直,参和为仁。如是,则神听之,介福降之。立之,不亦可乎?(襄公七年,951—952页)

这里不仅提出"好仁",而且以德、正、直、仁来颂扬起的

第十章　君子

德行。

襄公三十一年，吴使聘于晋，赵文子向吴使询问延陵季子是否将立为王，吴使回答说：

> 不立。是二王之命也，非启季子也。若天所启，其在今嗣君乎！甚德而度，德不失民，度不失事，民亲而事有序，其天所启也。（襄公三十一年，1190页）

这里是以"德"和"度"作为两个基本的德行。在这些对人物的品评中，我们可以看到当时士君子的价值观念。

三　叔向之"义"

以下分别就臧文仲、叔向、子产做进一步的呈现。

臧文仲亦出于鲁国公族，是鲁国前期著名的大夫，曾仕庄公、闵公、僖公、文公四世，他的政治思想主张明礼、崇德、尊君、重民、尚贤。[①] 他曾说："德之不建，民之无援。"（文公五年）可见他对"德"十分重视。他的许多有关"德"的话后来被广泛征引，如"太上有德""太上以德抚民"等。

童叔业曾说：

> 春秋时代已很多有学问的人，如鲁国的叔孙豹，齐国

---

① 参看《鲁国史》，人民出版社，1992年，300页。

的晏婴，晋国的叔向，楚国的左史倚相，吴国的公子季札等，都可以算是当时的大学者。这些人之中，尤推鲁国的臧文仲和郑国的子产是不世出的圣贤。臧文仲能够立言垂世，子产能够有很开明的新思想，施之事实际的政治。等到孔子出世，集古代学术思想的大成，开始建立哲学的系统，真正的士大夫阶层就由他一手造成。孔子死后他的门徒播迁各方，努力发挥本师的学说，成立了"儒家"的学派。①

照童叔业的这个说法，孔子的思想是集古代思想的大成，亦即是集臧文仲、子产、叔孙豹、晏婴学问思想的大成。在这个意义上，就不能说士大夫阶层在孔子之后才形成，而应当说孔子的思想正是继承发展了西周春秋先进士大夫的思想。

襄公二十四年范宣子问叔孙豹何为不朽，叔孙豹说："鲁有先大夫臧文仲，既没，其言立，其是之谓乎！"不过，臧文仲的言行记录下来的不多。相比之下，叔向、子产的材料就比较多。

叔向是晋国的大夫，素有贤名：

> 叔向见韩宣子，宣子忧贫，叔向贺之。宣子曰："吾有卿之名，而无其实，无以从二三子，吾是以忧，子贺我何故？"对曰："昔栾武子无一卒之田，其官不备其宗器，宣其德行，顺其宪则，使越于诸侯，诸侯亲之，戎狄怀

---

① 参看《鲁国史》，人民出版社，1992年，272页。

第十章　君子

之……今吾子有栾武子之贫，吾以为能其德矣，是以贺。若不忧德之不建，而患货之不足，将吊不暇，何贺之有？"（《国语》卷十四晋语八，480页）

叔向这种忧德不忧贫的君子境界，显然比韩宣子"忧贫"的心态要高出很多。这种重德、务德的思想又见于叔向对赵孟的劝诫：

叔向谓赵孟曰："诸侯归晋之德只，非归其尸盟也，子务德，无争先。……"（襄公二十七年，1133页）

可见叔向是很强调"德"的重要性的。

叔向曰："君子比而不别。比德以赞事，比也；引党以封己，利己而忘君，别也。"（《国语》卷十四晋语八，462页）

"比"是比其德行，见贤思齐；别是结党营私。君子比而不别。类似的提法亦见于赵宣子论"比"德：

（赵宣子）曰："吾闻事君者比而不党。夫周以举义，比也；举以其私，党也。"（《国语》卷十一晋语五，396页）

可见"比"是春秋时代一个重要的德目。

叔向也很重视"礼":

> 叔弓聘于晋,报宣子也。……叔向曰:"子叔子知礼哉!吾闻之曰:'忠信,礼之器也;卑让,礼之宗也。'辞不忘国,忠信也;先国后己,卑让也。诗曰:'敬慎威仪,以近有德。'夫子近德矣。"(昭公二年,1229 页)
>
> 大叔谓叔向曰:"楚王汰侈已甚,子其戒之!"叔向曰:"……若奉吾币帛,慎吾威仪,守之以信,行之以礼,敬始而思终,终无不复。从而不失仪,敬而不失威,道之以训辞,奉之以旧法,考之以先王,度之以二国,虽汰侈,若我何?"(昭公五年,1266—1267 页)
>
> 叔向曰:"国家之败,有事而无业,事则不经。有业而无礼,经则不序。有礼而无威,序则不共。有威而不昭,共则不明。不明弃共,百事不终,所由倾覆也。是故明王之制,使诸侯岁聘以志业,间朝以讲礼,再朝而会以示威,再会而盟以显昭明。志业于好,讲礼于等,示威于众,昭明于神,自古以来,未之或失也。存亡之道,恒由是兴。……"(昭公十三年,1355 页)
>
> 叔向曰:"……礼,王之大经也。一动而失二礼,无大经矣。言以考典,典以志经。忘经而多言,举典,将焉用之?"(昭公十五年,1374 页)

言以考典,典以志经,"经"在这里是指根本原则,指礼是君王治国的根本原则。"典"是较为具体的礼则。君王的言行必须根

第十章　君子

据"典",而体现"经"。可见,叔向很强调忠信辞让,重视礼节威仪,提倡先国后己,敬始思终,致力于建立一个有礼有威、有序有恭政治秩序。

在传留下来的叔向言论中,最著名是昭公六年叔向致郑国子产书,《左传》记此事:

> 三月,郑人铸刑书。叔向使诒子产书,曰:
> "始吾有虞于子,今则已矣。昔先王议事以制,不为刑辟,惧民之有争心也。犹不可禁御,是故闲之以义,纠之以政,行之以礼,守之以信,奉之以仁;制为禄位以劝其从,严断刑罚以威其淫。惧其未也,故诲之以忠,耸之以行,教之以务,使之以和,临之以敬,莅之以强,断之以刚;犹求圣哲之上,明察之官,忠信之长,慈惠之师。民于是乎可任使也,而不生祸乱。
> 民知有辟,则不忌于上,并有争心,以征于书,而徼幸以成之,弗可为矣。夏有乱政而作禹刑,商有乱政而作汤刑,周有乱政而作九刑,三辟之兴,皆叔世也。今吾子相郑国,作封洫,立谤政,制参辟,铸刑书,将以靖民,不亦难乎?诗曰:'仪式刑文王之德,日靖四方。'又曰:'仪刑文王,万邦作孚。'如是,何辟之有?民知争端矣,将弃礼而征于书,锥刀之末,将尽争之,乱狱滋丰,贿赂并行。终子之世,郑其败乎?肸闻之'国将亡,必多制',其此之谓乎!"(昭公六年,1274—1276页)

叔向显然认为，如果放弃以礼义和道德榜样引领人民的治国方法，而用成文法来治国，人民将只注意行为与刑书，不再有敬让之心，人之"心"与"行"将仅仅以不犯刑律为原则要求，在这种情形之下，人的道德心无由建立，一切唯利是争，这样的社会只能是一个败乱的社会。这种重视道德心的政治思想是儒家政治思想的先导。

韩宣子到楚国，楚国没有以郊迎之礼接待。楚国的公子弃疾到晋国，晋侯也打算不郊迎，于是：

> 叔向曰："楚辟，我衷，若何效辟？诗曰：'尔之教矣，民胥效矣。'从我而已，焉用效人之辟？书曰：'圣作则。'无宁以善人为则，而则人之辟乎？匹夫为善，民犹则之，况国君乎？"晋侯说，乃逆之。（昭公六年，1279页）

叔向认为，楚国没有郊迎韩宣子是不对的，但我们不应当仿效楚国的错误。更重要的是，人民会把领导者的行为看成一种示教，而仿效领导者的行为；所以领导者的行为要注意以善人为学习的榜样。叔向还认为，人民有"则善"的自然倾向，一个普通人为善，民众尚且会学习、仿效，国君更应该如此。

孔子很称赞叔向，认为叔向有古人的遗风，有"直"和"义"的德行：

> 仲尼曰："叔向，古之遗直也，治国制刑，不隐于亲。三数叔鱼之恶，不为末减。曰义也夫，可谓直矣。平丘之

会,数其贿也,以宽卫国,晋不为暴。归鲁季孙,称其诈也,以宽鲁国,晋不为虐。邢侯之狱,言其贪也,以正刑书,晋不为颇。三言而除三恶,加三利。杀亲益荣,犹义也夫!"(昭公十五年,1367页)

四 子产之"仁"

子产也是春秋后期的重要政治家和学者。他在晋国回答关于实沉之神的问题,显示他具有广博的礼制和历史知识。

同时,子产也是一个十分重视道德作用的士大夫。他认为郑国是小国,要特别重视修德,他说:"小国无文德,而有武功,祸莫大焉。"(襄公八年,956页)大国亦然,当时晋为霸主,范宣子要求诸侯国纳币,他曾写信,劝告晋国的范宣子说:"夫令名,德之舆也。德,国家之基也。有基无坏,无亦是务乎!有德则乐,乐则能久。诗云'乐只君子,邦家之基',有令德也夫!'上帝临汝,无贰尔心',有令名也夫!恕思以明德,则令名载而行之,是以远至迩安。"(襄公二十四年,1089页)劝范宣子不要聚财,而要务德、明德。

> 晋程郑卒,子产始知然明,问为政焉,对曰:"视民如子,见不仁者诛之,如鹰鹯之逐鸟雀也。"① 子产喜,以语

---

① 季文子使大史克对曰:先大夫臧文仲教行父事君之礼,行父奉以周旋,弗敢失坠,曰"见有礼于其君者,事之,如孝子之养父母也;见无礼于其君者,诛之,如鹰鹯之逐鸟雀也"。(文公十八年,633页)然明此语与行父所说同。

子大叔，且曰："他日吾见蔑之面而已，今吾见其心矣。"子大叔问政于子产，子产曰："政如农功，日夜思之，思其始而成其终；朝夕而行之，行无越思。如农之有畔，其过鲜矣。"（襄公二十五年，1108页）

然明和子产都赞成视民如子、诛不仁，这继承了西周以来"作民父母"的政治思想，也是孟子仁政说的先导。子产还说过："求逞于人，不可；与人同欲，尽济。"（昭公四年，1248页）这是继承了臧文仲"以欲从人，则可；以人从欲，鲜济"（僖公二十年，387页）的思想。臧文仲的意思是说，让自己的欲望顺从别人，这是可以的；要求别人顺从自己的欲望，很少能成功。子产的意思也是说，只顾自己，把自己的想法推行给别人，是不对的；自己的欲求和别人的欲求一致，才能成功。这些都是反对以自我的欲望为中心，而强调考虑他人愿望的思想。

子产作为一个贵族士大夫，对国家抱有坚定的忠诚和责任感：

郑子产作丘赋，国人谤之，曰："其父死于路，己为虿尾，以令于国，国将若之何？"子宽以告，子产曰："何害？苟利社稷，死生以之。且吾闻为善者不改其度，故能有济也。民不可逞，度不可改。诗曰'礼义不愆，何恤于人言？'"（昭公四年，1254页）

"苟利社稷，死生以之"，体现了子产为国而不顾个人生死的

第十章　君子

人格。

子产又是具有素朴民主思想的士大夫：

> 郑人游于乡校，以论执政。然明谓子产曰："毁乡校，何如？"子产曰："何为？夫人朝夕退而游焉，以议执政之善否。其所善者吾则行之，其所恶者吾则改之，是吾师也，若之何毁之？我闻忠善以损怨，不闻作威以防怨。岂不遽止？然犹防川。大决所犯，伤人必多，吾不克救也，不如小决使导，不如吾闻而药之也。"……仲尼闻是语也，曰："以是观之，人谓子产不仁，吾不信也。"（襄公三十一年，1192页）

这是继承了西周邵公的政治智慧。中国古代的贤明政治家早就懂得疏导优于压制的道理，西周的邵公曾批评周厉王压制人民言论的做法，提出："防民之口，甚于防川。川壅而溃，伤人必多，民亦如之。是故为川者决之使导，为民者宣之使言。"（《国语》卷一，9页）子产以民论为师，"善者则行之，不善者则改之"，主张"忠善以损怨"，反对"作威以防怨"，以小决疏导人民的不满，孔子认为子产的这些做法是"仁"。

子产又是一个现实主义的政治家：

> 郑子产有疾，谓子大叔曰："我死，子必为政。唯有德者能以宽服民，其次莫如猛。夫火烈，民望而畏之，故鲜死焉。水懦弱，民狎而玩之，则多死焉。故宽难。"疾数月

而卒。大叔为政，不忍猛而宽，郑国多盗，……仲尼曰："善哉！政宽则民慢，慢则纠之以猛；猛则民残，残则施之以宽。宽以济猛，猛以济宽，政是以和。……"及子产卒，仲尼闻之，出涕曰："古之遗爱也。"（昭公二十年，1421—1422页）

王念孙云"爱即仁也"，"古之遗爱"谓子产有古人仁爱之遗风，这与孔子称赞叔向为"古之遗直"正相映照，指子产能仁，叔向能义。

五　文化与道德的遗产

春秋时代仁人志士的思想和行为，共同构建了一种文化与道德的遗产。影响一个民族文化的，不仅是有识者提出的伦理思想和德行体系，更有实践这些价值理想、身体力行地体现这些德行的贤人君子。他们的道德榜样和他们的言论一起，成为影响后世的重要文化资源，从而在不同的层次上成为后人的道德典范和人格范型，使得后人追慕他们，学习他们，而追慕学习的实践也同时积淀、建构、强化了价值信念和文化心理。因此，早期儒家所继承的思想文化，不仅是周公的敬德保民的政治思想，也更有春秋以来仁人志士所积汇而成的道德追求和人格理想。在春秋时代，涌现出许多充满道德精神和理想的士君子。

钱穆曾有《论春秋时代人之道德精神》一文，分上下两篇。

第十章 君子

此文根据《左传》，列述了当时富有道德精神的人物，这些人物不见得提出过重要的思想命题和论述，但其言行的道德精神，对后人鼓舞的作用甚大。我们在本节只择其突出者数条，以俾读者略感受之，而其详则可参钱著也。

这些富有道德精神的人物中，最突出者是为道德而死，为了自己对道德信念的承诺而死。

晋国的骊姬要太子申生到曲沃祭齐姜，申生完祭后将祭肉带回给晋公，肉在宫中存放六日，在此期间骊姬在肉中下毒。晋公将这些肉赐予臣下，受赐者皆中毒而死。于是骊姬诬陷太子下毒，其目的是使她自己的孩子可做太子。太子申生无奈出走到新城，晋公杀太子傅。太子身边的人都劝太子向晋公声辩，然而：

> 大子曰："君非姬氏，居不安，食不饱。我辞，姬必有罪。君老矣，吾又不乐。"曰："子其行乎？"大子曰："君实不察其罪，被此名也以出，人谁纳我？"十二月戊申，缢于新城。（僖公四年，298—299页）

祭肉置宫中已六日，可知下毒者必不是太子，但太子认为如果据此申辩，则晋公便会发觉骊姬之奸而罪之。而如果没有了骊姬，晋公将寝食难安，故太子不忍为了洗刷自己的罪名而使父亲老而不乐。于是属下劝其逃离晋国，太子认为，罪名未洗清，身负罪名而出，没有国家敢接纳这样的人。于是太子申生自杀而死。《左传》记载的这个故事，是说明申生尽"孝"。

卫宣姜进谗言，挑拨齐王与太子急子的关系，卫宣公就让急子出使齐国，而令人埋伏在途中，以杀急子。急子的异母弟弟即宣姜所生的寿子，知道了埋伏的计划，告诉急子，要他逃亡。急子说出使齐国是父君的命令，不可不从。于是寿子把急子灌醉，自己乘了急子的车骑赶向齐国。埋伏的人以为是急子，就把寿子杀了。急子醒后赶来，对杀人者说，我才是急子，请杀我吧，于是也被杀。这个故事中的寿子和急子都表现出很高的道德感。

司马迁作《史记》，对这两件事深有感触，他说："余读世家言，至于宣公子急子，以妇见诛，弟寿争死以相让，此与晋太子申生不敢明骊姬之过同，俱恶伤父之志，然卒死亡，何其悲也！或父子相杀，兄弟相戮，亦独何哉？"

春秋时代已经用仁、智、勇的德行来刻画这些道德行为：

> 楚囚伍奢，使召其二子，曰："来，吾免而父。"棠君尚谓其弟员曰："尔适吴，我将归死。吾知不逮，我能死，尔能报。闻免父之命，不可以莫之奔也。亲戚为戮，不可以莫之报也。奔死免父，孝也；度功而行，仁也；择任而往，知也；知死不辟，勇也。父不可弃，名不可废，尔其勉之！相从为愈。"（昭公二十年，1408页）

伍尚明知吴王以其父为要挟，意在诛其全家，并不会因为他们前去而真的释放其父。但如果不去，则要负见父死而不救的道德罪名；而若两兄弟都去，必皆死而无以报仇。所以，伍尚决

第十章 君子

定自己前往赴死,而令伍员逃到吴国实施报仇。

上面几例都是以个人的生命,以"争死"来实现道德的承诺,正像孔子所说的"志士仁人,无求生以害仁,有杀身以成仁"(《论语·卫灵公》)。另外还有以"让国"表现的道德人格:

> 宋公疾,大子兹父固请,曰:"目夷长且仁,君其立之。"公命子鱼,子鱼辞,曰:"能以国让,仁孰大焉,臣不及也,且又不顺。"遂走而退。(僖公八年,323页)

兹父即后来的襄公。桓公病,太子兹父要求父亲立目夷为王位继承人,说目夷年长且仁,应当立为储君。子鱼是目夷的字,是庶子,他说太子以国相让,这是最大的仁,而且我是庶子,做继承人是名不顺的。这两个兄弟相互让国。

吴公子季札也有过相似的事迹:

> 吴子诸樊既除丧,将立季札,季札辞,曰:"……有国,非吾节也。札虽不才,愿附于子臧以无失节。"固立之,弃其室而耕,乃舍之。(襄公十四年,1007—1008页)

又如介之推,晋文公在外十八年而返国为君,在过去十八年里追随文公的人大都受到封赏:

> 晋侯赏从亡者,介之推不言禄,禄亦弗及。……其母曰:"盍亦求之,以死,谁怼?"对曰:"尤而效之,罪又甚

焉。且出怨言，不食其食。"其母曰："亦使知之，若何？"对曰："言，身之文也；身将隐，焉用文之？是求显也。"其母曰："能如是乎？与汝偕隐。"遂隐而死。晋侯求之不获，以绵上为之田，曰："以志吾过，且旌善人。"（僖公二十四年，417—419页）

介之推认为晋文公能够返国为君，这是天意，如果因为曾追随晋文公流亡而自以为有功，并因此求封赏，这是贪天之功为己力，这是他所不屑于为的。他和他的母亲隐居到山中，无论晋侯如何寻找，也不出来，终于死去。

钱穆指出："孔子以前，中国文化已经历二千年以上之积累，孔子亦由中国文化所孕育。孔子仅乃发扬光大了中国文化。换言之，因其在中国社会中，才始有孔子，孔子绝不能产生于古代之印度、犹太、阿拉伯，而释迦、耶稣、谟罕默德亦决不会产生于中国。孔子生当春秋时代，其时也，臣弑其君，子弑其父，为中国一大乱世。但即在春秋时代，中国社会上之道德观念与夫道德精神，已极普遍存在，并极洋溢活跃，有其生命充沛之显现。孔子正诞生于此种极富道德精神之社会中。"①

孔子的时代，礼崩乐坏，礼制秩序趋于解体，但孔子不以篡乱为当然，而继承发扬了春秋时代志士仁人的道德精神，将之理论化。这些志士仁人不顾利害和性命，甘愿以身殉其道德理念，道德的信持，对于他们已经具有终极的意义。中国社会

---

① 《钱宾四先生全集》18卷，台湾联经出版公司，1994年，273页。

第十章 君子

文化以此种道德人格和道德精神为高尚,故如钱穆所说,这些德行"早在中国社会实践人生中,有其深厚之根柢,孔子亦仅感激于此等历史先例,不胜其深挚之同情,而遂以悬为孔门施教之大纲。若谓孔子在当时,乃无端凭空提倡此一种理论,而始蔚成为中国社会此后之风尚,而始目之曰道德,则此远于事理,昧于史实"①。他又说:"至于此等人生律则,为其心之所敏感而自安焉者,其果真为人生所必当遵守而不可或逾之律则与否,则非无可加讨论之余地,抑且随时有其变通之可能。惟在其当时,彼既深感其当若此,而自认其为不可稍逾,而宁愿恪守,以至于死而不悔,此即是一种至高之道德精神矣。"② 钱穆还指出,春秋时代这些道德精神的体现,是西周以来礼教所养成的结果,"亦必本于此等礼教,而以之教忠焉,教孝焉,教信焉,教勇焉,教直焉,教义焉,教人以视死如归,教人以不违其内心之所安焉,于是而有种种之德目,而外界之利害祸福,可以一切不顾,即他人之是非评骘,亦可以弃置不问,惟此即为'道德'之完成"。③

就春秋时代的道德精神与早期儒家兴起的关系来说,即使没有儒家的出现,这些道德精神和人格在中国历史文化中的传承也会不断继续下去,仅有这些道德人格也不足以必然产生出儒家。但儒家的出现,就其历史的发生而言,不能说和这些道德精神的表现没有关系。

---

① 《钱宾四先生全集》18卷,台湾联经出版公司,1994年,277页。
② 同上书,300页。
③ 同上书,301页。

儒家的君子论在历史上和理论上都是继承了春秋时代的士君子人格理想的。

六　孔子的资源

最后，还应指出，由前述各章可见，西周的《尚书》《诗经》在孔子时代已经成为包括孔子在内的人们所依凭的文化经典，成为早期儒家思想由以出发的思想基础，为早期儒家提供了表达方式和支持意识。不仅如此，西周以降，整个春秋时代的仁人志士、智者贤君子的思想言行，也成为孔子和早期儒家思想的思想资料的资源。从这个意义上，完全有理由说，这些志士仁人智者君子的思想言论，为孔子和早期儒家思想的形成做了准备。而孔子和早期儒家思想，乃是对西周以来的这种思想发展做出的总结。

以下再就文献有明显相承之迹者，略举数例以说明之。

1. 思无邪。(《诗经·鲁颂》)

《论语·为政》："子曰：诗三百，一言以蔽之，曰：思无邪。"这是明用《诗经》之辞，而不用"诗曰"。

2. 敬，德之聚也。能敬必有德，德以治民，君请用之。臣闻之："出门如宾，承事如祭，仁之则也。"（僖公三十三年，501—502页）

第十章 君子

这是晋国臼季的话。《论语·颜渊》:"仲弓问仁,子曰:出门如见大宾,使民如承大祭……"照《左传》所说,鲁僖公时已有"出门如宾,承事如祭"的说法,故以"臣闻之"而言。若果如此,孔子对仲弓所说,是继承了古语而发明之。

3.《左传》成公十二年晋郤至聘于楚,曾对子反说:

> ……故诗曰:"赳赳武夫,公侯腹心。"天下有道,则公侯能为民干城,而制其腹心。乱则反之。(成公十二年,858页)

《论语·季氏》:"天下有道,则礼乐征伐自天子出。""天下有道"应当是当时习用的说法。

4.《尚书·舜典》"诗言志,歌咏言",《左传》载:

> 文子告叔向曰:"伯有将为戮矣。诗以言志……"(襄公二十七年,1135页)

《礼记·乐记》:"诗,言其志也。歌,咏其声也。"

5.《左传》文公六年秦伯卒,国人哀之,为赋《黄鸟》,君子曰:

> 古之王者知命之不长,是以并建圣哲,树之风声,分之采物,著之话言,为之律度,陈之艺极,引之表仪,予之法制,告之训典,教之防利,委之常秩,道之礼则,使

毋失其土宜……（文公六年，548—549页）

《论语·为政》："子曰：道之以政，齐之以刑，民免而无耻；道之以德，齐之以礼，有耻且格。"孔子的这一讲法应当是对"道之礼则"说的发展。此外，《礼记·祭统》也有"道之以礼，以奉三重"的说法。

  6.（范鞅）对曰："鞅也，居处恭，不敢安易，敬学而好仁，和于政而好其道，谋于众不以贾好，私志虽衷，不敢谓是也，必长者之由。"（《国语》卷十四晋语八，460页）

《论语·子路》："居处恭，执事敬，与人忠。"《礼记·学记》："民知敬学。"《论语·里仁》："好仁者无以尚之。"《礼记·仲尼燕居》引子曰："居处有礼，故长幼辩也。"

  7. 仲尼曰："古也有志：'克己复礼，仁也'，信善哉。"（昭公十二年，1341页）

据《左传》此说，"克己复礼"是孔子引用古志之言。《论语·颜渊》："颜渊问仁，子曰：克己复礼为仁。"

8. 哀公十五年楚伐吴，陈使芋尹盖言于吴大夫：

  且臣闻之曰，"事死如事生，礼也"。于是乎有朝聘而

第十章　君子

终、以尸将事之礼；又有朝聘而遭丧之礼。若不以尸将命，是遭丧而还也，无乃不可乎！以礼防民，犹或踰之，今大夫曰死尔弃之，是弃礼也，其何以为诸侯主？（哀公十五年，1692页）

《礼记·中庸》引子曰："事死如事生，事亡如事存，孝之至也。"《论语·为政》："子曰：生，事之以礼，死，葬之以礼，祭之以礼。"《礼记·坊记》通篇都讲"以礼防民，犹或踰之"的道理，如云"夫礼坊民所淫，……大为之坊，民犹踰之"，"以此坊民，民犹……"。

9. 民有好恶、喜怒、哀乐，生于六气，……喜生于好，怒生于恶。（昭公二十五年，1458页）

这是子大叔对赵简子所言。郭店竹简"喜生于性""怒生于恶"，应当是承自古代的说法，其中以好恶论性，以气论性，也都是承接了古代的讲法。

10. 子西曰："德其忘怨乎？余善之，夫乃其宁。"子高曰："不然。吾闻之，唯仁者可好也，可恶也，可高也，可下也。好之不逼，恶之不怨，高之不骄，下之不惧。不仁者则不然。"（《国语》卷十八楚语下，586页）

此事不详其年，据《左传》注，太子建奔宋在昭公二十年，而据楚世家，子西召建之子胜，乃楚惠王二年事，即鲁哀公八年，可知楚语所载此事应在哀公八年稍前。《论语·里仁》："子曰：唯仁者，能好人，能恶人。"孔子所言虽与子高所说意思有别，但在思想资料上亦可能受到其影响。

11. 孔子也曾多次直接称引古志之言，如：

  仲尼曰："叔孙昭子之不劳，不可能也。周任有言曰：'为政者不赏私劳，不罚私怨'。诗云'有觉德行，四国顺之'。"（昭公五年，1263 页）

  仲尼曰："志有之：'言以足志，文以足言'，不言谁知其志？言之无文，行而不远。"（襄公二十五年，1106 页）

至于孔子引诗，则更是不可胜数。孔子引证前人行事，亦甚多，他还问学于郯子、老聃，所以孔子所吸收的思想文化资源是很广泛的。

  12. 穆姜薨于东宫。始往而筮之，遇艮之八䷏，史曰："是谓艮之随䷐。随，其出也。君必速出！"姜曰："亡。是于《周易》曰：'随，元亨利贞，无咎。'元，体之长也；亨，嘉之会也；利，义之和也；贞，事之干也。体仁足以长人，嘉德足以合礼，利物足以和义，贞固足以干事。……"（襄公九年，964—965 页）

《周易·文言》："元者善之长也。亨者嘉之会也，利者义之和也,贞者事之干也。君子体仁足以长人,嘉会足以合礼,利物足以和义,贞固足以干事。"除"嘉德"与"嘉会"不同外,其余皆同。

后　语

　　转眼之间，历秋、冬、春而入夏，在中大的独居生活已经过到了第四个季节。记得到香港之初，便暗下了决心：既然家人不能同来，自己又无法照顾家事，惟有发奋写书，才能对得起家人。现在，这本书竟然在香港写完了，心里也渐渐地轻松起来。

　　我在香港的生活很简单，每天早上从居所走到办公室，晚上从办公室走回居所。"走"当然是步行了。居所到办公室的距离并不算远，倘在平地，那是很轻松的。可是中大散布在山峦之中，从我的居所到办公室上班是上山，在潮热的山气的包围中，顶着太阳"行山"上班，除了汗流前胸以外，也就很难有欣赏风景的心情了。

　　回家是下山。中大的夜色很美。从冯景禧楼出来向北，越过马路，沿着中央道北行，黄色灯光的俯照下，左边的梁丘镶楼，灯光明亮，右边的网球场，灌木围绕。前面的路口，向右

后 语

是联合路,一直通向山顶,山上的新亚书院在星光中依稀可见。直行便是安静的士林路,路的西边立着一排四五棵大榕树,根系从土地下冒出来,其学名叫作细叶榕,样态奇特,散发着南国的风情。

我最喜欢的是前面的岔路口,站在这个岔路口向北看去,是一个面向吐露港海湾的马蹄形的谷口。路口在马蹄形底,向下望去是一片长满树木的深谷,开阔而辽远。谷口伸出去是高速公路和广九铁路,更远是海,是山,望之心旷神阔。远处山下的公路上,黄灯、红灯跳动闪烁,与港口的灯光,和海湾对面山下楼群的灯光,连成一片,给寂静的夜色中平添了一抹热动的景象。

路口左边是三四苑,道路下伸向清幽的逸夫书院;右边东行,通往山下的各苑。我常常在路口眺望海湾,然后转东下行,绕过恒生楼,回到我居住的第七苑。自从看了梁元生兄的《寂寞》后,我也开始注意起自己的步数,数了几次,从冯景禧到第七苑,整整一千步,于是自命为"千步行"。每晚写作结束之后的千步行,是我最轻松的休闲。

感谢我的妻子杨颖和我的儿子陈西,没有他们的支持和对家事的承担,我是不可能独自在香港安心教书写作的。感谢中文大学哲学系让我有这个机会,在这座香港最大的美丽校园,利用它丰富方便的藏书,否则,这本书是不可能这么快完成的。

最后应当说明,本书是教育部跨世纪人才项目的成果。

陈 来

2000 年 6 月 16 日于香港中文大学

后　记

　　本书写成到现在，已有两年。在此期间，除了将其中个别章节刊发于《哲学门》《哲学评论》外，并没有作其他增添修改。其中的原因，固然是和我不习惯写完书稿后反复修改有关，但更重要的是，在这两年里我的精力又回到宋明时代的思想和现代中国哲学，以至于没有时间和精力来照顾这部待出版的书稿。

　　需要说明的是，本书中古书的引文，多源自近人的标点本，如《左传》杨注等等，但其中标点句读之用，则本书往往有略异于通行本者，如有时为使意思连贯而减少逗号，有时为突出语气的间歇而加用逗号等等，总之都是为义理叙述的铺陈服务的。

　　书稿送交三联书店之后，承孙晓林、许医农女士予以肯定而欣然接受。董秀玉女士一如既往地给予我支持，再次体现了

后　记

三联书店对学术的支持和对我个人的厚爱。谨在此向三联的友人们表示衷心的感谢。此外，本书的写作得到"北京大学创建世界一流大学计划"的支持，亦表感谢。书稿写成后，其中的德行、礼治两章曾承石元康教授先阅原稿，有所指正，谨此致谢。博士研究生刘昕岚、蔡世昌、张丽华核对书稿引文，认真细致，亦一并致谢。

陈　来

2002 年 6 月 26 日记于北京大学

参考书目

杜预：《春秋左传集解》，上海古籍出版社，1981
顾栋高：《春秋大事表》，中华书局，1993
杨伯峻：《春秋左传注（修订本）》，中华书局，1990
杨伯峻等：《春秋左传辞典》，中华书局，1985
何休等：《春秋公羊传注疏》，四库全书经部第145，上海古籍出版社，1987
范宁等：《春秋穀梁传注疏》，四库全书经部第145，上海古籍出版社，1987
上海师范大学古籍整理组：《国语》，上海古籍出版社，1978
黄怀信等：《逸周书汇校集注》，上海古籍出版社，1995
茅盾：《神话研究》，百花文艺出版社，1981
刘城淮：《中国上古神话》，上海文艺出版社，1988
张振犁：《中原古典神话流变论考》，上海文艺出版社，1991
丁山：《中国古代宗教与神话考》，上海文艺出版社，1988
陈建宪：《神祇与英雄》，三联书店，1994
劳斯：《希腊的神与英雄》，文化生活出版社，1955

参考书目

潜明兹：《中国神话学》，宁夏人民出版社，1994

何新：《诸神的起源》，三联书店，1986

刘大钧：《周易概论》，齐鲁书社，1988

大林太良：《神话学入门》，中国民间文艺出版社，1988

古朗士：《希腊罗马古代社会史》，中华文化出版事业委员会，1955

汉密尔顿：《希腊方式——通向西方文明的源流》，浙江人民出版社，1988

刘景辉：《古代希腊史与罗马共和史》，学生书局，1989

郝际陶：《古代希腊研究》，东北师范大学出版社，1994

王任光等：《古代希腊史研究论集》，成文出版社，1979

冯作民：《西洋全史（三）：希腊城邦》，燕京文化，1975

郑文光：《中国天文学源流》，科学出版社，1979

丁绵孙：《中国古代天文历法基础知识》，天津古籍出版社，1989

张启亮：《宇宙星象探秘》，气象出版社，1992

李约瑟：《中国之科学与文明》第三册，台湾商务印书馆，1974

李约瑟：《中国科学技术史》第四卷，中华书局，1978

吉田桢吾：《宗教人类学》，陕西人民教育出版社，1991

杜兰：《希腊的兴起》，幼狮文化公司，1995

李天祐：《古代希腊史》，兰州大学出版社，1991

韦尔南：《希腊思想的起源》，三联书店，1996

黑格尔：《宗教哲学讲座导论》，山东大学出版社，1988

黑格尔：《黑格尔早期神学著作》，商务印书馆，1988

缪勒：《比较神话学》，上海文艺出版社，1989

艾兰：《龟之谜——商代神话、祭祀、艺术和宇宙观的研究》，四川人民出版社，1992

刘正浩：《周秦诸子述左传考》，台湾商务印书馆，1966

卡西尔：《符号神话文化》，东方出版社，1988

卡西尔:《神话思维》,中国社会科学出版社,1992
卡西尔:《人论》,上海译文出版社,1985
江晓原:《天学真原》,辽宁教育出版社,1992
刘玉建:《中国古代龟卜文化》,广西师范大学出版社,1992
刘翔:《中国传统价值观诠释学》,上海三联书店,1996
李泽厚:《中国古代思想史论》,人民出版社,1985
詹鄞鑫:《神灵与祭祀》,江苏古籍出版社,1992
张永山主编:《胡厚宣先生纪念文集》,中国科学出版社,1998
夏普:《比较宗教学史》,上海人民出版社,1988
高本汉:《左传真伪及其它》,商务印书馆,1936
闻一多:《闻一多全集》第3卷,湖北人民出版社,1992
张以仁:《国语左传论集》,东升出版事业公司,1980
杨向时:《左传赋诗引诗考》,中华丛书,1972
曾勤良:《左传引诗赋诗之诗教研究》,文津出版社,1993
张素卿:《左传称诗研究》,台湾大学文史丛刊之89,1991
陈梦家:《尚书通论》,中华书局,1985
夏曾佑:《中国古代史》,台湾商务印书馆,1968
钱穆:《国史大纲》,商务印书馆(香港),1995
张荫麟:《中国史纲》(上古篇),三联书店,1962
吕思勉:《先秦史》,香港太平书局,1962
徐旭生:《中国古史的传说时代》,文物出版社,1985
蒙文通:《古学甄微》,巴蜀书社,1987
蒙文通:《古史甄微》,巴蜀书社,1999
杨宽:《西周史》,上海人民出版社,1999
苏秉琦:《中国文明起源新探》,香港商务印书馆,1997
杨希枚:《先秦文化史论集》,中国社会科学出版社,1995

参考书目

李学勤:《失落的文明》,上海文艺出版社,1997

斯维至:《中国古代社会文化论稿》,允晨出版公司,1997

黄怀信:《逸周书源流考辨》,西北大学出版社,1992

刘起釪:《古史续辨》,中国社会科学出版社,1991

《马克思恩格斯全集》第 45 卷,1985

《马克思恩格斯选集》第 4 卷,1972

刘启良:《马克思东方社会理论》,学林出版社,1994

W. C. Smith, *What is Scripture: A Comparative Approach*. Minneapolis: Fortress, 1993

Harold Coward, *Sacred Word and Sacred Text: Scripture in World Religion*. Maryknoll: Orbis, 1988

Levering Miram, ed. *Rethinking Scripture: Essays from a Comparative Perspective*. Albany: State University of New York Press, 1989

Jean Holm, ed. *Sacred Writings*. London: Pinter, 1994

童书业:《春秋史》,太平书局,1964

童书业:《春秋左传研究》,上海人民出版社,1980

竹添光鸿:《左传会笺》,广文书局,1967

张以仁:《春秋史论集》,台湾联经出版公司,1990

沈玉成等:《春秋左传学史稿》,江苏古籍出版社,1992

钱穆:《钱宾四先生全集》,第 18 卷,台湾联经出版公司,1994

吕思勉:《先秦史》,上海古籍出版社,1982

金德建:《先秦诸子杂考》,中州书画社,1982

郭克煜等:《鲁国史》,人民出版社,1994

曾资生:《中国政治制度史》(先秦),香港龙门书店,1969

余英时：《士与中国文化》，上海人民出版社，1987

徐复观：《中国人性论史先秦篇》，台湾商务印书馆，1975

李学勤主编：《中国古代文明与国家形成研究》，云南人民出版社，1997

亨廷顿：《变化社会中的政治秩序》，三联书店，1989

迪韦尔热：《政治社会学—政治学要素》，华夏出版社，1987

沈文倬：《宗周礼乐文明考论》，杭州大学出版社，1999

裘锡圭：《古代文史研究新探》，江苏古籍出版社，1992

刘泽华主编：《士人与社会》，天津人民出版社，1988

葛兆光：《中国思想史》，第一卷，复旦大学出版社，1998

何怀宏：《世袭社会及其解体》，三联书店，1996

阎步克：《士大夫政治演生史稿》，北京大学出版社，1996

陈戍国：《先秦礼制研究》，湖南教育出版社，1991

洪安全：《春秋的晋国》，台大史学研究所，1972

赵林：《黑格尔的宗教哲学》，武汉大学出版社，1996

许鼎新：《旧约导论》，中国基督教协会神学教育委员会，1993

王晓朝：《希腊宗教概论》，上海人民出版社，1997

罗理：《中国及以色列古先知的预言与宗教》，基督教文艺出版社，1968

肯尼迪：《东方宗教与哲学》，浙江人民出版社，1988

吕大吉：《宗教学通论》，中国社会科学出版社，1989

马克斯·韦伯：《经济与社会》（上），商务印书馆，1998

麦金太尔：《德性之后》，中国社会科学出版社，1995

亚里士多德：《政治学》，商务印书馆，1981

亚里士多德：《尼各马科伦理学》，中国社会科学出版社，1992

牟宗三：《政道与治道》，广文书局，1961

莱维-斯特劳斯：《结构人类学》，上海译文出版社，1995

格尔兹：《文化的解释》，上海人民出版社，1999

参考书目

福柯:《知识考古学》,三联书店,1998
史密斯:《人的宗教》,台北立绪文化事业有限公司,1999
(凡《古代宗教与伦理》所附"参考书目"已列者多未再举,读者可互参看)

索 引

A

哀乐 113，118，199，247，248，322，331，413

埃及 4，6，8，9，12，128，138

B

巴比伦 9，72，78，91

北宫文子 214，265

神灶 52，53，62，64，66—69，81，82

伯廖 36，37

伯阳父 94—96

伯有 66，77，112，113，239，240，242，258，325，411

伯宗 115，116，182，184

卜楚丘 29，30，34

卜筮 18，27，28，35，38，39，41—48，53，55，71，74—76，100，188，294

卜偃 25，26，52，211

不朽 164—167，184，185，197，259，396

C

祭公谋父 284，289，293

祭司 49，132

祭祀文化 9，18，19，53，56，74，77，79，120，122，124，143，

索 引

144，146，147，157－159，162，163，166－169，283

蔡墨 125－127，171，174

曹刿 160，161，277，393

苌弘 53，65，81，82

朝聘 170，179，196，281，412，413

陈文子 32，87，198

称引 27，31，36，101，183，185，186，188－194，197，206，207，210，211，217，225，226，244，414

成鲋

楚灵王 41，302，303，312

传说 57，116－118，120，135，136，140，141，164，168，170，171，173，175，176，207，208，223

D

大皞 68，170

道德原则 115，146，159，290

道德秩序 81，116

德教 215，270，283，297，298，351

德目 20，338，340，342－352，354－356，369，376，377，382，384，397，409

德行 16，20，45，46，48，72，147，153，162，192，193，195，230，265，270，286，291－293，314，315，318，322，324－331，333－339，341，343－349，351－355，357－359，361－365，367，369－371，373－384，388，391，395－397，400，404，406，409，414

德行的时代 20，355，377

德行伦理 20，326，351，375，378，391

德性 13－15，17，19－21，48，71，72，170，196，197，201，203，226，291，307，325，332，337，338，342，343，351，354，362，376，377，380－384，391，392

德义 114，290，292，293，302，325，379

德政 21，46，154，197，267，283－285，287－289，304，315，329

地官意识 17－19，127，149

董因 60

多神论 55，90，131

E

二十八宿 51，57，65，67

F

法则伦理 324，325

法治 199，269，270

泛神论 55，80

范蠡 81，87—89，93

范文子 86，202，205，213，283，311，353，392

范无宇 302

分野 50，51，56，59，61，62，67，68，73，118，122，135

封建 14，16，21，198，220，249—253，261，264，271，272，274，275，281，289，309，314，317，332，370，374，382，383，386

赋诗 179，217，224，227，230，233，234—237，239，240，242—244，249，281

富辰 198，200，216，289，290，293，301，303，334

G

歌诗 227—230，233，243，246

个人的生辰占星术 78

个人性德行 346

更迭制度 249，250，255

公室 29，246，251，253，256—261，262，263，266，268，270，275，279，304，340，357

公族 101，253，255，256，258，259，266，267，315，394，395

宫之奇 162，182，283，361

《古代宗教与伦理》1，2，12，13，22，23，88，100，105，324，387

观射父 122—124，134，211

管仲 195，253，258，279，289，297，299，320，362，

龟卜 23，24，26，28，29，39，41

鬼魂 127

鬼神 13，18，35，104，105，109，110，111，114，119，120，127，128，130，143，144—146，156，162—164，166，168，169，194，283，306，344

国族的政事占星术 78

H

虢文公 155，156，160，162

索 引

韩简 44，218，283

韩宣子 119，120，209，220，241—243，245，260，264，389，396，397，400

好恶 113，247，317，318，332，413

合理性 20，102，136，263，281

荷马 12，92，128，130，133，138，141，142，223，382

《洪范》23，24，26，212，213

后神话时代 142

浑良夫 27

J

箕子 24，26

吉凶 18，44，47，50，51，54，57，72，84，98，101，149，150，152，254，283

季梁 156—160，162，294

季氏 29，38，103，152，166，218，241，254，257，261，411

季孙行父 335

季文子 187，212，219，235，236，257，335，357，374，388，401

季札 211，231，232，246，396，407

交感 55，74，80

经典 5，18，20，38，39，101，132，177—179，193，207，208，217，222—227，283，410

经典化 18，20，39，177—179，207，222，224—227

《旧约》10

舅犯 347，348

句芒 52，125，126，171，172，

蹶由 46，47，181

君子 21，34，42，43，97，107，116，118，161，181，187，188，192，197，202—204，211，216，219，221，234—236，238，239，242—244，246，265，280，285，297，322，341，351，353，357，363，376，385—387，389，391—395，397，401，404，410，411，415

K

卡西尔 17，77—79，83，89，90—93，127—130，138—142，167—169，378—380

孔子（仲尼）1，2，15，19，21，23，71，79，102，143，145，

150，151，189，193，201，205，217，218，243，249，261，266，282，304，318，325，365，370，375，386，390，396，400，403，404，407，408—412，414

L

礼崩乐坏 264，282，408
礼乐文化 2，4，9，13，14，19，20，81，142，178，211，224，227，228，230，242—246，249，263，264，270，281，335，337，375，377，381
礼仪 9，13，14，20，138，179，218，223，224，228，233，234，236，239，244，245，249，263，264，270，281，325—378
礼仪之辨 264，281，325，378
礼义 45，159，196，220，249，270，280，281，283，299，341，342，366，400，402
礼政 20，249，270，276，280，281，307，316，393

礼制 66，102，103，107，109，110，119，149，188，195，196，204，246，249，250，261，264，276，279，296，309，401，408
礼治 20，227，268，269，270，271，278，279，298，305，308，309，376，380，393
里克 202，360，368，393
理性 13—21，23，40，42，43，47，71，72，79，80，95，98，100—102，104，136，142，143，145，146，150，151，154，157，160，161，164，169，170，190，193，194，222，263，272，281，307，309，378，381，392
理性化 13，15，19，20，23，98，145，157，272
理性主义 16，19，47，79，80，100，150，154
理智德性 381
历史化 134，136，137，140，169，171，176
历史理性 40，100，101，104，190，193

索 引

伶州鸠 84,96,296
灵魂 12,129,130,378
刘康公 197,374,382
六气 96—98,247,248,413
六物 63,64
伦理德性 20,351,381
伦理化 10,225,226,279,282,283
伦理原则 244,263,279,283,315

M

马克思 5,6
美德 313,336,337,339,345,350,354,376,377
美索不达米亚 4,9,138
孟僖子 390
孟献子 369,374,388,389
民 4—7,9—13,19,21,35,38,44,47,56,62,63,69,73,85,87,89,94,95,98,99,103,104,108,110,111,115,116,120—124,127,131,133,135—139,141,142,144—147,152—163,168,170,173—175,178,180,182,183,185,194—199,201,202,206—208,212,214—218,220,221,224,225,227,231,232,239,240,243,246—248,250—253,258,260,264,266—271,274,277—279,281,283—307,309—313,315,317—322,329,330,332—335,338,341,343,351,357,359,362,364—370,373—375,385,387—396,399—404,410—413
民本 116,146,154,157,158,295
民事 121,156—158,170,174,195,297,320
闵子马 152
明神 101,113,114,153,154,157,158,277
明贤 204,280,299—301,307—309
穆姜 45,243,283,313

N

内史过 50,101,153,154,159,160,216,283,359,369

内史兴 101，342，343
内在化 20，169，325，376—378
宁庄子 40，291，292
女叔齐 246，263

O

欧赫美尔主义 136

Q

七政 56，57
前逻辑思维 55
前哲学时代 138，142
亲亲 198，271—274，289，290，292，306—309
卿大夫 225，233，239，241，242，249，250—254，256，259，260，266—268，271，273，274，296，314，315，360，386，390
庆郑 205，352
屈完 286，287
去神秘化 18，83，98

R

人本理性 17，19，145
人道主义 73，159

人事理性主义 79，80，100，150，154
人文化 77，130，142，169，226
人文精神 17，18，225
人文神话 134，137
人文主义 13，17，19，80，81，93，106，141
儒家 1，2，21，79，89，100，103，147，207，222，226，296，305，323，325，336，346，354，368，376，386，387，392，393，396，400，404，409，410

S

三辰 65，103，121—123，174
单襄公 83，85，86，340，341，344—346
上帝 10，11，89，106，107，110，111，119，149，155，206，221，401
尚贤 21，271，272，274，305，395
邵公 84，310，312，313，359，403
社会神 122
社会性德行 346
社稷 35，38，46，47，103，121，

索 引

125－127，148，171，174，195，220，295，321，357，359，360，366，390，402

申公巫臣 213，291

申生 85，110，111，202，338－340，368，370，393，405，406

申叔时 186，193，201，208－210，289，350，351，363，367，371

神本 12，17，19，145，154

神不歆非类 110，163，168，195

神话 9，12，16，17，19，21，48，52，55，76，79，79，83，89，90－93，95，106，127－142，164，168－171，173，175，176，208，223，283

神话的历史化 134，136，140

神话地理学 78

神话思维 17，19，21，78，79，83，90－93，127－130，132，134，139－141，168，169，283

神灵 8，9，11，12，17－19，48，53，69，74，91，95，116，124，127－131，134，135，140，142，145，146，152，157，160，168，173，333

神灵信仰 17，19，48，128，130，134，142，168

神庙 8－10，49

神谱 19，134，135，137，142，170，173

神事 18，29，145，148，156，157，158

神谕 48，49

生命的一体化 141

声子 220，305

圣典 222，223

圣书 223，224

师旷 72，116，197，214，221，321

师儒 79，100

诗书（《诗》《书》）223－226，334，387，388

施米茨 138

十二次 56，57，61，62

十诫 10，328，336

石碏 314

实践理性 13，17，21，161，193

实用理性 42，43，102

实用主义 17，270

史伯 98－100，193，217

史朝 35

史官 16,18，19，27，31－33，52，

433

53，62，67，74，77，79，83，98，100，101，103，104，117，140，154，160，186，191，208，274，294

史官文化 18，53，83，98，100，104，154

史墨 35，36，38，56，103，171

史苏 26，27，44，85，218，368

史佚 53，101，102，187—193，337

史嚚 106，144，154，194

士君子 21，286，287，391，395，404，410

士弱 61，82，236

士文伯 63，64

世官 172，250，252，273，274，340，370

世俗人文主义 17

叔孙豹 166，167，197，229，230，240，241，359，381，395，396

叔向 21，72，79，102，116，117，172，192，193，195，214，215，220，221，236，237，240，258，260，261，265—271，278—281，337，348，361，397，395—400，404，411

叔兴 98，101，152，154

司空季子 31，32

思想史 1，2，20，104，269，386

思想文化史 2

祀典 11，18，120—122，174，175，341

随武子 102，280，348

岁星 56，61，62，65，66，67，77

孙文子 25，26，236

T

太子晋 96，334，387，388

郯子 170，171，414

天道 61，62，65，67，69，72，75，79，80—89，91—93，103，117，147，163，202，303，332，333

天地 33，51，53，54，60，88，89，93—95，115，120，122，123，176，196，197，247，248，264，278，281，316，320，321，345，345，354

天官传统 17，19，149

天官思维 17，18

天命 87—89，147，185，288，353

天人感应 63，71，74

天神 9，11，53，56，77，131，

132，334，387，388

天数 53，62，77，79，82

天象 18，50—54，58—60，63，64，67，68，71，72，74—77，79，80，82，95，98，101，117，151，152

天学 18，51，52，54，60，72，76，80，82，89

统治结构 249，250，255

W

王孙满 288

威仪 195，196，214，220，264，265，351，398，399

魏绛 214，219，287，340

文本 18，36，38，39，177，179，180，207—209，217，222—227，244

文本化 39，180

文化英雄 19，135，139，140

文王 23，121，147，174，191，198，201，213，214，219，221，229，230，232，243，269，285，286，291，315，345，399

巫术 8，19，23，53，55，76，79，80，83，89，130，324，325

巫尪 148，149

吴延州 287

五官 125，126，171，172

五教 156，157，313，335，336，355，382

五祀 125—127，171，172

五行 98，99，103，121，122，125，126，171，174，247，248，333，369，376

伍举 301，302

X

喜怒 104，146，200，247，327，413

郤缺 212，289

县子 149

相礼 235，390

象征控制 20

心志伦理 325，378

星神 77，117，118，136

星象学 18，50，55，56，75—77，79，80，82，83，89，94，95，117，147

星占 18，50，51，54，55，59，60，72，74—77，79，80，81，89

刑书 148，264，268，269，271，

399,400,401

形式的德性 337

形式性 20,281,325,373－375,381

修德 46,103,145,147,211,267,285－288,291,294,314,358,391,401

血缘组织 4

Y

亚里士多德 6,7,377,381,383,384

晏子 43,144－147,160,181,221,237,258,260,265－267,269,278,279,283,289,295,316,322,368

妖 51,54,60,67,114－116,131,149,311

般信仰 16,156,163

伊利亚德 138,139

医和 96

仪典 9,14,15,20,243,246,249,282,325,375

仪节 97,246,248,263,281,282

仪式 8,9,12,20,49,130,131,177,224,228,229,233,247,263,269,280,324－326,375,378－380,399

仪式伦理 20,324－326,375,378

仪式性德行 375

仪式准则 378,380

仪式宗教 8

阴阳 18,37,50,54,65,70,75,83,84,88,89,93－98,101,129,152,154

引证 38,179,180,194,207,223－226,414

印度 6,7,9,128,138,224,408

英雄神话 19,169

犹太 9,10,223,408

原始思维 55

Z

臧文仲 21,120,148,149,167,193,195

臧武仲 159,162

展禽 107－122,127,173,341,342

占卜 18,19,23,24,26－28,39－42,44,46,47,49,51,55,71,98,100,106,117,151,194,283

占问 24,27,28,36,48,54

占星术 50,51,53,55,56,64,

索引

75－79，82，89，92
昭穆 101，107，108，345
赵简子 38，103，247，249，260，264，314，318，392，413
赵孟 38，41，42，239－242，358，359，371，390，397
赵衰 212，234，255，256，290，292，293，316
政教 299，300，306
政治化 20，261，263，281
政治理性 16，17，19，20，145，146，162，190，272，309
政治身份 4，383
政治衰朽 20，268，276，281
政治秩序 14，15，20，116，247，254，257，261，263，264，270，274－276，279，281，282，370，399
知武子 229，230，287
知庄子 37
智果 342
智者 15，19，39，44，91，93，95，96，121，174，341，410
仲虺 101，102，189－191
众仲 273，285
《周礼》17，26，51，53，54，72，100，107，225，306，335
诸侯 25，29，33，37，40，65，67，77，102，103，111，122，123，144，147，151，152，158，170，184－187，190，199，211－213，218，219，221，230，232－234，236，237，243，249－254，256，257，260－262，265，271－273，277，284，286－292，304，309，311，313，319，338，339，342，343，347，348，359，361－364，390，396－398，401，413
诸子 2，13－16，21
祝史 16，17，19，65，66，69，143－148，156，157，160，161，221
子产 18，21，64，67－69，82，87，112，113，117－120，150，172，173，175，183，185，198，220，239，240－243，247，258，268，270，271，311，312，318，387，395，396，399，401－404
子大叔 37，38，69，112，198，200，239，242，243，247，

249，258，263，270，314，402，403，413

子服惠伯 47，48，87，283

子高 200，203，349，350，413，414

子革 296，302

子韦 53，72，73

梓慎 52，62，67—70，94

自然法则 81

自然神 12，19，54，91，105，119，122，129，134，135，137，139，141，172，173，175

自然神话 137，139

自然主义 18，19，70，75，77，79，81，82，87，89，93，98，152，154，296

自然宗教 13，105

宗法 4，5，9，14，15，20，21，250，256，259—261，263，264，266，271，272，274—276，279—281，307，309，314，317，319，332，336，370，375，383，384，386

宗法的封建领主制 250

宗法性社会 4

宗法政治 14，20，254，255，264，266，271，272，275，276，383

宗教观念 8，74，134，146，157，173

族类 7，109，110，119，168，187，208

跋

余敦康

本书与作者于 1995 年刊行的《古代宗教与伦理》构成一个完整的系列，重点在于进行探源性的研究，厘清中国文化在前轴心时代的思想积累及其所取得的阶段性的进展，如何为诸子百家特别是儒家的出现准备了条件。

在世界文化史上，中国与希腊、印度、以色列几个地区同时产生了轴心期的哲学的突破，由此形成了几种具有不同文化特色的哲学形态和人生面向。早在五四时期，梁漱溟先生就关注这个问题，写了《东西文化及其哲学》，进行了宏观的比较，但是由于截断众流，脱离了具体的历史的发生学的考察，只注意到业已成型的哲学形态而没有注意到其如何形成的前史，所以关于最高文化及其哲学的特质所在，梁漱溟先生只是提出了问题，而没有解决问题。为了切实地解决问题，必须转换视角，追溯发生学的源头，依据确凿可信的考古学、历史学和文献学的实证材料，对最高早期文化的进展进行全面系统的探索。从这个角度看，作者的这部以春秋时代的思想文化世界为主题的著作，可以说是站在文化史学的立场试图回答梁漱溟先生早年所提出的问题，并且为人们进一步探索这个问题确立了一个本源性的基础，开拓了一个新的研究方向，其学术意义是值得高度评价的。

就本书的具体论述而言，作者以问题为线索，分为十章，对春秋时代的神话传说、伦理观念、宗教信仰、礼仪文化、社会思想以及经典的形成作了全方位的考察，一方面揭示这一时代与夏商周文化的精神气质的连续性，另一方面紧紧把握从宗教祭祀向人文思潮渐进性转化的主流，确定这一时代在思想史上新旧交替的地位。全书有史料、有考证、有分析、有综合，信而有据，论从史出。已故美籍华裔学者张光直先生着眼于史学，认为作者是用哲学家的写法作古史的研究；如果着眼于哲学，也可以反过来说是在用史学家的写法作哲学的研究。总起来看，作者的这种研究方法实际上是史学与哲学的结合，历史与逻辑的统一，给当前的学术界带来一股清新务实的优良学风。

由于作者把中国前轴心时代的文化置于世界历史的宏观框架中比较考察，并且广泛地吸取了国际前沿的研究成果，由此而提出了一系列独到创新的看法。比如作者指出，由宗族组织与政治权力同构而形成的礼乐文化是中国区别于其他地区文化的总体特征，春秋文化转型的根本原因不在于政治经济的变化

跋

而在于旧的宗法秩序的解体，人们思考的重点不是自然宇宙而是人类社会，因而发展出一种与希腊理性不同的人文理性，所有这些，决定了孔子及诸子时代不是以"超越的突破"为趋向，而是以人文的转向为依归。如此等等的一些看法，皆发人所未发，是富有启发意义的，这部《古代思想文化的世界》达到了很高的学术水平。兹特向读者推荐。

2004 年 5 月 26 日

"博雅英华·陈来著作集"后记

我的学术著作,以往三联书店曾帮我汇集为"陈来学术论著集"十二卷出版,我心存感谢,自不待言。目前三联版此集的版权即将到期,北京大学出版社有意以博雅英华的系列出版我的著作集的精装版,这使我既感意外,又十分高兴。

我曾在北京大学服务三十年,其间2004年开始,学校让我关心、过问出版社的工作,因此与北大出版社结下了难得的缘分。2009年我转到清华大学后,与北大出版社仍继续合作,出版了《孔夫子与现代世界》《北京·国学·大学》《从思想世界到历史世界》等书;前两年《有无之境》和《诠释与重建》还在北大出版社出版了"博雅英华"系列的精装本,受到读者的欢迎。这次精装版著作集的出版,对我而言,体现了北大出版社对一位老朋友的情谊,这使我深感温暖。

这次北大出版社准备把《有无之境》和《诠释与重建》之

外我的其他著作也都作为博雅英华系列出版。在北大出版社出版的著作集，与三联版相比，有一些变化：《古代宗教与伦理：儒家思想的根源》此次出版的是增订本；《古代思想文化的世界：春秋时代的宗教、伦理与社会思想》附加了余敦康先生的评介。《朱子学的世界》是以《中国近世思想史研究》的朱子学部分为基础，增入了近年来写的朱子论文，合为一集；《现代儒家哲学研究》是《现代中国哲学的追寻》增订新编本；《东亚儒学研究》则是《东亚儒学九论》的增订本。其他各书如《竹帛〈五行〉与简帛研究》《朱子哲学研究》《朱子书信编年考证》（增订版）《有无之境：王阳明哲学的精神》《诠释与重建：王船山的哲学精神》《宋明理学》《宋元明哲学史教程》《传统与现代：人文主义的视界》则一仍其旧，不做改变。

衷心感谢张凤珠等出版社领导，感谢田炜等编辑朋友，使我有这个荣幸，把北京大学出版社出版的自己的著作集，献给读者。

陈来

2016 年 5 月 26 日